西藏简明通史

恰白·次旦平措　诺章·吴坚　平措次仁

五洲传播出版社

图书在版编目（CIP）数据

西藏简明通史 ／ 恰白·次旦平措，诺章·吴坚，平措次仁
编著 ；陈庆英等译. —— 北京 ： 五洲传播出版社，2012.5
（2021.6重印）
ISBN 978-7-5085-2294-4

Ⅰ．①西… Ⅱ．①恰… ②诺… ③平… ④陈… Ⅲ．①西藏－
地方史 Ⅳ．①K297.5

中国版本图书馆CIP数据核字（2012）第081515号

西藏简明通史

主　　编：恰白·次旦平措
副 主 编：诺章·吴坚　平措次仁
丛书策划：张　斌
责任编辑：张　斌
出版发行：五洲传播出版社
社　　址：北京市北三环中路31号生产力大楼B座6层
邮　　编：100088
电　　话：0086-10-82005927 ／ 82000308
传　　真：0086-10-82001843
印　　刷：中煤（北京）印务有限公司
开　　本：787×1092　1/16
印　　张：21.75
版　　次：2017年5月第1版　2021年6月第4次印刷
定　　价：49.00元

目 录 CONTENTS

第一章 远古时期 ·· 001
 第一节 "蕃域"的由来 ··· 002
 第二节 西藏高原的形成 ··· 003
 第三节 藏族的起源 ··· 005

第二章 悉补野王统世系 ·· 009

第三章 吐蕃赞普王统 ·· 013
 第一节 赞普松赞干布 ·· 014
 第二节 贡松贡赞和芒松芒赞 ·· 033
 第三节 赞普都松芒波杰 ··· 034
 第四节 赞普墀德祖赞 ·· 035
 第五节 赞普墀松德赞 ·· 037
 第六节 王子牟尼赞普 ·· 045
 第七节 墀德松赞赛那勒 ··· 046
 第八节 赞普墀祖德赞热巴巾 ·· 048
 第九节 赞普朗达玛邬都赞 ·· 050

第四章 西藏分裂时期 ·· 053
 第一节 额达威宋、云丹及其后裔的事迹 ························· 054
 第二节 藏传佛教后弘期的历史 ·· 059
 第三节 西藏分割时期的教派 ·· 064

第五章　萨迦巴统治西藏时期 ··· 069

  第一节　公元 13 世纪初西藏的形势及萨迦巴家族的世系 ······ 070
  第二节　蒙古成吉思汗后裔的势力进入西藏，西藏再度统一 ····· 076
  第三节　蒙古王子额沁阔端迎请萨迦班智达去内地 ············ 079
  第四节　萨迦班智达致西藏各地方首领的信件 ················ 081
  第五节　八思巴与蒙古忽必烈的会见褒护僧人的诏书 ·········· 086
  第六节　薛禅汗忽必烈迎请噶玛拔希到祖国内地 ·············· 089
  第七节　宣布吐蕃三个却喀纳入元朝统治在西藏设立驿站 ······ 092
  第八节　珍珠诏书的赐与八思巴返回西藏新建萨迦的机构 ······ 096
  第九节　作为元朝皇帝政治顾问的八思巴 ······················ 100
  第十节　八思巴再次返藏及去世元朝在西藏驻兵 ·············· 101
  第十一节　恰那多吉父子 ······································· 104
  第十二节　萨迦与止贡派矛盾的激化止贡寺庙之乱 ············ 106
  第十三节　萨迦达尼钦波桑波贝的事迹 ······················· 109
  第十四节　元朝三次在西藏清查户口并确定西藏的行政制度 ···· 111
  第十五节　元朝对萨迦统治集团封官赐印 ···················· 117
  第十六节　萨迦巴依据元朝皇帝授命管理西藏事务的若干实例 ··· 121
  第十七节　萨迦巴统治时期西藏经济的发展 ·················· 126
  第十八节　萨迦巴统治时期西藏文化事业的发展 ·············· 130
  第十九节　藏族文学史上开创新时期的雄译师多吉坚赞 ······· 133
  第二十节　萨迦家族分裂为四个拉章萨迦巴统治的结束 ······· 135

第六章　帕木竹巴统治西藏时期 ······································· 139

  第一节　朗氏家族与帕竹噶举、帕竹万户和帕竹第悉 ········· 140
  第二节　明朝对西藏地方政权的管理 ························· 168
  第三节　帕竹统治时期西藏的经济和文化的发展 ············· 174

第四节	帕竹政权时期的格鲁派	183
第五节	第巴仁蚌巴的历史	206
第六节	第悉藏巴的历史	210

第七章　甘丹颇章政权统治时期 ······ 215

第一节	五世达赖喇嘛阿旺洛桑嘉措的事迹	216
第二节	六世达赖喇嘛仓央嘉措的事迹	231
第三节	七世达赖喇嘛格桑嘉措时期	236
第四节	八世达赖喇嘛强白嘉措时期	254
第五节	九世达赖喇嘛隆朵嘉措	267
第六节	十世达赖喇嘛楚臣嘉措时期	269
第七节	十一世达赖喇嘛克珠嘉措时期	271
第八节	十二世达赖喇嘛赤列嘉措时期	280
第九节	十三世达赖喇嘛土登嘉措时期	292
第十节	甘丹颇章时期部分智者的简况	333

第一章
远古时期

第一节 "蕃域"的由来

"蕃"是藏族人对自己的地方所取的名称在其语音上的一种变音，并非其他地方的人所命名。我们这个地方何时起称为"蕃"？近代著名历史学家根敦群培在他所著的《白史》中说，"很早以前，本民族语言中，我们这个地方就叫做'蕃'。"据此，"蕃"的名称是从远古开始就有，但很难说清楚从那时至今过去了多少年。

关于"蕃"的地名含义，主要有两种说法。一是在这个地方农业生产尚未发达以前，人们从事狩猎活动。由于散居在偏远地方的牧民经常遇到自然灾害和盗匪或野兽的袭击，必须相互加强联系。这样，只能居住在相互呼唤所能听到的范围之内，出现情况时，从山岗高处大声用"噶耶"或"瓦耶"之声高呼对方，把这种呼唤称为"蕃巴"，久而久之，呼此"蕃"之声，自然成为其地名。另一种说法是，我们这个地方，把高原以畜牧为主的地方称为"牧区"，把低谷林业为主的地方称为"农区"，把介于两者之间的温寒相宜，以经营农业为主的地方称为"蕃"。历史上，悉补野赞普世系兴起于雅隆，当时这一地区是经营高原农业的中心，故名"蕃域"。悉补野赞普世系是将地名当作王号，称为"吐蕃赞普"。后来，吐蕃赞普世系从雅隆周围开始逐渐将权势扩展到卫藏地区。特别是藏王松赞干布时期起，将吐蕃四面八方的部落纳入统治之下，疆域扩大，王号当作地方名称，将赞普控制下的一切地方取名为"吐蕃"。

第二节　西藏高原的形成

最初，藏区上、中、下三部所有地方是一片被水淹没的大海，后来"贡格曲拉"①裂开，水沉入其中，显露出藏区的形状。根据现在科学研究的成果，"古近纪初中期，青藏高原是一片波浪起伏的大海。新近纪开始后，逐渐出现了陆地，高原高出海平面2000公尺左右，地势东面偏低，西面偏高，西北部是一片生长着针叶树和扁平树的茂密森林，东南部不仅被芦苇和绿草覆盖，而且点缀着众多的湖泊、池塘，仿佛天空群星一样美丽。"

隆起于海面的陆地，在长期的演变过程中出现了多种动物。科学家分析的结论是，"当时，喜马拉雅山脉尚未隆起，无法阻挡来自印度洋的暖湿气流。青藏高原的气候暖湿适宜，全年平均气温在10℃左右，年降水量在2000—5000毫米之间。适合于温带地区生长的多种植物遍及高原各处，其中有4000余种珍贵生物种类。在如此温暖的地方，不仅有三趾野马，而且有狗、大象、兔子、鹿群等多种动物。以后喜马拉雅山逐渐隆起，愈来愈高，阻挡了来自印度洋的暖湿气流，青藏高原的气候以及周围的环境随之发生了变化，成为一个寒冷

---

① 贡格曲拉：意思是贡布地区的像水桶一样坏了的地方。语出自《贤者喜宴》。
绕迥：中国汉族地区的天文历法很早就传入了藏族地区。尤其是吐蕃时期赞普松赞干布和文成公主联姻以后，汉族地区的许多包括天文历算在内的文化典籍及各种人才传入吐蕃。汉族地区的历法对吐蕃影响很大，藏族地区的纪年普遍采用汉地的五行（金、木、水、火、土）和十二生肖（鼠、牛、虎、兔、龙、蛇、马、羊、猴、鸡、狗、猪）相配合，形成了独特的纪年方式，即藏历，60年为一周期，有了水牛年，火鸡年，木马年等等。到了公元11世纪初，印度的时轮历法开始传入中国藏族地区。标志是1027年克什米尔班智达达瓦贡布来藏地传授时轮历。这一年恰好是藏历火兔年，此年遂被定为"第一绕迥"，藏历绕迥纪年从此开始普遍使用，60年一轮为一个绕迥，一直沿袭至今。（《西藏研究》藏文版，1984年第四期）

的地方。"① 由于这一地区气候发生了根本性变化，导致那些动物的自然生存条件减少。天气和自然条件的全面变化，使生活在这片高原地区最早的远古猿猴具备了成为人类的条件。对此，藏文史书中的零星记载和从地下发掘的各种古生物化石用现代科学研究方法得出的结论都相同。

---

① 《西藏研究》藏文版，1984年第四期。

第三节　藏族的起源

一、藏族人是猿猴与罗刹女后裔

在世界各地，关于人类起源的说法众多。如西方各国的上帝造人说，以及我国古代女娲造人的神话传说等。在西藏也有著名的人类起源说，即父亲猕猴菩萨化身与母亲罗刹女结合生子繁衍人类之说。

英国著名的生物学家达尔文在藏历第十四绕迥土羊年（1859年）完成的《物种起源》一书中明确提出了生物从简单到复杂、从低级到高级的发展规律。他在藏历第十五绕迥铁羊年（1871年）的另一部论著中，运用大量科学证据，从人与猿类的亲属关系阐明人类是从古代的猿类逐渐变化而来。这种进化论的观点已得到世界上大多数人的肯定。

实际上，在达尔文之前1000年，西藏已有藏族人是父亲猿猴和母亲罗刹女结合而形成的传说。成书于公元17世纪的《国王遗教》中写道：藏族人的形成过程是观世音菩萨的化身父亲弥猴绛曲赛贝和母亲至尊度母的化身罗刹女结为夫妇生下猴崽，他们演变为四部，即四氏族：赛、穆、顿、东，从此发展成藏族人。这种说法从有文字记载开始已经过去900余年。

上面所说的"弥猴"在藏语中有小弥猴的意思。罗刹女同样食居于岩穴中，她也像类人猿一样是一种以食其他动物的血肉而生存的猿类，根据她居住岩穴和生活方式称之为"罗刹女"，并非实际不存在的魔女或女妖。总之，藏族人的祖先是栖居于雅鲁藏布江流域密林中以食果实为生的小猿猴和居住岩穴的以食动物血肉的大猿猴结合生子繁衍形成的，这种说法符合历史唯物主义的观点。

二、西藏古人氏族的形成

从古人氏族逐渐演变成西藏的四大氏族：赛、穆、顿、东，在此基础增加的"惹"和"柱"两氏族，通称为"六大氏族"。

三、藏族人种起源的有关出土文物

最近一二十年在西藏发掘的古代大量实物可以找到藏区人类如何发展的一些科学证据。近二三十年的发掘，发现旧石器时期和新石器时期的各种石器、陶器、骨器、装饰品、谷物种子，甚至古人头骨等大量实物。从尼洋河岸发掘出的古人骨头，没有类人猿的原始特征，属于现代人。"尼池（林芝）人"大约生活在4000多年前，即新石器时期或者铁石并用时代。特别是在昌都卡若发掘出的古人房子、谷物种子、动物骨头、石器、陶器等文物，为研究西藏地区人类形成过程和西藏古代文化变迁提供了丰富的科学依据。

原来的卡若村位于澜沧江西岸，海拔约3100米。据估计，卡若遗址占地面积约1万平方米。过去前后两次发掘的总面积约1800平方米，发掘的各类实物有：房屋遗址29处、石墙3段、石墙高台2块、石角3块、灶穴4处、石器文物7978件、骨器368件、石片2万多块，其中能够拼凑的46件，不同的装饰物2件。草泥房子有圆形，有四方形，也有长方形，造型各异，房子中间有三角石锅灶。发掘的骨器种类有锥子、骨针、斧子、骨锯、角锥等。陶器只有砂罐、砂锅和砂碗等少数几件，花纹丰富，颜色有红、黄、灰、黑等，多数陶器光滑突出，做工精细，造型讲究。装饰品有妇女发卡、环圈、耳环、念珠、项链、珠串、海贝等，以石头、骨头等原料制成，精美细致，种类繁多。石制生产工具，有细石器，磨制石器等3种。工具类有：石锹、石铲、石斧、镢头、犁、矛头、箭、镰刀、劈刀、打制工具,共计6800多种。

卡若村落古人的主要生活来源是农业,附带进行狩猎活动。土石工程建筑的习惯和三脚石锅灶的建造法具有不同的地方特色,对加强研究藏族人的祖先出现在高原这一问题有重要价值。

卡若文化是属于新石器时代的文化,至今已有4500至5000年的历史,从这里可以窥见,西南和西北的古人相互往来和进行文化交流的情况。卡若遗址是西藏高原上至今发掘的具有代表性的古文化遗址,也是中华民族文化宝库中一颗绚丽璀璨的瑰宝。

总之,出土的大量古代文物和民间故事证明,数千年乃至数万年前在西藏土地上早就有形成并发展为人类的氏族,藏族是由此形成的,绝非从其他地方迁移来的。

藏民族和其他任何民族一样,不只是一种成份,而是一个拥有多种成份的民族。譬如在藏民族的形成过程中混杂着毗邻地区的汉族、羌族、蒙古族等民族成份,不用说其它民族之中也含有藏族成份。

第二章
悉补野王统世系

按照本教观点，古代天神下凡为人主；以后，从后弘期开始则说印度释迦族的王族及其王子流浪到西藏（为藏王）；部分汉文献说：从祖国内地流浪至西部的樊尼为藏王；藏族最早的教法史书认为，根据民间古代传说，聂墀赞普从波沃地方莅临雅隆。众说纷纭，莫衷一是。其实前面三种说法或无事实根据，或与史实不符，不足信。

关于聂墀赞普为藏人之说，这是一种古老观点。《敦煌本吐蕃历史文书》说："于地方城邑，各有四蕃，有悉补野赞普德邬王托杰，各自分离，有的人说属十二小邦，有的人说不属十二小邦。①"这里肯定了聂墀赞普来自这四蕃。聂墀赞普并非来自一些不存在的天神和夜叉等种族，而是来自藏族人自己的种族。江朗巴·若贝多杰撰著的《雍布拉康志》记载聂墀赞普的来源时说："昔日，波沃地方，有一位名为'恰姆增'的妇女生下饿鬼九兄弟，幼子取名'乌贝惹'，眉目俊秀，指间有蹼，能力甚大，故被全乡人驱逐。前往蕃地时，适逢蕃人寻王，相遇于强朗雅赖贡。众人问：'你为何人？自何地来？'答道：'我自波沃来，欲往蕃地。'众人问：'然则，你有何能力？'答道：'我法力甚大，故被众乡人逐出。'众人问：'你可否做蕃之王？'答：'尔等以颈载我，我有法力神变。'众便遵其命，以肩舆昇之，尊其为王，上尊号为'聂墀赞普'。"因聂墀赞普是从波沃地方来的王，故尊号为"悉补野"（即波沃之王）。自从聂墀赞普为吐蕃王之后，开始了悉补野王世系。蔡弥穆杰和宗弥恰嘎担任此赞普的神师，创建了雍布拉康宫。部分本教史书记载，聂墀赞普时期创建了"索略尔雍仲拉孜"和"青瓦达孜宫"，本教得到了发展。

在计算悉补野王统时，大部分著名的王统、教法史书引证较全面的提法是：聂墀赞普和纳木穆穆之子为穆墀赞普，穆墀赞普与萨丁丁

---

① 《先言教藏》手抄本，第67页。

之子是丁墀赞普，丁墀赞普与索塔塔之子为索墀赞普，索墀赞普与托迈迈之子为迈墀赞普，迈墀赞普与达拉嘎姆之子为达墀赞普，达墀赞普与思结拉姆之子为思墀赞普，以上七王通称为"天墀七王"。

到了第三十一代赞普囊日松赞时期，大部分卫、藏地区基本上纳入其管辖范围。赞普徙居雅鲁藏布江北岸，修建了墨竹的强巴弥居林城堡。在过去数百年中，小邦割据各霸一方，形成了互相侵袭的习惯。各将领居地自傲，想占领一片地方为王。因此，悉补野赞普的政权基础未得到巩固，最终囊日松赞自己亦被门地毒药杀害。

第三章
吐蕃赞普王统

第一节　赞普松赞干布

一、统一全藏

吐蕃赞普松赞干布是藏族人民无比爱戴的一位最具影响的古代民族英雄。至今，他的美誉在全中国乃至全世界各大洲传颂。

首先，关于赞普松赞干布的生卒年代，在藏族的《王统史》和《教法史》中说法不同，长期以来得不到统一，这不仅是历史争议，而且成为以后其他赞普王统年代方面问题产生矛盾的根源。近代著名历史学家根敦群培的《白史》对这一问题作了合乎实际的阐述，开创了藏族历史研究的先河，现在国内外大多数历史学家都以根敦群培的研究成果作为标准，进行评判。其中一部分人认为，松赞干布生于公元617年（藏历火牛年），这种观点和藏族古代历史学家娘·尼玛维色的《娘氏教法源流》、至尊·扎巴坚赞的《西藏王统记》、巴俄·祖拉陈瓦的《贤者喜宴》等名著的观点相同。《白史》认为，松赞干布卒于公元650年（藏历铁狗年），这与桂译师宣努贝的《青史》、《敦煌本吐蕃历史文书》、《旧唐书》的观点完全吻合。

松赞干布是悉补野世系中第三十一代赞普囊日松赞与蔡邦氏珠玛脱嘎之子，公元617年（藏历火牛年），生于墨竹工卡加麻囊的强巴弥居林宫殿。王子刚降生时肌肤洁白，相貌端庄，身驱比一般小孩大，且胜过他人。父母君臣见到后都非常高兴，据说生日宴庆极其丰盛。王子发育成长，到了青年之时，已经是一位学识渊博、智慧超群、英勇智谋之人。父王极为欢喜，臣僚快乐，赞誉声不断，美名传遍大地。但是，父王囊日松赞后半生征服纳入治下的达波、工布、娘布等地区，由于尚未建立赞普的坚固统治势力，致使原来的奴隶们互结恶缘，相互侵袭，远离悉补野的象雄和牦牛苏毗等一些小邦或部落联盟以前只承诺为所属臣民，实际上未作悉补野的臣民，一旦有机会他们立即反叛。同时，当外部发生大规模的反叛活动之时，祖父时的一部旧臣也蠢蠢欲动，出现反叛的迹象。一些心怀叵测的内侍与敌人勾结向父王囊日松赞下毒，父王遇害。这时，刚满13岁的王子松赞干布被娘·芒波杰尚囊、噶尔·芒相松囊、琼波·邦赛苏孜、韦耶察等大臣拥立为赞普，扶上赞普的宝座。这位年轻力壮、聪明多智的赞普在困难和危险面前，不但没有退怯，反而表现出足智多谋、毫无畏缩。《敦煌本吐蕃历史文书》上说："王子松赞幼年亲政，先对进毒为首者断然尽行斩灭，令其绝嗣。之后，叛离之民复归治下。"①

在征服吐蕃东北部的苏毗国方面，《敦煌本吐蕃历史文书》记载："后，娘·芒波杰尚囊发兵征讨苏毗诸部落，有如种羊领群之方法，以舌剑唇枪服之，不失所有户数，全纳入治下为庶民。"②后来，松赞干布亲自出巡北道，未用一兵一卒，迫使北面的汉人和吐谷浑人朝贡纳税，从此将吐谷浑纳入治下。

松赞干布按照父祖之意，为了统一吐蕃，全境保持安定，他首先考虑迁都之事。与众臣商议，对吐蕃中部地区的地形地貌详细考察后发现，伍茹下部（今拉萨河下游，即达孜至曲水沿河一带）中心卧塘湖边景致优雅，地势宽坦，中间的红山与左右山脉分离独立，仿佛狮子跃空。于是，在红山修建庄严宫殿，君臣、将士迁居这里建立了统治全蕃的核心，即布达拉宫。今天的布达拉宫所在地红山地势优越，立居山顶，周围的景色尽收眼底，附近之地平如掌心。

迁都拉萨后，松赞干布清查以前的各部落庶民，安抚民众，平等对待每一个部落，加以保护。"赏赐善者，惩治恶者，以法律抑制诸

---

① 《敦煌本吐蕃历史文书》藏文铅印本，第66页。
② 《敦煌本吐蕃历史文书》藏文铅印本，第66页。

高者，以方便护持低贱者。"当时，吐蕃西部（上部阿里）和北方广袤牧场乃是象雄的领地。《敦煌本吐蕃历史文书》说："此王之时，出兵象雄，免其国政，破象雄王李弥夏之政权，收编象雄一切部众为庶民。"[①] 这一时期，松赞干布逐渐占领吞并了东南部的绛地（南诏），扩大了赞普的势力范围。松赞干布的成绩是难以尽述的，对藏民族的政治、经济、文化、军事、法律等各个方面做出了不可磨灭的贡献。

二、制定吐蕃社会的管理体制和法律条文

松赞干布的伟大功绩之一，是他统一吐蕃后，着手建立的吐蕃社会的管理体制和法律条文，合称为"吐蕃基础三十六制"。藏族史籍中称：奉松赞干布之命，吞弥桑布扎前往印度留学，熟练掌握了印度的梵语文化及其他文化知识，学识渊博，返回吐蕃后，创造了至今藏族仍在使用的藏文。据说赞普首先学习新文字的拼写、文法等，松赞干布和吞弥桑布扎隐居玛茹宫或帕崩卡宫殿静修4年。因此，当时臣民们议论道，国王4年之久不出宫，如一愚夫，吐蕃平安乃是众臣所为。松赞干布闻此谣传，心中想道，如果将朕作愚夫，我应驯服臣民。于是召集众臣说："朕不外出走动，安居一宫，臣民可安全，说王愚痴，国泰民安是臣所为，实非如此。国泰民安之事，是我令众臣所为，现在必须制定国家长治久安的一部大法。往昔，吐蕃没有统一的法规，各邦、诸侯部落各居一方征战，民不聊生，忍受痛苦。如果现在仍无统一的法律，罪祸横行，我的臣民会再受痛苦。是故应制定法规。"于是制定了基础三十六制。制定基础三十六制的目的是巩固统治，安定社会，增强势力，发展农牧业生产，稳固边防。

基础三十六制实际是基础六制，称为"基础三十六制"，它们的

---

① 《敦煌本吐蕃历史文书》藏文铅印本，第79页。

内容简要如下：

第一、六大法典，各行政地区的界限、行政与军事法律基础，大臣等官员的地位和任务，农牧领域、人的美德、度量衡的标准，君王的取舍程序等法律，其中人的美德所含的内容非常多。

第二、六大政治制度，是一些关于施政法规的主要内容的规定。

第三、六级褒奖，是关于如何奖励有功臣民等级的规定。

第四、六种标志，是关于国王的主要功绩类别标志的规定。

第五、六种诰身，是关于奖善罚恶的奖励法规。

第六、六种勇饰，是关于对国家安全、巩固边疆做出成绩的英雄奖赏的规定。

根据《贤者喜宴》细分如下：

第一、六大法典包括六六大计法、度量衡标准法、伦常道德法、敬强护弱法、判决权势者的法律、内库家法。

1. 六六大计法

即：吐蕃五大翼；18个地区的势力范围；61个豪奴千户；驯奴臣仆分为奴隶和再奴隶；三尚一伦总理中央事务；戍边三军。

松赞干布时期，把吐蕃地区的军事组织为主的行政地区划分成五大翼，即：卫茹（中翼）、夭茹（左翼）、也茹（右翼）、如拉、苏毗茹。

卫茹（中翼）即前藏茹，翼界为东到沃喀的秀巴奔敦（沃喀宗），南至马拉山脉（雅鲁藏布江和吉曲河之间的山脉），西至宿尼木（尼木县），北至朗玛格浦，前藏以拉萨大昭寺为中心，即卫茹的首府。

夭茹，即左翼，翼界为东至工布地区哲纳（今工布、林芝县），南至夏乌达果（今错那县勒布区夏乌村）西至喀惹雪峰（今浪卡子县白地河的喀惹），北至乌拉山脉，以雅隆昌珠寺为中心（乃东县）。

也茹，即后藏雅鲁藏布江以北一带，茹界为东至扎地玛格浦，南至聂拉木雅布纳（今聂拉木县境内），西至切麻拉古（今昂仁县皆麻

拉），北至麦底曲那（今那曲地区嘉黎县麦底卡），以香地的雄巴蔡（今南木林县雄雄）为中心。

如拉，即后藏雅鲁藏布江南岸一带，茹界为东到绛乃扎，南至尼泊尔的郎纳（尼藏边界），西至拉盖雅弥，北至吉麻拉恩，以杜瓦纳拉（今萨迦县色曲，藏文作"色区"，是行政机构名，中文有误）为中心。

苏毗茹的界限为东至聂域布那，南至麦底曲那，西至耶夏当布切，北至那雪素昌，以嘉雪达巴蔡为中心。

关于18种地方势力范围（行政区划）：松赞干布统一吐蕃之前，各部落首领分割吐蕃之地，各霸一方，后来，服从赞普的敕令，拥护统一，在承担税法的条件下，如同以前，继续作为土地、牲畜和奴隶们的管家，使各部落首领继续承继前业，把这些称为"采邑境界（地方势力范围）"。内部的区分直接受赞普亲属的保护。另外31个地区是由庶民和聂氏等父系亲属的25位首领长期管理的地方。61个豪奴千户各有千户长，共61位。另有未接受册封的小千户长，也有大五百长的官员。这些千户不象是常设的正式军队。此前在吐蕃北方牧区有"守卫边境"者和"兵营"，他们经常参加牧业生产，出现土匪时担负剿匪的任务。当时的部队是一支不脱离生产的部队。至于千户士兵的人数，《五部遗教》说："四茹三十六个千户共有士兵三四十万。"部分藏学家根据汉文资料研究认为，61个千户必须是各拥有1万人的军队，总兵数为61万人。

关于驯奴臣仆奴隶和再奴。赞普统治下的庶民分为豪奴和驯奴两种。所谓"豪奴"，是指臣民中拥有奴隶和财产者，是能组织壮士参加战争的人。驯奴是"豪奴"的反面，指从事各种平凡职业的庶民的总称。其内部又分为小王、奴隶、再奴等高中低三个等能。驯奴之内也分为主奴等五个等级，在各级下面有各种大小主管权限。但是必须向赞普缴纳赋税，供献礼品，承担差役，所以属于庶民。其余一切如经营政府的牲畜，或者管理其他行业、承担政府事务者，均属于驯奴的范围。属于他们之下的人则被称为"奴隶"或"再奴"。

三尚一伦，管理前藏一切事务。他们是赞普属下的父祖母族的三舅与大伦（相），有权参议重大事务，是"尚伦毕集"之名。松赞干布统治国政之时，国家的大事不是赞普独断，而是通过尚伦（国臣）共同商议的方式决断的。国家的重大措施都是在赞普的亲自安排指导下，由公伦尚伦等众臣办理的。尚伦是赞普的生母的父系亲属的要人，赞普把属于母亲血统的民族头人称为"尚伦"（舅臣）。尚伦比同等地位的大臣所应有的权力大。松赞干布时期，三尚一伦掌管前藏行政事务。三尚是：堆之没庐氏（坚赞僧格）、曼之琛民（嘉斯协丁）、中部之那囊氏（那囊嘉甘）；一伦为韦氏（吉桑达纳），通称为"三尚一伦"。

戍边三军镇守边疆：61个千户之中，在镇守吐蕃连疆，抵制外寇入侵方面做出突出贡献者，有无畏的三军部的勇敢。

2．度量衡标准法

松赞干布之时，吐蕃基本上成为一个统一的国家，吐蕃的农牧业生产和商品贸易水平有了大的发展，经济实力相应有了提高。随着吐蕃政治、经济发展的需要，统一度量衡被提到重要的议事日程。松赞干布于是制造了统一衡量粮食、酥油、金、银的衡量秤标准。从松赞干布到墀热巴巾之间，赞普王统时期的度量衡标准是：21掬粮食为1升，3.5掬为1普，6普为1藏升，20升为1克。另一种计算方法是：3掬为1普，7普为1升，20升为1克。总之，21掬为1升，没有差别，这是衡量当时的粮食的斗、升的标准，升为木制升。

秤肉和秤酥油秤的标准是：2大粒麦稞、2中粒青稞、2小粒青稞等大小6粒青稞为重量的1厘，20厘的重量为1钱，10钱的重量为1

两，4两或4波为1秤，20钱即80两为1克，这就是当时衡量的秤标准，据说秤是木制的。金、银的重量为：7豆为1分，7分为1钱，10钱为1两。

长短度量标准，一般12指为1卡，2卡为1肘，4肘为1庹（平伸两臂的长度），这种量法一直流传到近代。

松赞干布时期，度量衡的法定标准是：升、两、普、掬、钱、分、厘、豆等。统一度量衡标准，对当时的农牧业产品交换和商业等经济顺利发展产生了很大作用。

3．伦常道德法

松赞干布之时，君臣详细研究了当时社会上存在的各种细微现象制定法规，最后做出决定，以生死代价表示。其内部划分为：法律十五条、七大法律、在家道德规范十六条等，合计细法三十七条。

（一）法律十五条包括三做、三不做，三褒奖、三谴责、三不迫害。

1）三做（宏化）：

①消灭外寇能使国家太平；②理好内政，能使百姓安乐；③为利益来世，信奉实施十善法。

2）三不做：

①不为无信仰的普通人讲授佛法；②密咒是获得佛果之因，不能当作财富出卖，即观看供品不具誓言，不讲密咒；③不能荐举傲慢者为官员领主。

3）三褒奖：

①对于战场上胜敌有功的英雄，如果不赏赐虎皮战袍褒奖，以后就没有产生英雄的酩酊，所以必须给英雄予奖励；②对于精于内政之臣和各有功者，如果不以璁玉、黄金等诰身奖励，以后不能分辨贤愚之人，所以必须以诰身奖励贤明者；③如果不褒奖为了君臣之事而热

诚工作的优秀人才，以后不可能出现精进热诚之人，所以必须给以丰厚的物质奖励。

4）三谴责：

①对于屈膝投降或者放任失职等无主见的懦夫，应该将狐狸尾巴套在其头上，进行谴责，反之，就不能分辨英雄和懦夫；②对于做恶多端者如不进行适当的法律处罚，以后会作恶不止。③对于违法乱纪者如不进行处置，任其放任自流，后果不堪设想，所以一定要严厉处治。

5）三不迫害：

①如果不养育自己的父母，虐待折磨他们，立刻会受到众人的指责，将来受报应之苦。所以要孝敬父母，千万不能欺侮；②如不爱护自己的徒弟，进行折磨迫害，不仅使孩子父母感到厌恶，而且外面的敌人也会讥讽，一定要爱惜保护他们不应该进行痛苦迫害；③如果不照顾亲属，进行憎恨迫害，就会失去自家的工作和稼穑。一定要互尊互爱，团结照顾亲属，不应该迫害折磨。

（二）七大法律

佛教十善法中有杀生、偷盗、奸淫、说谎等四根本罪和饮酒等五条，松赞干布增加奴不反主（民不造反）、不盗墓两条，称为"禁行之七大法律"。

1）不杀生法

杀伤人的刑法，分死命价与活命价两种，相互间发生争斗或骚乱而杀人，或者因其他原因使人死亡，将此类称为"死命价"。杀人者必须赔偿死人的祭礼和墓葬所需的费用，为赠偿亡人之命，必须交付费用弥补亏耗。"活命价"是指在骚乱之中致伤或其他原因造成的伤害，必须交付受伤者医疗费以弥补亏损。在偿付死、活命价时，要参考受伤人的地位高低，然后才能决定赔偿的粗略数额。命价标准、赔偿医疗费标准，规定用金、银，实际成交时允许用银子替代纳金。

2）断偷盗法

即惩治盗匪的刑法，如果偷盗佛殿与三所依（佛像、佛塔、佛经）之财宝，判以百倍赔偿。若盗君臣的财物，以八十倍赔偿。若盗庶民之财物，则赔偿所偷物的八倍。判处聚众骚乱盗窃他物的主犯死刑或流放。

3）禁止邪淫法

侵害人身被看成是重罪。私通者，割其肢，贬为奴隶，流放边地。奸淫王妃等高贵妇女者，判刖肢。强奸他人之妻，套以颈索吊死。

4）禁止说谎法

出现罪犯或发生诉讼案时，诉讼双方必须在法庭上说明事情的原委，如果拒绝承认错误，或者想法抵赖罪行逃脱法律，必须发誓以各自的护法神为证人，称此为"狡诳洗心法"。

5）禁止饮酒法

如果饮酒过量，酿成大祸，一定要受到法律的制裁。

6）奴不反主法，是禁止奴隶起义之法，庶民和奴隶必须遵守各自主人的统治，承担纳税，除此之外，不能叛离主人和进行反抗起义。

7）不盗掘坟墓法，是禁止盗窃为死人修建的坟墓中的财物而盗窃墓葬。

（三）在家道德规范16条

①敬信三宝；②求修正法与文字；③尊敬报恩父母；④尊重有德；⑤敬贵重老；⑥义深亲友；⑦利济乡邻；⑧直言小心；⑨追踪上流，⑩饮食有节，货财安分；⑪酬报有恩；⑫秤斗无欺；⑬慎戒忌妒；⑭温语寡言；⑮忍修大度；⑯不听妇言。

4. 敬强护弱法

在法庭上，对诉讼双方的呈词（两名控告者）进行真伪分析后，必须合理大胆地判决，照顾到有权势者和贫弱各方。

5. 判决权势者的法律

重大特殊之类的事是依王法判决的，必须无条件完成。

6. 内库家法

是一种赞普的内库法，即积累和保管仓库的财物等宫殿内部工作的归总法律。

第二、基础三十六制中的六大政治制度

1、孝养主人而偿清利息者。为了孝养国王，众臣必须努力精进；庶民按期缴纳各自承提经营生产的土地、牲畜税，即必须奉献国王。

2、抑制豪强，扶助臣仆者。法律规定，抑制有权有势、专横或有权势豪奴的欺压，扶助再奴即劣贱弱小庶民的靠山，任何人也不能欺凌。

3、驯奴不充豪奴，王政不及女人者。驯奴不能充丁、妇女不能干预政治。

4、守卫边界，不践民禾者。镇守四方边界，不可将马放于百姓耕种的田园中，驰骋践踏。

5、征服敌人，抚育臣民者。消灭外面的一切敌人，关心国家臣民的生活，必须保护臣民的安乐。

6、奉行十善，舍弃非十善。王臣庶民要长期奉行十善，舍弃非十善。

第三、基础三十六制中的六级褒奖

赞普为奖励大臣和有功人员颁给不同的奖状和褒奖以表示当时大臣的等级或地位大小，也是一种鼓励臣民的最好措施，能够代表获得与大小珊瑚文书和金书等珠宝及其价值相等的地位。6种褒奖中上等是珊瑚、黄金，中等是银、银镀金，下等是铜铁，这六种各分为大小两种，共12种，代表12个级别，另外，还有响铜与波纹白木文书。

褒奖是按照等级颁发的，大相为大翡翠（珊瑚）文书；副相与内

大相为小翡翠书；小相与内副相、大噶伦为大金书；小内相、副噶伦为小金书；小噶伦为银镀金书；寺院轨范师和座前法师（密咒师）、上下权臣为大银书，侍身本老师与持寝师、羌塘堪舆师、边防哨兵、城堡警卫为小银书；千户长、茹本等为铜书；英雄为铁书；普通臣民为木纹书。

第四、基础三十六制中的六种标志

宣布王令的标志，而能代表法令的印征，称为"诰命匣"。营相的标志，而能表示赞普军队的标志者，高举在军旗上。国王位所的标志或象征是王宫的圣神。国王奉行佛法的法相标志是新建祖拉康等佛殿。镇慑敌人英雄相的标志中各位英雄身着虎皮战袍。精通国务而有才能，或户相的标志是以翡翠、金书等褒奖九大臣。

第五、基础三十六制中的六种称号（诰身）

这是针对摄政之臣和臣民划分为善号和恶号六种。

第六、基础三十六制中的六种勇饰

这是表彰对国家稳定、固守边界等项工作上有成绩的战斗勇士的措施。根据英雄成绩大小分为六种：虎皮褂、虎皮裙、大麻袍、小麻袍、虎皮袍和豹皮袍。

从制定古代吐蕃基础制方面，使我们看到了松赞干布是藏民族的一位伟大先祖，是藏族史上具有优秀成绩的高尚赞普。松赞干布统一吐蕃后，建立起来的赞普王统具有强大的政治势力和经济势力，这与受广大群众的支持和制定了符合当时社会性质的一整套法规是分不开的。

三、首创现代所使用的藏文

关于赞普创造现代藏文基础的情况，有这样一个故事：松赞干布13岁（公元629年，藏历土牛年）举行盛大的即位宴会时，吐蕃四邻的小邦及各部落首领遣使来贺，有的献重礼祝贺，有的以书信祝贺，书信用不同的地方文字。当时由于吐蕃无文字，都用他们的文字书信答谢，或者捎口信致谢。为此，赞普很难为情。他考虑因吐蕃无文字，很难完成国政大事，也成为邻国指责的目标，所以一定要创立符合吐蕃自己语言的文字。松赞干布的这种想法成为创立使用至今的藏文的缘起。

1. 吞弥桑布扎创造藏文

现代藏文的首创者是大臣吞弥桑布扎。《贤者喜宴》说："谓自吞之洛惹喀授赐吞弥阿惹迦达之子聪慧小人吞弥桑布扎沙金一升。"据此，吞弥桑布扎的出生地是"吞"地的洛惹喀，父亲名叫"吞弥阿惹迦达"，他本人的字叫"桑布扎"。"吞"地的洛惹喀位于尼木县，现在仍然沿用此名。

《贤者喜宴》说：松赞干布赐予吐蕃相臣之子16名聪慧青年贶礼，派遣他们去印度学字。其中有些人恐于路途艰辛半途而返回，有些人虽到达印度却中暑而亡，有些人苦于不懂梵语返回吐蕃，没有实现赞普的心愿。于是赞普再次派遣聪慧、正直、机灵、出身高贵，以及有多种功德的青年吞弥桑布扎，赏给一升沙金和给印度贝金协布纳拉钦王的慰问品，带着随从达洛德冲等人去印度留学。平安到达印度，游历了印度大部分地区后，吞弥桑布扎拜南印度一位精通语言的大学者婆罗门李勤为师，学习了所有知识。吞弥桑布扎经历7年专心修习，成为一名很有影响的学者。他带着经典和礼品安全返回吐蕃，奉松赞干布的指示创造文字。

2. 现代藏文之源和特征

关于吞弥桑布扎所创造的现代藏文之底本方面，学者们的观点各异。《贤者喜宴》认为，吞弥桑布扎以梵语楞札字和迦湿弥罗字为元辅音的蓝本，在玛茹堡（帕邦卡）创造了藏文字形。

吞弥桑布扎创造藏文时，首先构成两个音调，与字母性相的总格调完全一致。他详细研究藏语语调后，从梵文字母中选出适合藏语的

部分音调，舍弃了应该舍弃的。另外，吞弥桑布扎合理创造了不够的字母作为补充。现在我们使用的藏文全部体系的文种特别突出，甚至达到了现代世界文字种类的前列水平。藏文的基本字母虽来自印度，却胜于古印度的字母，这是出自松赞干布的宏愿，尤其来自吞弥桑布扎的超群智慧。从这方面表现了藏民族从很早以前开始有文字，不愧是个具有智慧的民族。

现在我们使用的藏文有许多优点：第一、藏文是一种拼音文字，只有元辅音字母34个，音调区分清楚，没有变化，非常符合文字的性质。从吞弥桑布扎首创至今基本上保持原状，读音未发生任何实在的变化。第二、现在使用的藏文自创立至今已有1300多年，其间方言发生了各种变化，但是现在一些会藏文的人们读得懂当时撰著的一切文字方面的声明著作，有一定文化水平的人都能理解其含义。第三、藏文的拼音，若能了解拼法，无论是哪个民族，还是哪个国家都有其大致相同的语调。藏文是世界上最早使用的新的拼音文字之一。第四、藏文能书写任何一种量多而意义深远的内容。当时吞弥桑布扎翻译了《观世音菩萨二十一部经续》等吐蕃没有的正法经典。第五、藏文中元辅音的总数极少。第六、有次序和可靠系统的声明字来源。

总而言之，赞普松赞干布时期，藏民族开始使用沿用至今的文字，因而使吐蕃的历史、政治、经济、文化、军事、法律等各个方面有了圆满发展。

四、迎娶王妃

1. 三位藏族妃子

松赞干布前后娶芒妃墀嘉、象雄妃勒托曼、木雅茹央妃嘉姆增等3位藏族王妃，其中象雄妃和茹央妃没有生育，王妃中首位王妃芒妃墀嘉顺利生下赞普的纯净血统王子贡松贡赞。

2. 迎娶尼泊尔王妃墀尊

松赞干布不仅是一位虔诚的佛教徒，而且是一位远见卓识、韬略过人的国王。为了在藏区（吐蕃）弘扬佛法，吸收汉、尼等地的灿烂文化和物质文明，希望从尼泊尔和汉地迎请释迦牟尼8岁和12岁等身像。因此，他想出按照世间习惯方式迎娶尼泊尔墀尊公主和唐文成公主的好办法。大相噶尔·东赞域松和吞弥桑布扎带领臣仆骑士百人经过艰难行程来到尼泊尔的昆布城，在龙宫殿谒见了德瓦王印铠甲光王，敬献多种黄金珠宝和镶无价之宝红宝石的特殊琉璃宝盔等。噶尔·东赞域松施礼颂王，详细讲述了琉璃宝盔的特殊功能，说明前来为赞普请婚的情况。尼泊尔王再三表示：不愿把公主嫁给吐蕃。吐蕃使臣依次将松赞干布的书函呈交尼泊尔王。尼泊尔王看完书信后，一方面慑于吐蕃赞普的威力，另一方面倾慕贤明英勇的青年赞普的本领，最后答应将墀尊公主嫁给松赞干布。当时，墀尊公主极度伤感，但又不敢违抗父王之命，她对父王说："如果父王命女儿远嫁吐蕃，我遵从。为了在吐蕃发展佛教，请求父王将释迦不动金刚佛像和弥勒怙主像，度母坛像等赐与我，作为嫁妆。我在吐蕃如何做，请赐儿教言与良方。"父王依公主所请。后来，墀尊公主坐在装饰华美的骑象所载的精美轿箱中，带着父王所赐的释迦不动金刚和弥勒法轮、度母坛像为主的嫁妆以及无数奇珍异宝，随从侍女，能工巧匠向吐蕃进发。吐蕃百名大臣、骑士等精心布置，设立盛宴，在隆重庄严的仪式中迎接王妃墀尊公主。在拉萨红山宫赞普松赞干布和墀尊公主会面，正式授予公主王妃宝座的权威。后来，墀尊公主遵照父王修建赞普城邑宫殿的教诲，请求修建一座赞普宫殿。松赞干布依公主所请允准修建王宫，在红山三层城墙环绕之中建造999座碉楼，加上绝顶红宫共1000座，四面修建了精美四门楼，修建佛殿以供放释迦不动金刚佛像等身、语意所依，取名"惹萨墀囊祖拉康"（大昭寺）。

3. 迎娶唐文成公主

松赞干布为了完成国政大业的计划，非常希望娶东方大唐皇帝的公主为妃，于是遣噶尔·东赞域松为首的百位大臣骑士带着多种黄金宝物，一等金绿绫缎衣服和镶嵌着红宝石的琉璃铠甲等高贵礼物以及绝密汉文书信，前去唐朝为赞普聘娶公主。噶尔·东赞域松等人从红山宫起程踏上了去往东方汉地之路，经过艰难跋涉，他们来到陕西长安福德门由万家环绕的大唐皇帝太宗的宫殿。唐太宗在吐蕃、印度、波斯、冲·格萨尔、鞑靼等国使臣聚会之地宣布将文成公主嫁给吐蕃赞普为妃。进藏之前，文成公主请求太宗皇帝把稀有的至宝释迦牟尼佛像赐给她，作为圣缘，把五行经典、工艺技术、疗治疾病的医方8种、诊断法6种、医著4种等医学论著和医疗器械以及用不尽的种种珠宝赐给她作为嫁妆，唐太宗依其所请。

之后，公主将释迦牟尼佛像供放在木轮车上，由力士嘉拉嘎和鲁嘎牵引。将多种宝物、绫罗绸缎及所有之物与器皿共数百驮驮在骡马、骆驼背上。珠宝装饰、美似仙女的公主与吐蕃请婚使臣及唐朝送婚使臣、侍从、宫女一起离开皇宫踏上了进藏茫茫之路。

之后，以李道宗为统领的唐蕃诸臣还请觉卧释迦牟尼像和文成公主抵达错那（今青海玛多县东北部黑海乡），随即进驻玛多扎陵湖附近的吐蕃人居住之地。松赞干布亲自率兵迎接。觉卧释迦牟尼佛像和文成公主及其随从翻山渡河，穿越森林，走出峡谷平原，最后来到拉萨之时，吐蕃臣民按照赞普的指示，摆设了盛大的欢迎宴会，千百万身穿节日盛装的男女民众从各地汇聚拉萨以无限敬仰的心情迎接佛祖和公主。公主身着绫罗锦缎衣服，佩戴珍奇异宝的装饰品，25位美丽宫女演奏琵琶，吹奏乐器，吐蕃几位大臣相伦致礼迎接，陪同太宗皇帝的特使，护送公主进藏的江夏王李道宗来到宫殿的扎西赞果门前。松赞干布和文成公主见面享受喜悦，正式授予文成公主赞普王妃宝座的权威。

文成公主入藏时，随身带来了许多有关天文历法、五行经典、医方百种和各种工艺书籍，同时带来了精通造纸法、雕刻、酿造和工艺技术人员。她不仅为唐蕃之间的经济、文化交流做出了伟大贡献，而且实现了唐蕃间的联姻关系，在汉藏两个民族长期友好方面产生了有深远历史意义的伟大影响。

五、修建拉萨大昭寺等佛殿

松赞干布建立了统一全蕃的政权，制定了社会基本体制和法律基础，建立了军事管理组织，首创藏文，成绩卓著。在实行过程中，他考虑若要使藏区长治久安，仅有这些还不够。数千年来，分裂割据的藏族各部落皈依原始宗教遗留的各自祖先的不同氏族凶神，互不谦让，各自为政。亲友之间具有反目成仇的恶习，部落之间战乱不断，相互残杀，报仇雪恨。尤其是先王达日聂斯与父王囊日松赞之时，纳入悉补野治下的小邦部落寻找机会，接连发生叛离悉补野的事变。松赞干布时期，琼波·邦赛苏孜也曾准备发动阴谋叛乱。鉴于这些不稳定的因素，松赞干布意识到，一定要建立发展藏民族文化和统一思想的支柱。当时，亚洲文化发达的东方唐朝、南方印度、西方尼泊尔、北方于阗等吐蕃周邻国家正是佛教兴旺、声名远扬之时，松赞干布从很早以前就已闻悉他们的盛名。他想：从汉、尼两国迎娶的两位王妃笃信佛法，分别请来了以金色释迦牟尼与觉卧不动金刚佛像为首的许多身、语、意圣缘；大臣吞尔桑布扎从印度带来和翻译了多部大乘佛教经典，多种条件已经具备。在两位王妃的请求下，首先在吐蕃中心地拉萨修建祖拉康（佛殿）。

关于在拉萨修建大小二昭寺的条件，据《教法史》说：文成公主来到拉萨小昭寺之地时，拖载释迦牟尼像的车陷进沙滩里，文成公主根据汉历推算出藏区的地形如罗刹女仰卧的形状，卧塘措湖（今大昭

寺所在地）是罗刹女的心脏，是恶趣之门，须在上修建佛殿供奉释迦牟尼佛像才能镇住。此外，文成公主还提出了制服八地煞的方法。随后她又主持修建了大、小昭寺。当时，大昭寺共有八座佛殿，东南边的角楼中有吉祥天女（班丹拉姆）的神殿。

从此，大昭寺成为西藏佛教发展的基地。大昭寺的建成不仅使吐蕃佛教得到了发展，而且成为汉、藏、蒙等兄弟民族关系的纽带，为祖国的统一事业和民族团结做出了不可磨灭的贡献。

松赞干布时期，在吐蕃开创发展佛教之规，在他的领导下为臣民制定了十善法、在家道德规范16条。与此同时，从印度、汉地、波斯、尼泊尔、于阗等国家和地区引进工艺、医药、历法等优秀文化，逐渐开始了文化交流。从此，藏民族的文化、法律、科学技术等各个方面比以前有了很大发展。

六、开拓疆域，发展吐蕃经济

松赞干布是一位远见卓识、豁达大度的人。他深深地认识到，如果一个民族要发展，必须吸收和借鉴世界上任何一切先进文化和经验。在统一吐蕃和扩大势力范围的条件下，松赞干布与周边邻国建立了广泛联系，为巩固和发展刚刚建立起来的吐蕃政治、文化、军事和社会经济做出了卓越成绩。《弟吴教法源流》在讲述松赞干布的伟大功绩时提到："拉坚凯坚"，其中"凯坚"指八个市场，上部三个市场是：突厥、回纥、尼泊尔；下部三市是：葛逻禄（蓝眼突厥）、绒绒、丹玛；中部二市是二东东大集市、北商市。

松赞干布通过从汉地、尼泊尔迎娶王妃，召集能工巧匠修建佛殿，提高发展藏族的古典建筑工艺；从印度获取字样创造藏文，从四方邻国翻译佛教经典，促进了藏族文化的发展。尤其是同东方大国唐朝建立了亲密关系，并借鉴和学习唐王朝的经验，制定了吐蕃政治和军事管理体制。

当时吐蕃广泛开创了各种物质交换的商道，逐渐趋向繁荣，依靠商品交换进一步推动了吐蕃农牧业生产，人民的生活日益提高，开始了吐蕃社会经济发展的新时代。

七、建立了唐蕃间的友好关系

藏王松赞干布亲自开创的唐蕃间的关系和当时周围其他邻国之间形成的关系有所不同。建立于吐蕃王朝时的大昭寺门前的《甥舅会盟碑》记载了唐蕃间的关系，碑文："东方有汉，大海之内东边之王，异与南尼（泊尔），纯良风俗，经藉著称，故与蕃为敌乎，为友伴？初，汉王居都城，其大唐之政已二十三年，一代王之后，圣神赞普墀松德赞与大唐文武孝德皇帝二主商议，社稷如一。贞观之年，娶文成公主为王后……。"从文成公主进藏至立碑之间，唐蕃已有200年的亲密关系，反映唐蕃密切友好关系的简略历史记载，现在完全可以看到。赞普时代的碑文表明汉藏两个民族的关系是和其他邻国之间的关系不同，这种深厚关系是从松赞干布开始的。

据藏文史藉记载，松赞干布18岁时（公元634年），派遣使臣去向唐太宗献贺礼，唐太宗也派金书使臣向吐蕃赞普致谢，开始建立了唐蕃之前的官方联系。当时，松赞干布从使臣那里获悉唐太宗准备将公主嫁给突厥王，于是开始派使臣携带重礼去长安，请求唐太宗将公主嫁给赞普作王后，唐太宗未答应请婚。松赞干布大怒，率兵攻打已成为唐朝附属的吐谷浑，吐谷浑王兵败逃至青海北部，吐蕃军尽取其赀畜。之后，攻破党项、白兰羌、丽江（绛）等地，赞普亲率20万大军入寇松州，在此赞普派使者去唐朝贡金甲请婚，谓左右曰："公主不至，我具深入"。但是唐太宗仍未答应，派都智韩威带领极少兵力反击吐蕃军，反被吐蕃打败。当时，汉属之地南诏皆叛唐归蕃。在

这种情况下，唐太宗诏令右武卫大将军牛进达率领5万兵进讨吐蕃军，夜袭驻扎在松州的吐蕃营地，斩吐蕃军首级千名。吐蕃军始惧引去。《新唐书》说："初东寇地，连岁不解，其大臣请返国，不听，自杀者八人。至是弄赞始惧，引而去"。① 吐蕃撤兵后，赞普再次派使者向唐朝谢罪，并请婚，唐太宗基本上答应了请婚。贞观十五年（公元641年），藏历铁牛年，文成公主从唐朝都城长安出发来到吐蕃。

《汉藏史集——贤者喜乐》说：松赞干布派聪明有识的蕃人泽聂丹、朗措顿勒、恰迦东贡、达弥达喀等4人，赐给8个银套金帕如，每人一个金帕如，盘缠沙金半升等。对他们说：你们到汉地去，学习对吐蕃有益的典籍。以前吐蕃、印、汉的历法不盛行，故要获得测算生命、四季之算，必须接触汉地，你们要努力学习，一定给以重赏。他们4人来到汉地后，先拜4位学者为师，向其中精通推算季节的嘉赤摩诃衍那学习了1年零7个月的时间，其它几大部没有全面传授，只传授了《续明灯》、《邦嘉喇嘛》、《天地寻迹》、《信弦图表》。吐蕃4名聪明青年学会卜算生命与四季的知识后，结伴返回吐蕃。恰迦东贡精通汉族一切历算，其子名为恰迦嘉措，他们父子都作为赞普的卜算师。此乃吐蕃发展汉历之始。

唐太宗驾崩后，唐高宗于永和元年（公元649年），藏历土鸡年嗣位。提升松赞干布"附巴都尉"的爵位和"西海郡王"之王位。松赞干布通过唐朝官员长孙无忌向唐高宗上书说："天子初印位，下有不忠者，愿勒兵赴国共讨之。并献金鹅十五种以荐昭陵"。② 之后，唐高宗向松赞干布封"賨王"之爵位，不仅按汉地风俗设宴庆贺，且依吐蕃的愿望，派去多名养蚕者和玻璃工匠、酿酒师、石磨工匠等。松赞干布去世后，唐高宗遣使者去吊祀，按照汉俗在赞普陵前祭祀。

---

① 《唐书》卷二百一十六上，吐蕃上。藏文本，第11页。
② 《唐书》卷二百一十六上，吐蕃上。

第二节　贡松贡赞和芒松芒赞

　　赞普贡松贡赞是松赞干布和芒妃墀嘉之子，娶吐谷浑妃芒姆杰为王后，生下芒松芒赞。贡松贡赞逝于父亲松赞干布之前。芒松芒赞生于公元646年（火马年），由于他尚年幼，内外事务皆由大相噶尔·东赞域松决断，即18年间，噶尔连续护持吐蕃赞普的政务。芒松芒赞娶没庐氏墀玛伦为王后。芒松芒赞执政五年，公元654年（木虎年），大相噶尔·东赞域松在芒布沙宗（堆隆芒浦）地方召集属下首领，开创了"集会"。集会上噶尔·东赞域松将臣民百姓分成特殊臣民和一般臣民两大类。妥善安排各自的工作，征发户丁、粮食劳役，在完成划分亲权和驯奴的准备工作后，次年在"廓尔德"地方，起草了法律条文。此后，从芒松芒赞晚年开始，每年集会议盟，在大伦主持下，召集各有关首领议定政务大事，军事检查和农牧业的计算法推噶、斗噶，形成集会制度。

　　赞普芒松芒赞时期，不断扩大唐蕃间的关系，互派友好使者。这些友好使者的往来，加深了汉藏两个民族之间的相互理解和友好亲密的关系。尽管有时也因汉藏交界的吐谷浑和南诏等小邦的事，唐蕃发生争执进行战争，但是后来仍然能和平相处。

　　芒松芒赞在位期间，在主要的国政措施方面，纯熟的大相噶尔·东赞域松贯彻执行松赞干布的英明政策和事业，使吐蕃社会安定，农牧业生产步入正确的管理轨道；建立并发展了与邻邦的贸易关系，经济收入增加，社会、军事制度趋于完善，而且更加关心和积极发展唐蕃关系。另一方面，在固守边防，扩大疆域，增加所属臣民方面做出了很大贡献。

第三节　赞普都松芒波杰

都松芒波杰王的全名是"都松芒波杰伦纳墀王"。他是芒松芒赞王和王后没庐氏墀玛伦所生之子，公元676年，火鼠年诞生于拉隆。是年冬季，父王芒松芒赞薨，秘丧三年，始为都松芒波杰上赞普之尊号，母亲墀玛伦代理摄政。都松芒波杰娶钦木氏（琛氏）赞姆多为王后。噶尔·东赞域松的长子赞聂顿布担任大相。赞聂顿布去世后，任命东赞域松的次子钦陵赞婆为大相。噶尔·东赞域松父子三人先后担任大相，他们为吐蕃的政治、经济、军事等建立了功勋。但是随着他们成绩显著，傲慢情绪不断滋长。至此，噶尔的后代骄傲思想越来越严重，吐蕃臣民们惧怕而敬奉之。噶尔·东赞域松的子孙们表面上对都松芒波杰王毕恭毕敬，实际上专横跋扈，君臣之间的矛盾日益尖锐。公元698年，土狗年夏，都松芒波杰巡临北方，大相钦陵赞婆出兵多麦大小宗喀地区。是年冬天，赞普治罪噶尔·钦陵，废除其大相职位。翌年，都松芒波杰在"扎"的"恰蔡"地方，清查获罪家族的财产帐目，将噶尔家族的财产全部收归王室。

都松芒波杰之时，唐蕃之间互派使者，吐蕃不断从汉地引进茶叶、瓷器和各种乐器等，两国建立了经济技术和文化交流关系。这期间，吐蕃盛行茶叶和碗等瓷器，这在《红史》和有关茶、碗品种的论著中记载颇详。

都松芒波杰从铁鼠年（公元700年）开始，亲自指挥，出兵松州、洮州等大唐地界。水兔年（公元703年），赞普率兵攻占南诏。次年（704年），驻兵于南诏附近名叫"约"的云南地区。是年冬，都松芒波杰在南诏去世。

第四节　赞普墀德祖赞

　　赞普墀德祖赞墨阿葱是赞普都松芒波杰与琛氏赞姆多之子，木龙年（公元704年）春，生于蔡颇章，本名"嘉祖茹"。公元704年冬，父王都松芒波杰薨后，由于王子尚幼，内外政务皆由王太后，即父王都松芒波杰的母亲与墨阿葱的祖母没庐墀玛伦摄理。木蛇年（公元705年），以岱仁巴努囊扎与凯甘多囊为首反叛，赞普派兵在苯姆那拉孜地方杀死叛臣岱仁巴等人，平定了叛乱。是年冬，赞普任命库·芒波杰拉松为大相。但是，此事立刻传到祖母墀玛伦耳中。不久在林仁园治罪库·芒波杰拉松，任命韦·墀素香聂为大相。这年，赞普出兵镇压了"悉立"等小邦叛臣。土鸡年（公元709年）逮捕悉立王。从此，王权稳固，吐蕃社会安定。

　　关于墀德祖赞的王后唐朝宗室之女金城公主进藏的年代，许多学者都在经过研究后断定是公元710年，藏历铁狗年，迎娶公主的赞普是墀德祖赞墨阿葱本人。据《敦煌本吐蕃历史文书·大事纪年》记载："狗年（公元710年），赞普（墀德祖赞）驻于跋布川，祖母（墀玛伦）驻于'仲'地。于赤帕塘议盟，派人准备赞姆公主（金城公主）来蕃之器物，以尚·赞多热拉钦等人为迎婚使者，赞姆金城公主至逻娑（拉萨）之鹿园。冬，赞普伉俪（墀德祖赞与金城公主）驻于扎玛尔、祖母（墀玛伦）驻于拉岗杂。在多麦的丹玛孜纳木尤，尚·嘉多与达格日杂集会议盟。"① 历史记载，公元710年，铁狗年，吐蕃大臣尚·赞多热拉钦（《唐书》作"尚赞出名悉腊"）作为吐蕃迎

---

① 《敦煌本吐蕃历史文书·大事纪年》第26页。

娶金城公主的婚使来到唐朝都城长安，敬献礼品请婚，皇帝许嫁宗室之女金城公主，且举行盛大宴会招待吐蕃使臣。唐中宗为唐蕃之间的政治友好，决定把金城公主作为友谊使者嫁给吐蕃赞普。关于金城公主的嫁妆，《西藏王统记》记载："帝赐无数远行之礼物，亲率百官送金城公主至始平县之城堡。于此支帐，为吐蕃使臣设盛宴。帝亦悲涕嘘欷，为赦始平县，罪死皆免，赐民繇赋一年，改县为金城。"[①] 金城公主在吐蕃组织人力翻译了多部佛法经典和医药、历算书籍，传播发展了各种器乐，丰富了吐蕃文化。总之，唐蕃之间亲上加亲，民族关系进一步加强。

墀德祖赞的卒年在公元754年，木马年，他驾临羊卓扎蔡后去世，实际上是被大臣巴·吉桑东赞与朗·弥素二人所杀。

---

① 《西藏王统记》铅印本，第197页。

第五节　赞普墀松德赞

墀松德赞是悉补野世系中政绩宏伟，为吐蕃的繁荣富强做出过伟大贡献，在政教两方面都具有一定权势的一位赞普，被誉为"祖孙三法王"之一。他生于公元742年，水马年，墀德祖赞与那囊氏芒波杰之子，降生于扎玛。

一、墀松德赞主要政绩

墀松德赞13岁时，公元754年，木马年，大臣巴·吉桑东赞与朗·弥素二人暗杀了父王墀德祖赞准备叛乱。此事被大臣达扎禄恭察觉，禀告了墀松德赞王。翌年，以兵力粉碎了杀害父王的刽子手，重新任命曾由朗、巴二氏所管辖3个千户的千户长，朗、巴二氏的帮凶奴仆皆被驱逐，处治了这次阴谋活动的罪魁祸首。冬末，尚·嘉素负责在惹达廓地方召集会盟，清查朗、巴二氏所留下的财产。公元756年，火猴年，臣民们为赞普上尊号为"墀松德赞"。赞普开始施政，诏谕四方属民，从此正式开始了统治。

墀松德赞执政之初，在大伦囊协达赞、尚琛氏·嘉素谢塘、吉桑嘉贡、尚·东赞、章·嘉扎勒素、韦·赞协多伦、伦墀扎达察、达扎禄恭等贤明勇敢的众尚伦的辅佐下，国政日益昌盛，唐蕃关系不断加深，经常互派使者上书送礼。虽然，偶尔也有几次战争，都被调和。公元762年，水虎年，尚·嘉素与伦·达扎禄恭、尚·东赞等人率兵10万，攻战了唐朝都城长安，代宗帝出逃陕州，吐蕃军据守长安15日后撤出。这次战争，汉藏史书都有相同的记载。

《贤者喜宴》对墀松德赞在位时期赞普的权势是这样说的：

"……（吐蕃）东抵昂宿星升起之有万座门的京师城，南接轸宿升起之地，立碑于恒河之滨，控制世界三分之二地方。"①《白史》详细地记载：印度北部与尼泊尔等地皆置于吐蕃治下。有许多触及西部波斯与北方于阗等地的历史遗迹。根据教法史所说，当时大臣桂·墀桑雅拉负责制定法律，内容包括医疗赔偿命价标准法、婚姻离异法、受诬辩冤法等，触及法律时，上呈文牍中有：强赛、蛇头、黑焰、添强、锥嘴，总称为"告单方面五签牍"。判决书有：桑雅、盖查、喀玛等三种，被视"法律三签牍"，加上"一般处罚签"条，共九种。

墀松德赞的大臣聂·达赞顿素首先规定每一民户要养一匹马、一头犏牛、一头乳牛、一头黄牛，创夏季割青草、晒干备冬之先例，故被称为吐蕃七良臣之一。②总之，聂·达赞顿素在发展牧业生产方面成绩显著，表现了当时吐蕃法律趋于详细，生产事务得到重视。

二、迎请寂护、莲花生大师弘传佛教

墀松德赞在吐蕃发展佛教的情况如下：赞普松赞干布时期，佛教开始在吐蕃传播。后来，芒松芒赞和都松芒波杰两代赞普时期，佛教都未能得到发展。赞普墀德祖赞为了重新发展佛教，派人去唐朝京城长安请来经典一千部。这些虽然同尼泊尔墀尊公主和唐文成公主两位王后前后进藏有关。但是，原始本教在吐蕃人们的心里根深蒂固，绝大多数臣民仇视佛教。为了寻求佛典，巴·萨囊请赞普允准他去印度、尼泊尔求法。墀松德赞答应其请求，遣他去了芒域（今吉隆县）。表面上则向诸臣说，巴·萨囊在尼泊尔拜见了大宗师菩提萨埵（寂护），经尼泊尔王同意后，他还请寂护至芒域，修建了两所拉康。因当时发展佛教的条件还不成熟，寂护答应以后再去吐蕃传法，此时暂回尼泊尔。

---

① 《贤者喜宴》第 377 页。
② 《贤者喜宴》第 378 页。

在此前后，巴·萨囊从芒域返回故土，派了一位使者拜见赞普，报告寂护的情况。赞普安排巴·萨囊住在隆粗宫，萨囊施礼谢恩。赞普谕示萨囊说："萨囊，如果你诚心奉行佛法，不惧怕玛尚将你驱逐？"巴·萨囊回答说："我驻于芒域上部，故与驱逐一样。"时机成熟时，在隐居地，巴·萨囊对赞普说："应该奉行佛法。"遂报告了堪布菩提萨埵即寂护的才识德行和堪布所说的一切话。赞普为了巴·萨囊的安全，对他说："如果这话被人听到，尚伦们会来杀你，我暗中同尚·娘桑商量，立刻让人去问尚伦告知，你暂时回家隐藏起来。"

此时，以前父王墀德祖赞派去汉地取经的桑西等人办成事后返回吐蕃，把唐朝皇帝的书信、礼物呈献赞普，赞普敕封桑西为大伦之职。据说，由于时机不成熟，桑西把从内地带来的经典暂时藏在岩穴中。

其后，赞普与尚·娘桑、大伦桂氏等信佛大臣集会商议如何发展佛教。赞普在大臣集会上再次诏谕："在吐蕃必须发展佛教。"派人把巴·萨囊从家中召来，问："印度与尼泊尔的堪布中谁是最精通佛法的上师？"巴·萨囊答道："萨霍尔王子比丘寂护是一位精通佛典的贤哲，现住尼泊尔。"赞普说："派你去尼泊尔，一定要请来这位贤者。"并赐予写给尼泊王的书信。巴·萨囊奉命带着书信来到尼泊尔，同尼泊尔王一起请求堪布寂护去吐蕃。寂护答应请求，带领一名尼泊尔译师作为侍从来到芒域。赞普获悉后，派遣内侍朗卓·囊惹、聂·达赞东素、章·嘉勒素3人去芒域迎接，将堪布寂护迎请到大昭寺。据藏史记载："之后，在隆粗宫，寂护论师由迦湿弥罗阿难达作翻译讲授《十二善经》、《十八律》、《十二因缘经》等。数月过后，旁塘宗殿被水冲毁，红山被雷击，人病畜瘟，年荒受灾。吐蕃臣民诅咒说："此乃赞普信奉佛法的报应，提出驱逐游学僧人，禁止其传法。"[①] 在人言

---

① 《贤者喜宴》第316页。

的压力下,赞普赏给寂护论师黄金多两,对他说:"我福小命薄,吐蕃贪恋黑本教,故难弃本教信佛。请堪布暂回尼泊尔,以后找出办法,条件成熟后,立刻派人请你回来。"寂护论师回答说:"(赞普)若不降伏吐蕃的凶神恶鬼,难弘佛法。为此,须得去迎请邬坚王子莲花生,若他不来,就说我请他。以后,王的心愿成就,吐蕃佛法就会巩固。"根据臣民的要求,游学僧寂护论师离开了吐蕃。

其后,巴·萨囊奉命出使唐朝,向大唐皇帝请求派和尚去吐蕃传法授教。皇帝召了和尚向巴·萨囊传授教法经典,并给予了十分厚重的赏赐。据《巴协》说:巴·萨囊自唐返蕃不久,赞普下诏:"现在该去请回寂护论师。"巴·萨囊奉命去尼泊尔迎请寂护,在芒域遇见了寂护论师请来的莲花生大师,返回吐蕃途中,莲花生显示神通降伏了本教的护法神。见到赞普后,堪布说:"现在莲花生已降伏了往昔本教的护法神,以及不让赞普信佛的施恶多端、制造障碍的凶神恶魔,故请其本蕃传教,若尔,能够建成佛寺,实现赞普的心愿。"轨范师莲花生绘制了一幅坛城图,给内侍拉隆措协年勒做了一个圆光塔,然后指着圆光,使其说出了吐蕃所有天龙,非人鬼神的名字,并且道出了水毁旁塘宫是雅拉香波山神所为,雷击红山是念青唐古拉山神所为。灾荒、人病、畜瘟是永宁十二地母所为。第二天,莲花生召集家庭高贵而且子孙、父母、祖父母俱全的10人,做圆光法事,从中做四大天王的圆光法,使凶顽的神龙附身于人,莲花生对他们指责降伏,对其中善良者,由菩提萨埵说法,使他们皈依佛法;对其顽梗不化者,由莲花生烧施护摩,使他们驯服。据说,除降伏这些神祇外,还在素浦江俄园降伏了地祇女龙神卓素坚和雅拉香波山神等。

莲花生大师说:"为使吐蕃黎民幸福快乐,从瞻婆拉(财神)取财物,使吐蕃具有世间多种财源,在昂雪等缺水处掘水,变山坡河区为田地,以农田养全蕃人。行雅鲁藏布江水下流,变沙滩为森林,成草地，使吐蕃诸恶者成为善者。"在小型议盟会上，君臣商议，测试愿望能否实现。这时，莲花生大师显示了许多奇异神通。小型会议议定："这些事先不进行，又动员他们回印度……"。赞普为寂护、莲花生将要离去非常不愉快，赏赐了丰富黄金礼品。莲花生离开前在札玛卧布园为君臣21人传授《口诀见鬘》；将多部甚深秘典埋为伏藏；并向赞普讲授了许多教诀和大乘密咒、10万部金刚橛法，祈愿往升色究竟天，完成剩余的烧施仪轨后离去。

三、兴建桑耶寺

《巴协》记载修建桑耶寺的情况是："若尔，举行相地仪式，然后，举行破土仪式，由四名子女、父母、祖父母俱全的贵族，加上赞普共计5人身着盛装来到工地参加仪式。首先，墀松德赞王手持金镐，掘土3次，接着其他4人轮流挖掘。首先建成南面的阿利耶巴洛洲（丹增拉康）。恒康布哈尔背来一工布贡孜朱砂，或名'纳堪朱砂'的颜料，手持一把毛笔说：赡部洲中唯我精通泥塑像与绘画，若说修建吐蕃王寺，我知道形状。于是，赞普召他画像。雕塑佛像的工匠说：印度、汉地之中选哪国风格修建？（赞普与众臣、堪布）商议，堪布说：佛出自印度，故按印度风格修建。赞普说：'若按吐蕃风格修建，对喜好本教的吐蕃民众转而奉佛教有好处。'所以应按吐蕃风格建造佛像。召集全体蕃民，按照吐蕃风格建造。修造吐蕃人形象，找模型时召集蕃民，从中选出了体形较好的库·达察为模特儿，修建阿利耶巴洛洲喀惹萨波尼；以塘桑达伦为模型，右选六字真言；以玛桑贡为模型，雕造马头明王门警，以天女形象的窈窕妇女觉热王妃拉布曼为模型，右造度母像；以觉热妃及琼为模型，左造具光佛母像。"[①]

---

① 《贤者喜宴》第336—337页。

据说，桑耶寺是仿照印度邬坚布日寺修建的。顶层按照印度风格修建，木质结构；中层依照汉地风格，砖瓦结构；底层是吐蕃风格的石头结构。取名"桑耶楼松弥居伦珠祖拉康（桑耶三规永固殿）"。

四、七觉士出家为僧

墀松德赞心想：佛教的兴盛是依靠僧团掌管的。他对寂护论师说："为了佛教以后在吐蕃兴旺发达，须建立僧团组织。"派遣朗卓囊协、聂·达赞东素、桑廓·拉隆素、琛·迈拉等人去印度，从止迦玛希拉寺迎请小乘佛教说一切有部的12名比丘僧至吐蕃受戒。赞普问："我吐蕃无比丘僧。我的尚伦们可否为比丘僧？"寂护答道："可否为僧，测试再定。"为了测试是否合适，首先试度7人出家，称他们为"七觉士"。著名历史学家巴俄·祖拉陈瓦认为当时寂护担任堪布试度巴·热特纳、巴·萨囊、恩兰·嘉哇曲央、拉隆·惹觉央、玛班·仁青却、拉松·绛曲嘉瓦、巴廓·贝惹杂纳等7人出家。

五、顿门派与渐门派之诤

墀松德赞时期，住在扎玛尔的汉族和尚禅宗轨范师摩诃衍那说："无需身、语之法行，以身、语之善行不能成佛。"住于无念、心不生分别，才能成佛。并教人修禅定。由于和尚所传法易修，吐蕃全体僧尼都改修他所传法。唯有巴·热特纳与贝惹杂纳等少数人忠心信奉寂护传法。由于两派的观点分歧很大，导致了僧人之间的大辨诤，历史上称这次辨证为"顿渐之诤"。顿、渐是汉语的称呼，他们的区别是："顿门"者，示法之义，或者刹那成就之法；"渐门"者，逐渐修成之法，即为了获得佛果成佛，净除二障，逐渐依靠积累二资量的苦行，最后获得殊胜果之义。墀松德赞王说："见行双运之法乃是渐门派"。因此，激怒了顿门派和尚摩诃衍那的弟子娘·聂弥、聂·切玛拉、欧仁波且、汉族和尚梅国舍身自缢。其他门徒则手持利刃，扬言首先杀尽渐门派人，然后自杀。赞普将顿、渐两派的僧人各自分开，派人看守，进行教训。并派人召回益希旺波商议。按照益希旺波的请求，立即派使者去尼泊尔迎请寂护的学生阿阇黎莲花戒（噶玛拉希拉）。后来，在桑耶寺设台辩论，墀松德赞王居辩台中间，和尚摩诃衍那居右，其下手是顿门派门徒，按班就座，他们依次是觉姆降曲与斯·央达、班第朗迦等人。莲花戒居赞普左侧，其下面列坐着渐门派门徒巴·贝央、贝惹杂纳、益希娘波等少数人。赞普将花环呈献给莲花戒与摩诃衍那，以及两派的各位弟子，讲述了佛教在吐蕃的传播发展情况与顿、渐两派发生争执的原因，下令说："请两位堪布比试各自的见解之源与理由，若谁能取胜，即由负者一方按法规向胜者一方呈献花环认负。"辩论的结果顿门派认输，他们将花环献给渐门派僧人。据说顿门派门徒觉·玛玛辩论结束后自杀自亡。于是，赞普墀松德赞下令说："从今以后，在吐蕃不准推行顿门派的教法，蕃人'见'应依龙树的宗规，'行'当依六波罗密多。"

六、宇妥宁玛·云丹贡波

宇妥云丹贡波是父王都松芒波杰的神医宇妥琼波多杰和嘉萨曲仲之子，公元708年，土猴年，生在"堆龙吉那"，取名为"宇妥云丹贡波"。宇妥云丹贡波遵从父命，加强对医药知识的学习，抓紧一切时间为许多病患者看病，被赞誉为"第二神医云丹贡波"。这时，他的德行和高超的医疗技术、渊博的知识美誉传到父王墀德祖赞耳中，赞普亲自派人将他请到桑耶扎玛宫，为了测试他的医疗技术，首先让他与赞普的大神医章底·嘉聂喀浦等各位良医就医学理论进行辩论。当时，宇妥云丹贡波不仅辩论获胜，而且治好了当地一位其他医师久治未愈的肺痨病患者。同时，还治愈了赞普的眼睛和牙齿疾病。赞普十分喜欢宇妥宁

玛，任命他为父王墀德祖赞墨阿葱与王子墀松德赞的神医（太医）。

宇妥云丹贡波到了成年，思维能力成熟。他认为若要发展吐蕃医学，首先要掌握本民族医学的不同特点。在此基础上，学习其他民族的优秀文化，使本民族医学更加完善。他3次去印度学医，历时9年零8个多月。其间，他依止尼泊尔大医师巴纳宝利罗哈和印度大学者班钦旃扎第瓦（旃檀陀罗第瓦）、迈旺等127位阿阇黎闻习了许多医学知识，尤其从尼泊尔医师巴纳宝利罗哈学习《治疗秘法量门》与《气、胎脏、休养口诀》；从班智达旃枝檀陀罗第瓦和贤者迈旺学习《读补遗宝通》、《明密记录》，以及续支分部方面内、外、秘与《美味幻镜》、《直指体腔秘分》等医典。宇妥高兴地返回吐蕃，赞普也为他学到如此多的医学知识而高兴，宣传宇妥的成绩。特别是宇妥巴通过对吐蕃全部医学和班智达、译师们前后翻译，撰写了一部具有理论体系，适合本民族环境，颇具特点的医学论著《甘露要义秘诀窍续》。此外，还撰写了《验方利见》、《医求珍珠串》、《三种精深》等续的支分和医著多部。他的这几部论著为推动和发展吐蕃医学做出了不可估量的伟大贡献。

宇妥宁玛55岁时，带领德哇贝等主要门徒来到工布曼隆地方，创建了一座非常别致的医学寺院，招收培养了300多名医学人才。在这里，他主要讲授自己撰写的《甘露要义秘诀窍续》，兼授印度、汉地、吐蕃等地的译师、班智达前后翻译、撰写的有关医学理论著作。根据学生所掌握的理论和实践知识程度规定医学学位：曼巴本热巴（相似于主任医师）、饶强巴（相似于主治医师）、噶层巴（相当于医师）、都惹瓦（相当于医生），授予不同程度的人。

宇妥宁玛·云丹贡波年迈八旬时，还经常带领门徒去咱日、多康打箭炉、冈底斯雪山、尼泊尔等地行医治病，传授医术。公元832年，水鼠年去世，享年125岁。

第六节　王子牟尼赞普

《贤者喜宴》记载，墀松德赞王与王后蔡邦氏梅脱仲共有4位王子，长子牟墀松波夭折，次子牟尼赞普，三子牟迪茹赞普，幼子墀德松赞。据说，墀松德赞55岁时，退位到松喀尔娘玛蔡宫修行，立次子牟尼赞普为王，当时是公796年。

牟尼继位后不久碰到的第一件大事是，在王宫近侍之中，佛本之诤的矛盾非常尖锐。《巴协》中比较详细地记载了墀松德赞去世后，是信奉本教还是信奉其他教派的辩论，尤其是在举行父王的超荐活动上佛本之诤展开尖锐的斗争。后来，僧人们依止天子离垢经清净顶髻之咒，按照法规（佛教风俗）进行超荐，举行了盛大的天子墀松德赞的超度活动。其后，牟尼赞普和贝惹杂纳、嘉姆宇扎娘波三人于蓝迦达姆惹地方将了义教法的经义、口诀全部从梵文译成藏文。牟尼赞普宣布了义教法甚深经义口诀为合格经义，其中部分经典藏在桑耶寺乌则森康大殿的黑匣中。

第七节　墀德松赞赛那勒

墀德松赞是墀松德赞王和蔡邦氏梅脱仲所生的第四个王子,他又名赛那勒江云。

赞普墀德松赞共有没庐氏墀姆勒与琛氏嘉萨勒姆赞、觉葱氏赞嘉三位王妃。赞普墀德松赞的三大功绩中,第一,是在赞普世系中,将古代历史刻在石头上,留作后代传诵。其重大成绩在碑刻中有记载,为:噶琼祖拉康碑、卫堆夏拉康的两块碑、工布第穆摩崖石刻、康区强敦摩崖石刻,琼敦墓碑等;第二,是维修祖先所建的寺院,新建噶琼祖拉康等。父王墀松德赞与胞兄牟尼赞普相继去世,赞普尚幼期间,佛教急剧衰退。《巴协》说:"其间,桑耶寺僧人断粮散落,失去寺院的模样,祖拉康根基堆满鼠屎,房门被盗。"[①] 后来,赞普成年后,修复了桑耶寺,恢复了对僧人的供应,各种修供开始照常进行。《娘氏教法源流》说:"此王未失祖先之规,恢复祖先之誓愿,装修寺院,献供物品,修建了拉萨(大昭寺)之小回廊,所做成绩甚多,赞颂出家人之福禄。"[②] 墀德松赞还修建噶琼金刚界等;第三是,翻译佛法典籍,标明编写目录,用法律规定。大约公元814年,木马年,印度和吐蕃的译师智者们厘定以前从各种语言译成藏文的大小乘佛教典籍,赞普墀德松赞用法律规定,这可能是三次厘定文字中的第二次,规定翻译的原则是:(1)必须符合声明学的原则;(2)不准与佛教经典意义相违背;(3)必须使全体吐蕃人容易理解。另外,还需要了解的翻译方法和注意事项等,以范例的方式解释。总之总结了从松赞干

---

① 《贤者喜宴》第407页。
② 《娘氏教法源流》第416页。

开始历史上翻译佛教经典的经验和教训，开创了翻译理论。这在藏民族语文和文化发展史上建立了永不磨灭的功绩。

赞普墀德松赞时期，进一步加深了汉藏之间的亲密关系，相互交还了以前汉藏边界战乱中被俘的将领。赞普和唐朝皇帝继位或死逝之时，双方常派使臣祝贺或吊祭，藏汉之间使者往来不断，和平友好的关系成为主流。尤其双方互派大臣和将领，经常书信往来，磋商过去长期间发生的边界争端，和平解决，为藏汉两个民族之间铺设了和平相处的良好基础。这些，在墀德松赞之子墀德巴巾时期立于拉萨大昭寺前面的《甥舅会盟碑》记载说："圣神赞普墀德松赞心思深远鸿被，晓明政权之事，以慈愍之恩情，无有内外之分，普及八方，亦会晤四方诸王而和谈，与汉地联姻友好，亲如一家，协和社稷如一，甥舅二方相在同心，与唐王文武孝德皇帝会晤和谈，明解旧有怨仇，互派使者，互致书信。经常互送礼品，然和谈大盟尚未成就，甥舅和谈亦未究竟，成为憾事……"①

---

① 《藏族古代文献选辑》第 12 — 13 页。

第八节　赞普墀祖德赞热巴巾

赞普热巴巾生于公元802年,水马年。13岁,公元815年,木羊年,嗣继王位。39岁,公元841年,铁鸡年去世。

墀祖德赞王的主要政绩是继承父王的遗志,和解唐蕃甥舅之间的边界军事冲突。在汉藏两个民族的关系方面,墀祖德赞时期,一方面唐蕃互派使者赠礼不断加强和谈调解,另一方面,派兵争地守卫边界,多次发生激烈的军事冲突。但是,那时唐蕃双方相互没有抗衡的能力,激烈的战争也只不过是为和谈事业创造条件和方便。立于大昭寺门前的《甥舅会盟碑》的大盟碑是"大蕃彝泰九年,大唐长庆三年,阴水兔年仲春十四日,写碑文。"这年是公元823年,是赞普墀祖德赞继位9年。会盟碑记载了松赞干布至墀祖德赞间近200年来唐蕃和亲友好的历史,表达了唐蕃不再战争,万代和好的永固誓愿。从此,根本上结束了唐蕃之间长期以来所进行的大小规模的战争。墀祖德赞时期,不仅为当时唐蕃之间的和平友好关系做出了良好的历史贡献,而且为汉藏两个民族之间发展建立了具有伟大意义的功绩。

赞普墀热巴巾是一位过分尊崇和供养佛教的国王。他在位时期,僧人的权力凌驾于群臣之上,达到了很高的程度,大臣和将军们不满情绪高涨,矛盾日臻尖锐,在王宫高级近侍之中发生了重大矛盾。《娘氏教法源流》说:"其后,赞普将小型会议献给出家者,行政服从佛法;将权力交经僧人,故信奉本教的大臣,征集一切不适当的赋税,好淫、盗匪等放荡行为猖獗,禀告赞普说:'尚伦们完成了一切任务,每年征集赋税,将庶民献给僧人,我们施礼21次,却不还礼。人民都喜欢出家,这样,如何做事?'答道:赞普召集蕃民僧俗人动员，凡愿信奉佛法者，施予大恩惠；礼待问安诸尚伦，赏赐各种物品等不同种类，制定道德规范与佛法戒律。"①

后来，臣民们"由于施以暴行，受到赞普的严令制裁，提出了手指僧人的法令。赞普诏令：若手指我的出家人，竖指则断其指。臣民们又以手作轻蔑手势被说成违法，而被割指。他们又用语言嘲骂，赞普又规定：凡恶骂僧人者，割唇；凡恶视僧人者，剜其眼；凡盗窃法器者，以80倍的财宝赔偿等，作为法律执行。"②因此，君臣之间，矛盾更加尖锐复杂。

以韦·达纳坚为首的一些奸臣们阴谋策划，"铁鸡年，墀热巴巾在墨竹夏巴宫，饮葡萄酒至醉，坐在宝座上时，韦·达纳坚与觉热·拉伦、勒多赞3名奸臣将其颈骨折断，把面部扭向背面而死。"③

---

① 《娘氏教法源流》第420页。
② 《娘氏教法源流》第427页。
③ 《贤者喜宴》第422页。

第九节　赞普朗达玛邬都赞

统治全吐蕃的赞普世系中最后一位王是朗达玛邬都赞，他是赞普墀德松赞和没庐氏墀姆勒王后所生之子。朗达玛生于公元815年，藏历木羊年。

关于朗达玛灭佛问题，佛教史书中说："其后，授权与赞普朗达玛邬都赞，立为国王，吐蕃臣民中凡仇视佛法者，任命不喜佛法之猴头韦·喜多热为囊伦，任命鹞头那囊·嘉察墀松杰为外相。"① "尔时，天降霜雹，疾病流行，众人遂诬蔑说'此乃信佛不祥'。并进而灭佛，毁坏拉萨大昭寺，绳系守门金刚手像之脖颈。不久，系绳者吐血身亡，寺未能毁坏。又扬言将两尊释迦牟尼佛像与慈氏法轮投置于河水，信佛大臣们借口说已投入河水、设法将佛像藏在各自床下，建立佛堂门，其上绘制僧人饮酒图。下令毁坏桑耶寺，亦说为发光塔，亦说康松（三界）与乌孜佛殿之间有小黑塔，毁其寺，天降巨雷，毁寺者身亡。拉萨大昭寺和桑耶寺先后作为屠宰场，后成狐穴、狼窝，其他佛殿多被毁坏，凡见经书或焚之或投河，有些埋于地下。凡未逃脱的班智达有的被流放门地。玛·仁青却与娘·定增桑被等多名善士被弑，多数僧人逃往边地，未逃脱者被迫还俗，不听者弑之。有的被迫为王臣之上马台，有的被迫上山狩猎。"②

后来，拉隆贝吉多杰秘密弑害赞普朗达玛。有关朗达玛灭佛的原因，有人认为他并没有把佛法全部灭除，一方面，因为当时吐蕃的领

---

① 《娘氏教法源流》第429页。
② 《贤者喜宴》第425—426页。

土辽阔，守军士兵的费用开支不够；另一方面墀热巴巾赞普时期，僧人数额庞大，对他们属下的寺庙百姓不能征集军税，为了解决经济困难，只得剥夺僧人以及他们的属民的特权。①

---

① 《中国藏学》1988 年第四期。

第四章
西藏分裂时期

第一节　额达威宋、云丹及其后裔的事迹

一、威宋和云丹出生年代

西藏史书认为，朗达玛邬都赞先后迎娶纳朗妃（有的称白偏妃）、蔡邦妃，在赞普驾崩后或驾崩的同时生下了云丹和威宋二王子。对云丹的来历有各种说法，但是大部分史书认为，云丹并非达玛之亲生王子。如果对当时的很多史料进行认真分析研究，就能充分证明威宋与云丹的出生年。正如嘎托·仁增罗布所著《言简意赅之赞普世系》所述，威宋是在父王朗达玛驾崩之前，即公元842年，水狗年生于雍布拉康；而云丹则生于父王朗达玛谢世之后，而公元843年，水猪年，他俩之间相差一年的观点是正确的。

朗达玛驾崩后威宋被拥立为国王。

二、额达威宋和卫如、夭如间的战乱

威宋从幼年起就信奉佛教，他没有步父王后尘，说明了他不仅受到了当时社会思潮的影响，而且也受到了其母及尊奉佛教之大臣们的影响。差不多在威宋的晚年，高僧贡巴饶色接受了玛尔、夭、藏巴等三比丘授的戒律，从此兴盛了多麦律学。但是，由于威宋和云丹各立山头，致力于争夺辖区的内战，因而对在前后藏地区再度兴盛佛教没有起到作用。从政治角度讲，朗达玛邬都赞灭佛的同时，也削弱了先祖所开创并遵行的法度，一时整个社会动乱，人们不得安宁。特别是两位"母后派系的臣民相互对峙，各自拥二王子为王，云丹占据'卫如'，威宋占据'夭如'，卫夭之间时常发生火并。其影响几乎波及全藏区，在各个地方也随着出现了大政、小政、众派、少派、金派、玉派、食肉派和食糌粑派等派系，互相进行纷争。"① 以上分割成两派的情况是卫乇内讧初期的情况。卫乇两派内讧之战火蔓延到各地后，加剧了前后藏的分裂，导致了威宋晚年最终被迫撤出，迁到后藏。威宋母亲蔡邦妃亦无法继续滞留该地，也逃往北部，未能带走史料中所讲的赞普时期的"十八大件珍宝物"，这些宝物全落在了云丹派手中。随着卫乇两派之争，于藏历土牛（869）年威宋23岁之时，引发了平民暴动，又于藏历土鸡（877）年威宋34岁之际，发生了历代赞普墓被掘事件。

威宋在位期间在政教方面的业绩概括起来，4岁时阻止了父王开始的灭佛活动，5岁时在神像前立誓皈依佛门、供奉三宝，七、八岁时西藏东境和北界一些地方被唐朝军队收复，23岁时发生平民反叛，34岁时发生掘墓，36岁时佛教在朵康地区有所复燃。但是，由卫乇之争导致了国政分裂，人们不驯服，战争不断，生产下降，又发生多次疾病流行，人畜遭殃，且遇冰雹、霜冻等天灾，因此大部分史书称父子三人为祈福之国王。

三、吐蕃平民反上之乱

1. 引起平民起义的原因

威宋派和云丹派在多年斗争中保存自己的势力，削弱对方，利用社会上的其他力量，自觉或不自觉地埋下了引发平民起义的火种。由于两派长期内讧，群众生活越来越贫困，战争、饥荒、抢掠残杀等人们不愿意看到的事情接连发生。人们无力去抵抗自然灾害。由于一切服从于战争，对农牧生产带来了不堪设想的恶果。特别是在朗达玛时期开始废除了全藏统一的善法，因而军官和大臣们没有任何法律约

---

① 《贤者喜宴》第431页。

束，就为了私自的点滴利益，任意向群众摊派差役，无人关心群众的疾苦。群众饱受战争之苦，统治者和被统治者之间的贫富差异越来越大，正为大智第吴《宗教源流》中记载，发生平民暴动的主要原因是"王室与贫民之间的这种大悬殊所致"。① 当时人民群众在忍无可忍的情况下，为了生存走向反抗的道路是必然的事。

2. 各地暴动的情况

《贤者喜宴》载："土牛年两位赞普长至 23 岁时起逐步发生了暴动……暴动事件首次发生于朵康地区，其首领为韦·科西来登。"② 朵康地区反叛的消息传到卫藏时，在卫如地方发生了卓氏和白氏之间的内战，韦·罗普罗穷乘机而起。云丹派系的大臣韦氏乘平民反叛之际深化卫如和夭如的战乱，想从此来征服威宋派系，但未能如愿。这时韦·罗普罗穷密谋与威宋派系的一些人结党，导致威宋派系的人反戈，归顺云丹派。根据巴俄·祖拉陈瓦的记载，卫如与夭如内讧之事几乎蔓延到整个藏区，各个地方出现两个对立的大政和小政，纷争不断。

在后藏上部、尼木、番域等地先后出现了民众暴乱，事件发生地点、土地神等都有清楚的记载，但具体的君王为何人不甚清楚。

1）威宋之子白科赞不能立足于前藏之地，被迫迁移至后藏，势力有所增强，在仲巴拉孜岩上修建了城堡，修建了卓之门龙等庙宇。白科赞在后藏建立起以自己为王，卓氏与觉氏为臣的君王制。由于歧视被迫迁居到后藏的纳氏，对待百姓的态度又不平等，最后白科赞被达孜纳弑于仲巴拉孜，白科赞的二公子无法在该地安居，被迫逃至阿里地方。

2）卡热穷尊等在秀尼木的占嘎尔杰赞地修建城堡，号称一方王系，任朗氏和娘氏为臣。

3）在澎波萨当地方，修建城堡，以卓氏和玛氏为臣，建立了一

---

① 《贤者喜宴》第 413 页。
② 《贤者喜宴》第 413 页。

个王系。

4）在上雅隆地方以棋母和纳氏为头人的王系，其城堡建在下纳木和上纳木两处。

5）在洛扎洛觉虚地方建立了以尼瓦、许布两氏为头人的王系，城堡建在甲全贡朗地方。

6）在琼结处建立了以秀氏和纳氏为头人的一王系，其城堡建在库贵觉嘎地方。

3. 赞普之陵墓，被瓜分及掘毁

公元869年，土牛年，发生民变。9年以后的877年，火鸡年，许布达孜、纳等四大世系共同商议，把赞普墓穴分给各造反的世系，并多被掘毁。

4. 民变后的分裂割据局面

在前后藏民变事件发生后100年左右，各地形成了分割的局面。在各割据势力统治时期，虽然结束了赞普世系统一治理的历史，但是大小地域并没有废弃王臣与民众庶民之等级关系，不仅在分割的西藏存在着王臣统治，在朵麦、阿里等地也继续存在着赞普的统治。前后藏地区发生民变以后，各派霸占一方，统治该地。在一些割据势力范围内仍有像赞普时期那样有君王，也有作为大臣的头。

西藏分裂的后期，由以下人员构成了统治阶级，过去赞普时期有权势且能保持的一部分人，供奉和依靠一位高僧大德的头人及属于寺庙庄园的头人，这是西藏后弘期中逐步形成的政教合一制定的雏型。

四、民变对西藏社会带来的利弊

1. 利的方面

1）平民揭竿两起，使统治阶层不得不去考虑群众的生计，群众在社会不安宁，农牧业生产不景气的情况下也得到了一点好处。民变

也将奴隶制残余推向消亡之路。打碎了世袭制留下来的枷锁，促使氏族之间恩怨无有了时之恶习逐步消除，增强了大多数人的自主权，得以为生计或佛事自由行事。

2）使一度停止发展的热巴巾等先辈赞普开创的文化，又按先辈赞普的意愿得以实现和发展，印度、于阗等地的许多学者来到西藏，结束了一度出现的封闭状态。

3）西藏分裂割据中期，整个西藏的农牧业有了较大的发展。各地方的手工业、商贸等也有了较大发展。在后藏的古穆、定日、聂朗等地建立了多处商贸市场，上阿里的古格、藏北的罗顶等处开采金矿、山南和昂仁两地方有了陶瓷业等，西藏的经济开始有了好转。

2．弊的方面

1）民变事件使西藏四分五裂，无人统领和关心西藏各方面的事业，许多事业停滞不前，大大削弱了西藏的实力。

2）农牧业生产非常薄弱，又发生多次自然灾害，出现饥荒和瘟疫，前后藏许多人不得不逃荒至安多等地。许多人还要忍受战争之苦，一片家破人亡，土地荒芜的悲惨景象，经济衰落，人口大减。

3）文物受到了严重的破坏。

第二节　藏传佛教后弘期的历史

一、玛、夭、藏三人逃往康区及拉钦传略

公元834年，朗达玛邬都赞在卫藏地区全面实施禁佛时，夭如甘巴强塘的玛·释迦牟尼、罗卓的夭·格韦迥乃、甲棋的藏·绕赛等三比丘修行于吉祥曲沃日山。后来，三比丘佯装乞丐，用一匹骡子驮载戒律经卷逃往异域他乡。为了弘扬佛法逃往阿里，但他们没能在该地立足，又逃往突厥地区，该地区有位名叫西绕果恰的居士，把他改名为释迦西绕，作为仆从带他一起出走。经过多麦南部的毕日地区盐湖，抵达了玛龙多吉札丹顶西寺。当地人看见着僧衣的僧人时感到惊宅，仓皇逃进森林。三人因缺乏食物身体虚弱，幸好有一女居士提供食物，此时三比丘与拉钦贡巴绕赛相会，从此播下了佛教戒律传扬于卫藏地区的种子。

拉钦贡巴绕赛于公元832年在宗卡德康地方出生，俗名叫嘎热番，曾因信奉本教而取名为穆苏赛拔儿，因吹燃了佛教之死灰而尊称拉钦，受戒后得名于堪布，叫格哇赛。

水猪（843）年，他12岁时正遇上朗达玛灭佛。长大后在温恩地方从怒·甲木贝接受传诵，从师于康·仁庆多吉习修菩提律仪，在吉杰哇祖多处听受中观与因明，跟随朗卡丹强久习修瑜伽部。

他49岁时前往丹底寺，与3人相见并由3人授予具足戒。由夭·格迥任堪布、由藏·绕赛任轨范师，由玛·释迦任屏教师。根据佛教规定，授戒时在边地应由5人组成，就派人迎请正在达泽多（康定）的拉隆白多，但他曾因刺杀过国王的理由未参加授戒仪式，而找来格汪和格帕两名汉人和尚，由他们5人授具足戒，并更名格哇赛，

后成为一名知识渊博的佛教人物，故而尊称为拉钦贡巴绕赛。

后来前往北部甘州木雅西夏人地方，拜果戒森格札为师，习修律藏，获得4部律典。前往东方的拉孜毕底，拜会了嘎来觉札巴，并从师习修十万般若波罗密多经和注释等佛教大乘经卷达12年之久。拉钦受戒15年后为卫藏授戒10人而充任堪布，这10人后来成为在卫藏地区弘扬律藏的根本力量。拉钦49岁时到丹底寺，在该寺居住了35年之久，于藏木猪（915）年圆寂，享年84岁。

二、律藏下路弘传

佛教后弘期始于哪年？有许多不同的说法。嘎托·仁增钦布经过比较研究，认为卓顿·杰哇迥乃所说从铁鸡（841）年灭佛，无佛教长达77年，土虎（918）年为佛教后弘期开始之年。《佛历年鉴》记载："有关10人的授戒堪布有三种说法，即拉钦，仲·益西坚参，粗·西绕觉。第一种为布顿的看法，就是说10人要求拉钦任堪布，可拉钦以受戒仅满5年的理由未许诺；在说明特殊情况后，拉钦许诺任堪布，但要求提出充足理由。这种看法即卫藏10人受戒于拉钦·贡巴绕赛的看法是正确的。卫藏10人从拉钦·贡巴绕赛受灌顶后，除鲁梅之外其余人准备动身返回卫藏，鲁梅拜仲·益西坚参为师学习戒律1年。当时堪布对弟子今后如何发展功业做了交待，说鲁梅通达又奋发，应做堪布；直善于管理，应当尊者；罗顿具威德，应保护佛法；晋尊聪慧应作大师；松巴应去修行等。据传后来并没有能按上述吩咐行事。

当时热西·催成迥乃的弟子和拔·催成罗追的弟子前去迎接时，在康区隆塘的地方与兄相遇，他们因为虚心，故兄长为其剃度出家，授戒堪布为罗顿，轨范师为二人的哥哥。

后来，罗顿·多吉旺久把其他人暂时留在丹玛地方，自己与丹玛商人结伴前往卫藏，临行前交待说：如果佛教能在卫藏弘扬，我就留在那里，你们也随后赶来，不然我就返回这里。行至松昌时商人欲返回，罗顿劝其继续前往藏地，商人到达后藏古尔木地方，生产取得成功，此地形成一个名叫古尔木（该地就是今日喀则市嘉措区）的集市。

次年，鲁梅向堪布请求准许返回卫藏，并要求赐予他供奉物，堪布赐给他一顶本教徒的皮帽用。鲁梅把堪布赐给的帽子后檐卷起来戴在头上。从此卫10人传出的弟子都戴这种长檐帽。

其10人中的卫地5人分别建立了寺庙，亦即鲁梅在卫如地方建立了拉穆第吴寺，在米曲区建立了拔朗寺，藏历土鸡（公元949）年，在拉穆地方修建晋寺，次年即铁狗（950）年，给兰·益西拔尔和俄·强久迥乃二人授戒。次年，即藏历铁猪（957）年修建了耶巴的拔让寺。珠梅·催成迥乃等10人出家后，修建聪堆寺。后鲁梅从色热普巴前往塘地的途中去世，次崩在维拔尔地方为鲁梅和珠梅修建了灵骨塔。鲁梅有香、俄、兰、珠梅等称之为四柱的弟子，还有亚姆虚等众多的弟子。

松巴·益西罗追在卓萨塘虽建立有米如寺，但没有能发展起僧人。后鲁梅与松巴合二为一，称为二梁。其弟子们建立门的长尔甘寺等。

直·益西云丹建立了昂朗晋姆寺，传出上部直派，然后据嘎曲和乃塘札纳，修建了章热木其寺，传出了下直措部，从鲁贡分出中直措部，以上三部加上卫地五人中的鲁和松之一部称为卫地四部，为在卫地区发展佛教做出了重大贡献。

罗顿收徒24名，其中释迦雄罗在德森巴建立了拉堆玛拉塘，在直仓建立了博朵寺分寺，觉·西绕多吉建立了顿穆日寺，达·雄罗尊追建立了达罗寺……晋尊·西绕森格修建夏鲁寺后前往印度，复又受戒。晋尊·西绕森格有称之为四柱七梁的弟子，夏鲁寺僧人数增至百余人。

总之，卫藏 10 人前往多康，从拉钦受戒，卫地人松巴、藏地人俄、杰兄弟俩和乌嘎尔等 4 人无传承人，故此后称卫藏 6 人，或者称卫藏 5 人，因拔、热两人视为一人之故。

三、律藏上路弘传

上路戒律主要是在拉喇嘛益西沃的支助下弘扬下来的。据传预言于显密教典中的这位圣贤把自己的政权交给弟弟松昂，而自己同两个儿子一起在释迦丹巴跟前出家。

此后佛教得到了发展。为了消除佛典实践中遇到的疑惑，从阿里三围选拔 10 岁以下聪慧小孩 21 名去印度。这批小孩临行时带去了许多碎黄金，作为向印度国王赠送的礼品和问班智达求教的供奉，并吩咐要从印度迎进滚宁教典，佛教律经、密集两派的教典，要求不惜付出多少黄金也要把卡其班钦达玛巴拉和仁钦多吉 2 人请到西藏来。这些小孩到了印度后，因受不了印度炎热的气候，死去了 19 人，只有象雄的拉索·仁钦桑布和布让的勒贝西绕 2 人在印度期间共读佛典，学有成就。他们首先前德科恰尔，习修语言，向赞达哈日求教密集两派教典，7 次修炼了三界坛城，达到了很高的证悟境界。他们三次赴印，刻苦修习，精通内外各种知识，所以大译师仁钦桑布，小译师勒贝西绕的名字传扬各地。西藏佛教史上的新密咒就是开始于大译师仁钦桑布时期，他还按照拉喇嘛益西沃的指示，迎请卡其班智达达玛巴拉、直达嘎热瓦玛、白玛嘎热瓦玛等大学者到西藏。广泛传播律经和见行的弟子萨都巴拉、觉俄古那巴拉，扎甲巴拉等三比丘收徒甚多。其中扎甲巴拉的弟子象雄巴·杰哇西绕在达玛巴拉前修持，在持律婆罗门直达嘎热前习修轨范，故二师称之为道统二师，在西日那拔扎和苏西日希底二师处听闻经义，故二师称之为释续二师。总之，在阿里弘扬的上述律经统称之为上路律派。

四、佛教后弘期的班智达

据《贤者喜宴》的记载，后弘期有 73 名班智达入藏，他们为发展佛教，丰富藏族的文化做出了不可磨灭的贡献。后弘期入藏的班智达都是从拉喇嘛益西沃迎请布甲巴拉开始，到公元 1426 年，藏历火马年，班纳吉仁钦入藏的大约 420 年期间来藏的。前弘期从印度班智达贡萨热首次入藏算起，到日晋来藏为止，共有 24 名班智达来藏。但到卫藏一带的只有 22 名。

五、佛教后弘期的译师

据《丹珠尔目录》所载，先后涌现的译师共 157 名，他们译出并勘定了众多的佛经典籍。[①] 前弘期自吞弥·桑布扎至朗卡迥期间共涌现 58 名译师，后弘期大译师仁钦桑布到觉朗·达热纳他以前共有 157 位译师，到萨迦班智达时又出现了 35 位译师。除以上之外，仅在西藏分割时期涌现的译师多达 122 位，比前弘期多两倍。

---

① 《丹珠尔目录》第 161 页。

第三节　西藏分割时期的教派

一、噶当派

噶当教派是将佛祖的三藏律义等一切教言都摄入阿底峡尊者三士道次第的教授之中，作为修习，所以名为噶当巴。

噶当教派创立者仲敦·杰哇迥乃于公元1004年（藏历木龙年）出生在堆龙普杂吉穆地方。17岁遇上从康区前往印度的尊者赛尊；随即产生信仰，求得大悲六字的教诫。后来仲从杰之尚纳朗·多吉旺秋受居士戒，取名为杰哇迥乃。于公元1022年（藏历水狗年）19岁时与商人结伴前往朵康的丹玛地方，投拜赛尊，从与赛尊相聚之日起，他就一心拜赛尊为师。他在赛尊跟前全面地学习了显密教典，特别是学通了龙树师徒《中观根本论》、无著的《慈氏五论》等经典，众僧人中无人与之匹敌。当时库顿·尊珠雍仲、俄·勒白西2人也出家到该寺，因此，库、俄、仲的名字首先传扬于康区。

后来，仲赴阿里，拜见了阿底峡，并赠送贵金，以代赞见礼。阿底峡手摸仲之头，用梵语给他祝福、加持、灌顶。之后，仲向阿底峡请教了3个问题，即一问在印度有哪些班智达？二问我曾学的经典能否如个人之愿？三问要是我留在至尊跟前将又如何？至尊答道：在印度有许多班智达，我来西藏之后，在东部拜嘎拉地方每天都会出现一个成道者；你曾学过的法不能使你如愿以偿，侍奉大师将会带来时运；因此你留在我跟前，这是我的天神度母预示给我的，我的侍承其有福力等。当晚准许与至尊同睡一榻，侃谈了许多事情。木鸡年（公元1045年）到吉绒住了1年，其后至尊欲往尼泊尔，但国动乱，去路被阻，未能前往。于是仲借机称赞拉萨、桑耶有许多重要寺院，又有无数僧众等。对此至尊道：在印度也没有如此之多的净行者，那么阿罗汉肯定很多吧，并面朝东面叩拜数次。此时仲满有把握地邀请至尊到卫地，至尊答曰：我不能违众人之命，只要他们邀请一定前往。仲随即向尚·释迦旺秋发出写有："形似车轴之世界主……秋季以内拟赴该地"等字样的信。仲发往卫地的信件，由尚·旺秋滚转给了嘎哇。引起嘎哇的极大重视，立即与杰之尚钦布等人进行磋商，而后准备启程前往迎接。当卫地高僧、显贵们抵达阿里白塘时，至尊师徒们也到达该地。来到甘巴羔塘时，至尊指着拉萨方向的山涧道：那边有什么？答道：那边有拉萨大昭寺，至尊说：的确如此，天上的神男神女都在祭供。来到桑耶后受到了拉尊菩提热杂的殷勤招待，众多的藏僧也聚集在桑耶。阿底峡前往康敦住地塘波齐居住了一个月，仲也随行前往，库敦没有好生款待，因此上师悄悄离开此地。至尊一行回到桑耶寺，住在贝嘎尔林殿，由二位译师翻译了《般若二万颂》、世亲所著《摄乘释解》等许多经典。

其后来到了聂塘，向听闻者简单地教授了《现观庄严论》，未能满足听受者的心愿。根据要求又细讲授了一次，作了记录。成书后称此为康派《现观庄严论》。讲授《般若二万颂》时只有14位格西前来听讲。在聂塘向仲传授了《菩萨道次弟灯论》。

阿底峡在藏期间收到的供品，曾由弟子恰赤觉等二次赴印度，敬献给上师和僧众。到了耶尔巴地方受到了俄·勒白西绕的款待，无著所著《究竟一乘宝性论之疏》由二译师译出。在耶尔巴期间仲前去向父系亲属索要黄金，返回后撰写了称之为《大般若经》的典籍。后来，阿底峡对仲敦说："你要建造一座小寺院，我将把所有佛经交给你。后来仲氏按照阿底峡的指示，于藏历第一绕迥火猴年（公元1056年）修建了热振寺。从此按至尊的主张弘扬的教叫做噶当教，阿底峡

最后于第一绕迥木马年（公元1054年）圆寂。仲敦巴于木龙年（公元1064年）逝世，享年59岁。

二、噶举派

噶举派的来源

善巧成就者琼布南交瑜伽士亦有二智慧空行母所传授语旨教授，继承这个法统的称为香巴噶举。洛扎玛尔巴·曲吉洛追创立了达布噶举，因他有从金刚持到谛罗纳若之间所有领受的语旨教授，所以继承这个传统的叫达布噶举。以上是香巴噶举和达布噶举名称来源情况。

（一）香巴噶举是琼布南交瑜伽士传下来的。琼布南交瑜伽士于藏历铁虎年，公元990年生于尼木地方，幼年时曾学本教，而后依曹庆迥乃森格修习大圆满法，此后赴尼泊尔依苏摩谤论师学习梵文、旋赴佛教来源地天竺，往返竺、尼、藏约50年，亲近竺、尼、藏大善知识与大成就者约150人，通达显密经论及一切要门。他的共同上师有大金刚座主、米至巴、白巴瑜伽、罗怙罗等四人，不共上师有智慧空行母尼古玛、乐成空行母等，以上六上师是他的主要依止处。回藏后依朗日塘巴受比丘戒。于藏历第二绕迥铁牛年（公元1211年）至夭如香地方，建造了香雄雄寺，遂以香巴噶举之名著称。据说当时香雄雄寺聚集僧徒约8万人。按圆寂时有150岁的说法，可能于藏历第二绕迥土羊年（公元1139）年去世。

（二）达布噶举是玛尔巴译师曲吉罗追所传下来的教派。这里简要介绍继承玛尔巴传统的四柱弟子。

玛尔巴译师的南柱弟子俄·曲古多吉，于公元1036年、藏历第一绕迥火鼠年生在雄日俄。幼年从其父闻思佛经，精炼通达，迎巴妃曲措为妻，在雄色龙地方依格西吉尔穷巴学习宁玛教法。格西对他说：你真要学经最好前往玛尔巴译师处去学。听了此话，非常仰慕，当晚结束学经，次日赶赴玛尔巴处，先后赠送丰厚礼品，求得《喜金刚》、《四麻》、《摩诃摩耶》等佛法教诫和教授，并获黑炭母为护法神。玛尔巴传授的喜金刚九本尊、无我母十五尊、众神四座、智慧大自在、摩诃摩耶五尊和宝帐怙主等六佛法及弥底派的文珠菩萨具秘共七法，总称俄七法，修建穷顶山的庙殿。公元 1102 年，藏历第二绕迥水马年去世，享年 67 岁。

东大柱弟子楚·敦旺多吉，出生在堆之谷口的楚氏家族。后来他向一位抄写一万般若者问当今精通《集密》者为谁？答曰：玛尔巴洛扎最为精通。他前往拜见玛尔巴，请求传授《集密续》和教授。玛尔巴传与一些佛法，并答应所有经典也传与他。楚敦请玛尔巴到自己在堆谷口的住处，得《五次第》教诫及续部的全部传授。楚敦是玛尔巴的主要弟子之一。

北大柱弟子藏戎的梅敦村波是娘堆达蔡之人，其名叫索朗坚参。其家系惹朵的领主。他曾三次送大礼，让玛尔巴欢喜，获得《摩诃摩耶》及教授教诫等。

西大柱弟子名为米拉日巴，其家族原属堆达日的琼布氏分支米拉，他于公元 1040 年、藏历第一绕迥铁龙年生，他出生不久父亲去世。后依母亲的意愿来到卫地，学习咒术，咒杀仇敌。他在修持大圆满时听说了玛尔巴的美名，非常仰慕，遂即前往玛尔巴处。这时玛尔巴亦梦见两妇女献上晶体金刚，洗后放在宝幢上，金刚放出了照亮整个世间的光芒。玛尔巴大师预感到祥兆，亲自前往迎接米拉。后来上师把所有教诫传授与他，并交给他盖有印章的纸卷，说不到万不得已时，请不要打开此卷等。玛尔巴上师将米拉短程送至曲拉地方，临别时给他摩顶祝福，并预示归依处、传承人等许多未来之事。

米拉尊者 38 岁时到玛尔巴跟前，一直待到 44 岁，45 岁开始遵照上师的指示苦炼修行，从未间断，直至圆寂。在扎嘎达索修行时，因

食用妹妹和紫斯供奉的食物，全身出现了病症。于是打开大师赐与的纸卷，取得了气心无别的教诫，顿然灵验，获得大成就。在岗底斯山以神力征服了纳若本教徒，美名远扬各地，最后于藏历第二绕迥水兔年（公元1123年）圆寂，享年84岁。其教法传授与心侍弟子杰岗布巴。

三、萨迦派

　　萨迦派起自昆·贡却杰布，他心性善良，精通相地术、法典，特别精于密咒、性相等。昆·贡却杰布遵从喇嘛兄长昆若·西饶催成之命前往参拜在芒怒古隆的卓弥·释迦益西大译师。从此昆与卓弥结成了师徒关系，也开创了萨迦教宗。他从卓弥·释迦益西学通了新译密乘，又依止贵·库巴拉泽、克什米尔的杭欧嘎布班智达、玛·仁钦确译师、金巴译师等大德甚多。公元1073年，昆·贡却杰布40岁时，在白土山侧中部建造了萨迦寺，自此遂称之为萨迦派。这个教派主要由昆氏家族世袭，涌现出无数个佛学家和获得成就者，不断得到弘扬发展。

第五章
萨迦巴统治西藏时期

第一节　公元13世纪初西藏的形势及萨迦巴家族的世系

依照现今所能见到的历史文献及当时的一些高僧传记的记载，到公元13世纪初，佛教在西藏地方后弘以来，兴起和分化出许多不同的大小教派，一些大德和僧人前往各地讲说佛法，招收僧徒，建立寺院和尼庵，或建立静修地和神殿，使其成为各教派的据点，另一方面，除西部阿里各地是由吐蕃赞普的后裔们分割统治外，各主要的世俗政治势力都处于衰微之中。

在这种情形下，一些高僧因其学识功德和声望，受到地方首领和群众的信奉，献给他们土地作修建寺院之用，并贡献田地、人户、牲畜、财物作为供养，成为寺院的寺属庄园（亦译香火庄）或为寺院贡纳布施的部落。这使得一部分教派的主要寺院逐渐成为占有土地、牲畜、农牧民户等生产资料（和劳动力）的领主，而且随着寺庙经济基础的发展，担任寺主的高僧们的亲属、为其办事的强佐等变成为未经正式封授的贵族官员，在他们之下，出现了豁涅或称协本（管理庄园属民的人员）、仲译（文书）、涅巴（管事）等低一级的官吏。在多数情况下，他们还自行建立了法庭、监狱、不脱离生产的地方军队，以适应管理地方政务的需要。

总之，这一期间出现了一些将宗教首领和地方官员的职能结合起来的类似于行政机构的组织。在这些教派之间，由于各自占有的土地、草场、水源及属民人户、教派上的差别、财产利益上的错综复杂的矛盾，造成了许多冲突和战乱。这些成为西藏分裂时期后段的大致情形，同时也反映了下面将提到的一些政治势力产生和形成的总的过程。由于没有统一的政权和法律等，当时西藏动荡不安，人民除了要负担无休止的赋税差役外，还随时可能遇到飞来横祸。

到公元 13 世纪初期，在卫藏地区形成的占有僧俗民户、土地、牧业部落的最大的几支政治力量是：止贡巴、萨迦巴、帕木竹巴、蔡巴、雅桑巴、达隆巴等。他们在康区和安多、洛、门、西部阿里等地区也建立分支寺院并与许多部落建立了关系，不过谁也不具有统一全藏的力量。除此之外，噶当派虽然在寺庙和僧人的数量上是最多的，但因其自身所形成的教法承继的传统，在政治方面没有大的发展。噶玛噶举派虽然在宗教方面有很高的声望，也未能形成为一支政治势力。其他如桑耶则波释迦衮等吐蕃赞普的后裔和以往的地方首领的一些遗族，不仅没有产生出一个能凌驾于各个高僧之上的世俗首领，反而不得不追随于某个宗教高僧。这构成了当时西藏社会的一个重要的突出特点。

在上述宗教势力中，我们简要介绍具吉祥萨迦巴（家族）的世系产生的情况。款氏萨迦巴家族，最先源于款·官却杰波，其父为款·释迦洛追，在他之前的父祖都是精通旧密法的喇嘛。按照《萨迦世系史——奇异宝库》（达钦阿美夏·阿旺贡噶索南著，成书于 1629 年）的记载，款·释迦洛追最初占有恰如隆巴、上下夏卜等地，建立了一番较大的事业，在他的后半生，占有其父祖的雅隆（今萨迦县境内）城堡。款·释迦洛追有两个儿子，长子为款·喜饶楚臣，幼子为款·官却杰波。款·官却杰波生于公元 1034 年即藏历第一绕迥的阳木狗年，他从幼年时起就跟从父兄听受了许多教法，熟练掌握。后来他依照兄长的吩咐，主要跟从卓米译师等许多上师听受了无数的灌顶、教诫、经咒等，成为一名掌握了新、旧密咒的所有教法的上师。

最初，他在扎窝隆巴兴建了一座小寺院"萨迦果波"（萨迦旧寺）。有一次他们师徒外出闲游，在山岗上看见现今萨迦寺所在之地

的后山本波日的形状如同一只大象卧在地上，山腰右侧之处土壤灰白油润，又有河水从右侧流过，具有多种瑞相，想到如果在该地创建一座寺院，将会对佛教及众生有大利益。于是他向该地区的领主请求，得到允许，又对该地的直接的主人说："我想在此处建一寺院，请将这一地方给我，行不行？"众人同意了他的要求，不过为了将来不生口舌争执，他还是给了他们一匹白色骡马、一串珠宝、一套女装作为地价，使门卓以下、巴卓以上的土地都归自己所有。到他40岁的公元1073年即藏历第一绕迥的水牛年，开始兴建具吉祥萨迦寺。他在主持萨迦寺30年后，于69岁的公元1102年即藏历第二绕迥的水马年去世。

款·官却杰波的第二个妻子玛久尚摩于公元1092年即藏历第二绕迥的水猴年生下贡噶宁波（众喜藏）。他是西藏萨迦教派的开创者，是通常所说的"萨迦五祖"中的第一祖。从幼年起，他听受了父亲掌握的全部教法。父亲去世后，他拜许多贤哲和成就者为上师，广泛听习教法，逐渐成为掌握了教证和法力的大自在者，护持款氏的部众。从喇嘛萨钦（即贡嘎宁波）开始，萨迦巴的声望及经济和政治力量大为提高，他被称为具有善趣七功德（指种姓高贵、形色端严、长寿、无病、缘份优异、财势富足和智慧广大）的人。萨钦的弟子遍布全藏区，其中声名远播的有上师索南孜摩、杰尊扎巴坚赞、帕木竹巴·多吉杰波等。萨钦护持萨迦法座48年后，于他67岁的公元1158年即藏历第三绕迥的土虎年去世。萨钦贡噶宁波的长子索南孜摩，于公元1142年即藏历第二绕迥的水狗年出生，从父亲处听习了金刚乘密续注疏、经咒、教诫、修持等，并能够融会贯通。他17岁时去到前藏，在桑浦内邬托寺拜恰巴·却吉僧格为上师，前后依止11年，成为一名大贤哲。当时的人们赞扬他说："那萨布顾坚（穿短袖袈裟者）精通经典及善辩的能力，无人能比。"他还著有《喜金刚续第二品注疏——太阳光辉》等多种论著。他大部分时间在幽静的地方努力修行，公元1182年即藏历第三绕迥的阳水虎年逝世。萨钦的次子杰尊扎巴坚赞，生于1147年即藏历第三绕迥的火兔年。8岁时受居士戒，在持戒方面甚至比出家人还要严格。他依止兄长索南孜摩等许多上师，听受了多至不可思议的各种教法，勤奋修习，在讲说、辩论、著述等方面都无与伦比，写有《密集三续部现观——珍宝树》等多种著作，兴建了被称为"乌孜宁玛"的佛殿，新建了纪念祖、父、兄长等人的铜质镏金佛塔、佛像、供品等。木雅（西夏）的甲郭王等向他奉献的白银、绸缎等大批财物，他都用来供奉三宝，差一些的物品则施舍给乞丐。公元1216年即藏历第四绕迥的火鼠年去世。他的亲传弟子主要有萨迦班智达贡噶坚赞等。

作为雪域西藏所有精通大小五明的无与伦比的贤哲萨迦班智达贡噶坚赞贝桑布，其声名远播于普天下一切方域。他于公元1182年即藏历第三绕迥的阳水虎年出生，从幼年时起就表现出与常人不同的聪明智慧，加上他的伯父杰尊扎巴坚赞的护持培养，另外他还极其恭敬地依止许多合格的善知识大德为上师，勤奋学习各种共通的和不共的学识，使他成为一名最杰出的学者。"从此对声明、因明、诗学、韵律、修辞、密咒、般若、论部、律部等各种经教和道理的精要都能正确地领会贯通。"他对医学和历算也很精通，在工巧明方面，他懂得建寺塑像的尺度，对实际的制作过程也很内行。（他建造的）萨迦寺乌孜宁玛殿中的文殊菩萨像的美饰等，按照《根本续》所说在绸缎上绘制的佛像的布局，桑耶寺壁画中的文殊菩萨像及法器等都十分殊胜，表明他亲手实践过多种工艺制作。①

萨迦班智达（简称萨班）出家前名叫贝丹顿珠，公元1206年即

---

① 《萨迦世系史》，铅印本，民族出版社1986年版，第90页。

藏历第三绕迥的火虎年，在年楚河下游的坚贡寺，由喀且班钦（释迦室利）任堪布、吉沃勒巴任阿阇黎（轨范师）、秀昌巴任屏教师，他在足数的印、藏比丘之中削发出家，并同时接受了具足戒（比丘戒），取名为贡噶坚赞贝桑布。他是萨迦款氏世系中正式受戒出家并接受比丘戒的第一人。因此通常按是否正式出家的区别，称萨迦五祖中的萨钦贡噶宁波、索南孜摩、扎巴坚赞三人为白衣三祖，称萨班、众生依怙八思巴二人为红衣二祖。

萨班长期依止喀且班钦等印、藏贤哲和成就者，五明学识更加精熟，讲说、辩论、著述等方面都贯通无碍。当他在芒域济仲的春堆地方住时，有印度南部的外道上师措切噶瓦及其随从等前来，发起与佛教较量的辩论，萨班以教理驳倒了他们，使得这些外道师剪下发辫，皈依于佛法之门。他的"玛哈班智达"（即大班智达）的声名遍播于各方。他还新建了萨迦寺的细脱拉章和许多佛像、佛塔、佛经，使具吉祥萨迦派奠定了获得将声名传布于亚洲各地的机遇的基础。

萨班的弟弟桑察·索南坚赞于公元1184年即藏历第三绕迥的木龙年出生。他修习过父祖所传的各种显密教法。为了繁衍萨迦款氏他先后娶了五位妻子，还翻新了萨迦的乌孜宁玛佛殿，为萨迦寺建造了长宽为他自己射箭所达到的距离的围墙。他还依靠萨班的声望，在世俗方面扩大萨迦派的实力，在斯塘等地设立了集市和人户众多的村庄，在仲堆、仲麦、达托、芒喀寨钦、藏哇普、上下夏卜、达那等地建立庄园，在绛迥、喀索、果斋、喀尔普等地建立了许多牧场，在热萨等地牧养马群，在政教两方面都建立了重大的功业。从《萨迦世系史》记载的上述地名看，当时萨迦派新建的寺属庄园除主要分布在今天的萨迦县、拉孜县境内以外，在昂仁县和日喀则市境内也有分布，在南北各地建有不少牧场。总之，从这一时期起，萨迦派和前藏的止贡、蔡巴、帕木竹巴等大的地方势力的力量大略相仿，成为了后藏地区一支最大的地方势力。

桑察·索南坚赞有子女多人，不过他们中最重要的应是长子众生依怙八思巴·洛追坚赞贝桑布。他的声名传遍各地，是被元朝皇帝忽必烈薛禅汗封为藏区三个"却喀"的统治者、在祖国统一的事业中做出过伟大贡献的一位历史伟人。他生于公元1235年即藏历第四绕迥的木羊年，从幼年时起就智慧超群，在文字读写、学习知识、听习教法等方面都比别人迅捷，能很便利地掌握所学的东西，八、九岁时就能背诵修行法、《莲花经》和《本生经》等，并在萨班举行的讲经法会上讲说《喜金刚续第二品》，众人惊奇不止，称赞他为"圣者"，因此他的名字被通称为"八思巴"（杰出、圣者之意）。他的弟弟恰那多吉于公元1239年即藏历第四绕迥的土猪年出生。

萨班后半生及八思巴的主要事迹，我们将在下面叙述各段历史时给以介绍，请读者鉴察。

第二节　蒙古成吉思汗后裔的势力进入西藏，西藏再度统一

约从公元 12 世纪末叶开始，蒙古成吉思汗的军事力量兴起，用武力征服了中国北方的许多地区，并逐渐攻取了西夏的境土。成吉思汗去世后，由他的第三子窝阔台继承汗位。当窝阔台汗分派诸王子分别领兵向各方开拓疆土之时，安多和康区的一些寺院和高僧派人前去，向自己附近的蒙古军奉献礼品，表示愿遵从蒙古汗王的旨令，请求不要派军进攻藏族居住的各地区。

紧接着，这种办法也被卫藏各地普遍采用，各大地方势力集团看到蒙古王子阔端先后派兵进入藏区的不可抗拒的威势，纷纷遣人向各蒙古王子表示归顺并建立依靠的关系。这方面的情况，在一些文献中有大同小异的记载。帕竹·绛曲坚赞写道："当时，吐蕃地方是由在凉州的王子阔端掌管，从阔端阿嘎（阿嘎为蒙古语兄长之意）那里取来供养的上师，止贡巴由蒙哥汗知照，蔡巴由薛禅汗知照，帕木竹巴由王子旭烈兀知照，达隆巴由阿里不哥知照。四位王子分别掌管了各个万户。"[①] 这段记载中的"知照"即是占有统治之意。这些王子还向各自统治的万户府派驻了蒙古的守护军，后来薛禅汗（忽必烈）登上中国的皇位后，才下令撤走了这些蒙古守护军（驻帕竹万户的守护军因忽必烈与旭烈兀关系亲密，没有撤消），这些也见于大司徒绛曲坚赞的著作中。按上面这些记述，说明在蒙古军队的威胁出现之时，西藏的各个统治集团就全都分别向各

[①] 大司徒绛曲坚赞《朗氏家族史》，西藏自治区社会科学院藏文古籍室编，西藏人民出版社，1986 年版，第 110 页。

个蒙古王子表示归顺。而同样是他们，却从未向中国边界之外的任何外国表示过屈服。这就充分说明，这种情况只有在历史上许多世纪中，中华各民族相互长期接触和友好交往的牢固基础上才有可能产生。

公元1240年即藏历第四绕迥的铁鼠年，当时蒙古的窝阔台汗在位，窝阔台的儿子额沁阔端，派遣将军多尔达赤率领武装军队前来西藏，此即是许多藏文史籍中所说的蒙古多达那波将军。他们经过安多和康区前来卫藏地区，沿途对自动归顺和纳款的人不加伤害，并让其首领官员照旧管领地方，而对进行抵抗的人则用武力镇压，使得大多数地方势力纳款归附，当年比较顺利地抵达前藏的热索地方。

当时，止贡寺的法座京俄·扎巴迥乃的近侍官巴释迦仁钦积极准备抵抗蒙古军，但是并未能组织抵抗，官巴本人就被多尔达赤抓获。当正要处死他时，京俄仁波且（对高僧活佛的尊称）前往顿塘，向蒙古军纳款，并讲说了许多经典，多尔达赤说："托因（蒙古人对出家僧侣的称呼），你是一个好人。"并对他敬礼，免除了官巴的死刑，双方和好融洽。"京俄把西藏木门人家的户口名册献给了他。多达那波接受了，（对京俄）加以照顾。"①

在当时西藏各大地方势力中，止贡派是最为显赫富足的，止贡派向蒙古军纳款，带动前后藏各个地方势力也放弃武装抵抗，使得蒙古军队在"东部工布地区以上、西至尼泊尔、南至门巴的地区内拆除堡寨，用不能违背汗王令旨的严格法度进行统治"②

这样，很快结束了持续400多年的藏区分裂割据的混乱时期，没有经过太大的战争和杀戮就使全藏开始出现和平安定。绛曲坚赞记述

---

① 《朗氏家族史》，第109页。
② 五世达赖喇嘛《西藏王臣记》，民族出版社1957年版，第121页。

说:"多达那波……拆毁了下至东方工布地区、东西洛扎、洛若、加波、门地门贝卓、洛门和尼泊尔边界以内的各个堡寨,以蒙古的律令进行统治,使地方安宁,这时王法和教法如同黎明时旭日东升,照耀操藏语的地域",① 充分表达了藏族多数人对当时西藏出现统一和安定局面的认识。

---

① 《朗氏家族史》,第109页。

第三节　蒙古王子额沁阔端迎请萨迦班智达去内地

将军多尔达赤采用武力进攻和招抚相结合的办法将全藏纳入统治之下后，按照王子阔端的命令在西藏对各派高僧进行考察，并写信向阔端报告说："在边地西藏，僧伽以噶当派最大，最讲脸面的是达隆的法主，最有声望的是止贡派的京俄，最精通教法的是萨迦班智达，从他们中迎请哪一位，请颁明令。"[①] 阔端在给他的回信中说："今世间的力量和威望没有能超过成吉思汗的，对来世有益的是教法，这最为紧要，因此应迎请萨迦班智达。"

阔端所派的多尔达赤和本觉达尔玛二人带着邀请信和大批礼品抵达萨迦，萨班当年已经63岁，但他还是同意前去。动身前，他委派喇嘛伍由巴·索南僧格和夏尔巴·喜饶迥乃负责萨迦派的宗教事务，委派囊涅（内务管事）仲巴·释迦桑布负责萨迦派的总务，代摄法座。当时八思巴年仅10岁，恰那多吉年仅6岁，萨班还是带着他们于公元1244年即藏历第四绕迥木龙年年底动身去内地。在他们抵达前藏时，止贡巴、蔡巴、达隆巴等派的首领人物会见了他们，并各自赠送了大量礼品，希望萨班去蒙古地方后，在宗教方面对自己加以护持。

按照史籍记载，萨班是为了全西藏的佛法和众生的利乐，不顾年迈体衰和劳累，甚至不顾性命，怀着一种伟大的誓愿动身前去蒙古的。途中，有个名叫南喀本的噶当派的格西前来会见，询问说："您

---

① 《西藏王臣记》，第121页。

前往蒙古地方，是否有利益方面的原因？"萨班说："是蒙古人要我无论如何也要去担任他们的受供上师，并说如果不去就要派兵前来，我担心蒙古军队前来会危害西藏地方，是为了有情众生的利益而前去蒙古的。今后，对众生有利的事，即使要抛弃自己身体性命，也会毫不犹豫地去做。"

由此可见，萨班前往蒙古是西藏所有人众极为关心的事，是关系全西藏的一件大事。

这样，萨班伯侄一行经过长途跋涉，利用马、骡、骆驼等交通工具走完数千里的路程，在他65岁的公元1246年即藏历第四绕迥的火马年的8月抵达北方的凉州（今甘肃省武威市）。当时，额沁阔端到蒙古去参加贵由汗继大汗位的庆典，不在凉州。次年即火羊年正月，阔端返回凉州，与萨班会见。阔端非常高兴地与他广泛谈论教法和世间的事务，由于双方语言不通，由维吾尔（回纥）的一些博学的格西担任翻译，使双方能相互理解，阔端对此很为满意。阔端还发布命令，规定从那以后蒙古的巫师（萨满）不能按旧规坐在僧众行列的首位，由萨班就坐，在集会祈愿时先由佛教的僧众祈祷，据说这是在蒙古首次宣布提高佛教僧人的地位。此后，阔端患了一种癞病，萨班治疗和举行法事，收到了明显的疗效。从此阔端对他产生了热诚的信仰，并向他请教了许多佛法。萨班不仅在蒙古地方提高了萨迦派的教法的声望，还派上师 顿科等人到山西的五台山讲经说法，在凉州聚集了汉地、维吾尔、西夏等地区的一些佛教信徒讲经说法，加深了各民族之间的文化交往和友好联系。

第四节　萨迦班智达致西藏各地方首领的信件

萨班到达凉州后，时刻不懈地为藏区眼前和长久的安乐而操心和努力。他以善巧方便向阔端提出安定藏族地区的办法，同时经过对成吉思汗的后裔们的军事力量、行政方略以及广大汉地、维吾尔和西夏等地区的当时状况的认真观察分析，认为西藏如果也像内地其他民族那样统一到蒙古汗王的统治之下，对佛教和无数众生的暂时和久远的利乐都有重大好处，因此他决定自己在蒙古的地方居留，并写了一封被称为《萨迦班智达贡噶坚赞致乌思藏阿里善知识大德及众施主的信》，为他们指出道路的选择取舍。这封信的全文如下：

"祈愿吉祥利乐！向上师及怙主文殊菩萨顶礼！

具吉祥萨迦班智达致书乌思、藏、阿里各地善知识大德及众施主：

我为利益佛法及众生，尤其为利益所有讲藏语的众生，前来蒙古之地。召请我前来的大施主（指阔端）甚喜，（对我）说：'你领如此年幼的八思巴兄弟与侍从等一起前来，是眷顾于我。你是用头来归顺，他人是用脚来归顺，你是受我的召请而来，他人是因为恐惧而来，此情我岂能不知！八思巴兄弟先前已习知西藏的教法，可以让八思巴依旧学习，让恰那多吉学习蒙古的语言。只要我以世间法护持，你以出世间法护持，释迦牟尼的教法岂能不在四海之内普遍弘传！'

这位菩萨汗王对于佛教教法，尤其是对三宝十分崇敬，能以良善的法度很好地护持所有臣下，而对我的关怀又胜于对其他人。他曾对我说：'你可安心地说法讲经，你所需要的，我都可以供给。你作善行我知道，我的作为是不是善行天知之。'他对八思巴兄弟尤其喜爱。

他怀有'（为政者）自知法度并懂得执法，定有益于所有国土'的良善心愿，曾说：'你可教导你们西藏的部众习知法度，我可以使他们安乐。'所以你们众人都应努力为汗王及诸王子的长寿做祈祷法事！

当今的情势，此蒙古的军队多至无法计数，恐怕整个赡部洲已都归入他们统治之下。与他们同心者，就应与他们同甘共苦。他们性情果决，所以不准许有口称归顺而不遵从他们的命令的人，如果有，就必定加以摧灭。（由此缘故）畏兀儿的境土未遭涂炭并且比以前昌盛，人民和财富都归他们自己所有，必阇赤、财税官及守城官（八刺哈赤）都由（畏兀儿人）他们自己担任。而汉地、西夏、阻卜等地，在未被攻灭之时，（蒙古）将他们与蒙古一样看待，但是他们不遵从（蒙古）命令，在攻灭之后，他们无处逃遁，只得归降蒙古。不过在那以后，由于他们听从（蒙古）命令，现今在各处地方也有任命他们中的贵族担任守城官、财税官、军官、必阇赤的。我等西藏的部民愚顿顽固，或者希望以种种方法逃脱，或者希望蒙古人因路程遥远而不来，或者希望（与蒙古军作战）能够获胜。凡是（对蒙古）施行欺骗的，最终必遭毁灭。各处归顺蒙古的人甚多，因西藏的人众愚顽之故，恐怕（被攻灭之后）只堪被驱为奴仆贱役，能被委派担任官吏的，恐怕百人之中仅数人而已。西藏现在宣称归顺（蒙古）的很多，但是所献的贡赋不多，这里的贵族们心中颇不高兴，很关紧要。

从去年上推的几年中，西面各处没有（蒙古）军队前来。我带领白利的人来归顺，因看到归顺后很好，上部阿里、乌思、藏的众人也归顺了，白利的各部也归顺了，因此至今蒙古没有派兵来，这就是归顺已经受益，不过这一道理上部的人们还有一些不知道。当时，在这东部有一些口称归顺但不愿很好交纳贡品的，未能取信于蒙古人，他们都遭到攻打，人民财富俱被摧毁，此等事情你们大概也都听说过。这些被攻伐的，往往是自认为地势险要、部众勇悍、兵卒众多、盔甲坚厚、善射能战，能够抵御蒙古军，但最终都被攻破。

众人通常认为，蒙古本部的乌拉及兵差较轻，其他的人乌拉和兵差较重，其实，与他部相比，蒙古本部的兵差和乌拉很重，两相比较，反而是他部的乌拉和兵差较轻。

（阔端）又说：'若能遵从命令，则你等地方各处民众部落原有的官员都可以委任官职，由萨迦的金字、银字使者把他们召来，可任命为我的达鲁花赤等官员。'为举荐官员，你等可选派能充当来往信使的人，然后把本处官员的名字、民户数目、贡品数量缮写三份，一份送到我这里，一份存放萨迦，一份由本处官员自己收存。另需绘制一幅标明哪些已归顺、哪些还没有归顺的地图。若不区分清楚，恐怕已归顺的受未归顺者的牵累，也遭到毁灭。萨迦的金字使者应与各处的官员首领商议行事，除利益众生之外，不可擅作威福，各地首领也不可未与萨迦金字使者商议而自作主张。不经商议而擅自妄行即是目无法度，获遭罪责，我在这里也难于为其求情。只希望你们众人齐心协力，遵行蒙古法度，必会有好处。

对金字使者的接送侍奉应力求周到，因为金字使者返回时，（汗王）必先问他：'有无逃跑或拒战的？对金字使者是否很好接待？有无乌拉供应？归顺者是否坚定？若有人对金字使者不恭敬，他必然（向汗王）进危害的言语，若对金字使者恭敬，他也能（在汗王处）护佑他们。若不听从金字使者之言，难以补救。

此间对各地贵族及携贡品前来者都给以礼遇，若是我等也想受到很好待遇，我们官员们都要准备上好的贡品，派人与萨迦的人同来，商议进献何种贡品为好，我也可以在此计议。进献贡品后再返回各自地方，对自己对他人都有好处。总之，从去年起我就派人建议你们这样做最好，但是你们并没有这样做，难道你们是想在被攻灭之后才各自俯首听命吗？你们对我的话只当做没听见，将来就请不要说：'萨

迦人去蒙古后对我没有帮助。'我是怀着舍弃己身利益他人之心,为利益所有讲藏语的众人而来蒙古的,你们听我所言,必得利益。你们未曾目睹这里的情形,对耳闻又难以相信,因此仍然企望能够(对抗住蒙古),我只怕会有谚语'安乐闲静鬼压头'所说的灾祸突然降临,会使得乌思、藏地方的子弟生民被驱赶来蒙古。我本人无论祸福如何,均无后悔。有上师、三宝的护持和恩德,可能还会得到福运,你们众人也应该向三宝祈祷。

汗王对我的关怀超过对其他的人,所以汉地、吐蕃、畏兀儿、西夏的善知识大德和各地的人众都感到惊异,前来听法,十分恭敬。你们不必顾虑蒙古对我们来这里的人会如何对待,全都对我们关心和照应。听从我的人全都可以放心地安住。

贡品以金、银、象牙、大粒珍珠、藏红花、木香、牛黄、虎(皮)、豹(皮)、草豹(皮)、水獭(皮)、蕃呢、乌思地方的氆氇等物为佳品,这里对这些都喜爱。此间对一般的物品不那么看重,不过各地还是可以用自己最好的物品进献。

'有黄金即能如其所愿',请你们深思!

愿佛法弘传于各方!

祝愿吉祥!"①

萨班的这封信,总结了西藏400年的分裂时期中不断的战乱和各割据势力的纷争造成西藏人民生灵涂炭、苦难不止的经验和教训,根据当时西藏各政治势力互不统属、矛盾重重,要使藏区得到安宁首先必须实现统一,但是能够完成西藏统一的力量在当时只能是蒙古的汗王,而蒙古也把统一广大国土作为主要的战略计划的情况;认识到使西藏像汉地、于阗、蒙古、西夏等地区一样,与历史上有着密切关系

---

① 达钦阿旺贡噶索南《萨迦世系史》,民族出版社1986年版,第135—140页。

的这些民族统一起来，对眼前和久远都是最为有利的，因此他向藏族各阶层人士发出了参加这一历史进程的伟大号召。他的这封信，受到藏族僧俗各界的欢迎和尊重、执行，成为西藏自愿参加到伟大祖国的各民族大家庭中的一份重要历史文献。

萨班在凉州居住期间，王子阔端在一处风景优美的地方专门为他修建了一座宏大的寺院献给他，由于布局巧妙，工艺精绝，有如神幻，所以通常被称作幻化寺，萨班晚年就在这座宁静的寺院中居住，最后在他70岁的公元1251年即藏历第四绕迥的铁猪年圆寂。

第五节　八思巴与蒙古忽必烈的会见 褒护僧人的诏书

　　八思巴 10 岁时随萨班前往内地。途经前藏时，由萨班任堪布，苏浦哇任阿阇黎，剃度出家，授了沙弥戒，起法名为洛追坚赞贝桑布。到达凉州后，八思巴在 7 年中不离萨班左右，学完他的大部分学识，并融汇于心。萨班临去世时，看到他已经能够担任教法的重任，就把自己的法螺和钵盂传授给他，并将众弟子也托付给他，教导他："你利益佛法和有情众生的时机已经到来。"完成了向他托付教法的程序。他很好地完成了超荐萨班的法事，护持萨班在凉州的弟子和信徒，并像先前一样学习佛法和修习，这样又在凉州居住了两年。

　　公元 1252 年即藏历第四绕迥的水鼠年，王子薛禅汗（即忽必烈）率兵南征，在征服了大理（今云南省境内）后凯旋返回。公元 1253 年即第四绕迥的水牛年，薛禅汗忽必烈与上师八思巴举行了会见。此后，将八思巴兄弟迎请到叫做上都（今内蒙古自治区境内）的宫殿中。当时八思巴还不到 19 岁，薛禅汗向他询问许多别人难以解答的问题时，他都完整答复。八思巴还谈到历史上吐蕃和唐朝之间有时交战，有时亲密和好，薛禅汗说，如果真是这样，在前朝的文书中应当有记载，派人去查阅，果然相符，薛禅汗更加欢喜。此后薛禅汗对他谈起派人到西藏征集兵差劳役和赋税的事情，他说西藏是边区的小地方，田土不多，人民贫困，请求不要征派差税。薛禅汗没有同意，八思巴心中不悦，说如果这样，西藏的僧人也没有必要来这里住留，请允许我返回自己的家乡。薛禅汗说，你可以离去。当时薛禅汗的名叫察必的王妃说，这样的僧人很少见，不应放他回西藏，你们应继续讲论，最好是向他请问佛法方面的问题。薛禅汗听从了察必的意见，继续与八思巴谈论了许多问题。

上师八思巴在上都居住的几年之中，薛禅汗只是跟从他初步听受过一些佛法。公1254年即藏历第四绕迥木虎年，薛禅汗赐给萨迦派一份被称为"褒护僧人的诏书"的文书。主要内容是：

"依上师三宝的护持、天命之主成吉思汗及蒙哥大汗的福德，为利益佛法，忽必烈诏曰：

真实佛陀释迦牟尼具有不可夺移之智慧及无边之慈悲，具足福德二资粮如满月，犹如日轮破除黑暗，犹如兽王狮子战胜邪魔外道。我与察必可敦（蒙古语对皇后、王妃的称呼）对其功德、事业及教法生起信仰，在先前已担任教法及僧众之主，现今又从法主萨迦巴、上师八思巴处获得信心，遵奉教法，于阴水牛年接受灌顶，听受众多教法。尤其因为我为教法及僧众之主，看视上师八思巴的情面，故而以此护持藏地方三宝之所依处及僧众不受侵害之诏书奉献于佛法。此外，已赐给上师八思巴黄金及珍珠装饰之袈裟、长坎肩、珠宝装具、法衣、帽、靴、坐垫等，另外还有黄金伞盖、金座、金杵、金爵、宝柄腰刀，又赐黄金一大锭、银四大锭、乘驼、骡、全套黄金鞍辔。复于虎年为法缘又赐给白银56大锭、茶200包、锦缎110匹。总之，作为布施已赐给诏书及各种物品。你等藏地方的僧人，当知晓此意，不然如何遵奉诏令。你等僧人不可争官位，官多呵不好，亦不可依恃诏书欺凌他人。你等僧人不从军、不征战，依着释迦牟尼的教法，懂得的呵讲，不懂的呵听，专力问法、诵经、修持，祷告上天，为我祈福。或有人曰，不必学经，修持即可。不学经呵如何修持，懂然后修持！老僧们当用言语教幼僧学法，幼僧于老僧处听经。你等僧人已免兵差、赋税、劳役，此是上师及三宝之恩德，你等岂有不知乎？若你等不遵行释迦牟尼教法，则蒙古人众必曰：释迦牟尼教法真正可行

吗？岂不要问罪于你等耶？你们不可以为蒙古人对此一概不知，偶然会有一次两次不知，最终也必知之。你等僧人不可做歹事，不可使我在人面前丢脸。你等应依照教法行事，告天祈福，你等的施主由我担任。

"此是汗王的诏书，阳木虎年（1254年）仲夏月（5月）9日于汉藏交界之地的上都写就。"

从上述的诏书中，可以清楚地知道在八思巴初次向薛禅汗传授灌顶之时，薛禅汗向八思巴奉献了哪些东西做为供养。

公元1255年即藏历第四绕迥的木兔年，众生依怙八思巴于21岁之时前往汉地和蒙古交界的忒剌地方，以涅塘曲杰扎巴僧格为堪布，以觉丹巴索南坚赞为阿阇黎，以雅隆巴绛曲坚赞为屏教师，在20名具信比丘之中接受了具足戒。此后返回上都，并在1257年前往五台山，广泛听习和闻思佛法。公元1258年（藏历第四绕迥土马年），他在开平的王宫中奉薛禅汗之命参加佛教与道教之间的辩论，使得17名道教徒改奉佛教并出家为僧，薛禅汗大为高兴，他也因此更受重视。

公元1260年即藏历第四绕迥的铁猴年，薛禅汗登上了皇帝位，随即封八思巴为国师，并赐给羊脂玉印，这见于汉文史籍的记载。藏文《汉藏史集》则说："此后前往大都宫中，八思巴给薛禅汗及其皇后、皇子等人传授了密法三部大灌顶。薛禅汗封八思巴为帝师，作为接受灌顶的供养，向八思巴奉献了乌思藏十三万户及难以计数的物品"[①]。按照这一记载，我们认为薛禅汗将乌思藏的管理权力授予萨迦派的八思巴的时间大概是在公元1260年。

---

① 达仓宗巴·班觉桑布《汉藏史集》，四川民族出版社1985年版，第327页。

第六节　薛禅汗忽必烈迎请噶玛拔希到祖国内地

噶玛拔希亦名却吉喇嘛，按《贤者喜宴》的记载，他是朵甘思金沙江流域董其里擦多地方人，出身于哉波务家族，生于公元1206年即藏历第三绕迥的阳火虎年。最初名叫却增，11岁时跟从喇嘛蚌扎巴出家，起名为贝钦波却吉喇嘛。以后，到年龄时受了比丘戒。其后他努力闻思修习，获得了贤哲和成就者的声名。

他前往乌思藏，在楚布住了6年，修缮寺院，并使其兴盛。"不久，忽必烈王子派人送来诏旨，请他前往边地燃起教法的明灯。他经过朵甘思前往，于第四绕迥木兔年（公元1255年）在绒域的色堆地方会见了王子忽必烈，然后前往忽必烈王子的宫帐，与忽必烈王子结为福田与施主，关系融洽。忽必烈请求他长期留下，由于他预见到将来会受到猜忌，所以没有接受，使得王子有些失望"。[1] 按这一记载，忽必烈大概是因为萨迦派的八思巴年纪很轻，希望年龄大一些的他能对蒙古皇室治理西藏发挥作用，不过显然八思巴在政治方面的反应要比他敏捷。

此后，他渐次前行，"在汉地、西夏、蒙古、西藏所有地方之王蒙哥汗即位四年之后的火龙年（1256年），到了杭盖地区的大宫殿赛热斡耳朵（斡耳朵为蒙古语，意为宫帐、宫廷，元朝皇帝、皇后建有各自的斡耳朵，管领其财产和私属民户，死后由亲族继承。如成吉思汗有四大斡耳朵，忽必烈也有四大斡耳朵），会见了皇帝蒙哥汗。蒙

---

[1] 巴俄·祖拉陈瓦《贤者喜宴》，民族出版社1986年版，下册，第888页。

哥汗当时信奉的是蒙古也里可温教士（也里可温是蒙古语对景教教士的称呼，意为有福份的人。景教是唐代以来流行于中亚一带的一种基督教流派，有记载说蒙哥汗的母亲信奉景教。实际当时蒙古人接触多种宗教，对各种宗教都允许其存在）的教法，他使蒙哥汗转变信仰，变成佛教信徒；为蒙哥汗传授了灌顶和教诫等，并提出清理监狱13条，赦免所有狱中犯人；还制止了以人填河渠的办法（蒙古军为镇压汉地居民的反抗，将反抗者驱入河渠中淹死）；还使蒙哥汗下令，命治下的臣民在每月四个吉日不杀生，初一和十五实行斋戒，做十善法行。在库妆木，蒙哥汗兴建了无数佛殿，又下令在汉地、蒙古、西夏、畏兀尔等各个地区修复和新建佛殿和佛塔，并供给所需物品"[①]。蒙哥汗对他十分崇信，请他长期相随，他察知时事将有变化，向蒙哥汗要求准许返回西藏。"皇帝赐给他诏书，让他掌管所有事务，让所有的僧人都奉行教法，并说要他很好地掌管法律，（噶玛拔希）没有接受这个世俗的权力。"

公元1260年，"铁猴年，蒙古皇帝蒙哥汗在蛮子地方去世。皇帝的儿子和大臣们立成吉思汗（应为拖雷）的第七子阿里不哥为帝，皇子阔端等在西夏地区的王子们立成吉思汗（应为拖雷）的第四子忽必烈薛禅汗为帝，这样分成了两个皇帝"[②]，也即是说，那时成吉思汗的后裔们内部先后形成了两派，出现了重大的矛盾冲突。在这种形势下，西藏的各个高僧和贵族势力也分别依靠蒙古皇族的不同势力，分别扩展自己教派的力量。

此前，蔡巴噶举和萨迦派依靠忽必烈薛禅汗，止贡噶举依靠蒙哥汗，互相竞争，夸耀自己的靠山。因此，噶玛噶举派开初依靠忽必烈，后来看到竞争不过萨迦派，又转而依靠皇帝蒙哥汗。蒙哥汗去世

---

① 《贤者喜宴》下册，第881—890页。
② 《贤者喜宴》下册，第894页。

后，又依靠蒙哥汗一方的阿里不哥。当时，蒙古皇帝的大权究竟由阿里不哥还是由忽必烈薛禅汗执掌，不仅是成吉思汗后裔的两派势力谁胜谁负的关键所在，而且也成为当时西藏声望最高的两大派即萨迦派和噶玛巴双方势力较量的关键性问题。

"萨迦和蔡巴的名叫噶热的弟子对阎罗举行差遣鬼神勾摄王子阿里不哥的仪轨，咒死了阿里不哥，使国土之内全部大乱……（忽必烈）下令让大成就者前去，将他交给刽子手"，对噶玛拔希施用各种刑罚，而他示现了许多神变，身体一点也没有受到伤害。此后被流放到大海边上，住了3年。最后薛禅皇帝"请他择地安住，为皇帝祈福，并赐给他许多物品。""噶玛拔希离开京城上都，用了8年，返回楚布"[①]。

据说这位噶玛巴能自主控制气脉，获得大成就，因此宗教声望很高，事业广大。他在楚布建造了被称为"赡部洲严饰镀金大铜像"的释迦牟尼像等许多佛像，扩建了寺院，使噶玛噶举教派有很大发展。他的有根器的弟子很多，主要的有成就者邬坚巴、意希旺秋、仁钦贝等获得证悟和瑜伽自在的上师。从他开始，出现了历辈以转世灵童的方式不断承继的例规，历辈噶玛巴都成为西藏有声望的高僧。到明代，噶玛噶举成为西藏最为兴盛的教派，其基础是他奠定的。他于公元1283年即藏历第五绕迥水羊年去世。在世俗的政务方面，由于违背了元朝薛禅汗的心意，没有大的建树，不过他在汉地、蒙古、西夏各地都有重大的宗教业绩，和元朝皇室的一些成员建立了联系，在增进西藏和祖国的关系方面，他也是一个有贡献的人。

---

① 《贤者喜宴》下册，第894页，第895页，第900页。

第七节　宣布吐蕃三个却喀纳入元朝统治在西藏设立驿站

蒙古皇帝薛禅汗于公元 1260 年即位，封众生依怙八思巴为国师。就在当年，派遣大臣答失蛮带领军队前来西藏，主要任务是，宣布整个藏族地区都纳入薛禅皇帝忽必烈的统治之下，并从祖国内地直到具吉祥萨迦寺之间设立称为"站"的接送和款待钦差使臣的驿站。《汉藏史集》中记载："为了宣布吐蕃地区归入忽必烈统治之下和设立驿站，派遣名叫答失蛮的大臣，前来萨迦。"书中还记载了皇帝吩咐答失蛮的话："'答失蛮听旨！吐蕃之地，人民勇悍。先前吐蕃有国王统治时，在唐代宗皇帝时期，许多吐蕃军队曾到达五台山，在巴府定府地方，留下了许多称为噶玛洛的军队驻守。现今吐蕃之地无王，仰仗成吉思皇帝之福德，广大国土俱已收归我朝统治。萨迦喇嘛也接受召请，担任我朝的上师。上师八思巴伯侄，如果是一方之主，则其学识广大，我等不及，如今也在我朝管辖之下。答失蛮，汝品行良善，速前往萨迦一次，使我听到人们传颂整个强悍的吐蕃已入于我薛禅皇帝忽必烈治下，大臣答失蛮已到达萨迦的消息。'答失蛮启奏说：'臣谨遵陛下之命前往。然则，吐蕃者，其民凶悍，彼等毁坏自己之法度，又不遵汉地、蒙古之法度，又不立边哨巡守。我等来回之经费物资，以及大事如何完成，请颁明示。'皇帝再次下令说：'汝等如能使朕听到整个强悍的吐蕃已纳入治下的赞颂即可。路上所需各处物品，俱由御库官员拨给。直至萨迦以下的地方，可视道路险易，人民贫富，选择适宜建立大小驿站之地，仿照汉地设立驿站之例，建立驿站。使上师八思巴前往吐蕃之时，一路平安顺利。另一方面，你受任宣政院之职，如能详细了解吐蕃地方之情势，对所掌之大事及众人必有利益，汝其前往。'答失蛮接受了上师的法旨、皇帝的札撒（诏书）等，带领许多随从，携带来往路上所需物品，以及从大小御库领出的吐蕃各地大小僧俗首领颁发赏赐所需的物品，前来吐蕃"①。

按照这一历史古籍所记的基本史实，蒙古皇帝的力量将整个藏族地区纳入其统治之下，到这时已过了将近20年，因此在统一吐蕃方面并不存在什么问题，不过由于蒙古皇室各派势力都力图扩大自己的权势，存在着矛盾，同时由于藏族地区经历过长时期分裂割据，加上宗教派别的偏见等，使得止贡噶举和噶玛噶举等大的地方僧俗势力不愿意承认萨迦派的统治，他们依靠在蒙古皇室中的各自的靠山，希望在藏族地区内部像以前一样保持各自的势力范围，因此也存在各种阻力。为了缓和这些矛盾，实现藏族地区的统一，忽必烈提出了宣布整个藏族地区纳入薛禅皇帝的统治之下以及为了上师八思巴返回西藏时道路安全畅通而设立驿站的两项任务。

答失蛮带领随从人员抵达脱思麻（安多）后，首先在藏传佛教后弘的教法发源地丹斗水晶佛殿（丹斗寺，在今青海化隆县境内）召集脱思麻地区的大小僧俗首领集会，给他们分别颁给适宜的赏赐，宣读皇帝的诏书，并在该地区设立了7个驿站。此后他们又到达朵甘思（康区），在卓多桑珠（该地又称乃赛）举行了与上述相同的集会，设立了9个驿站。此后到达萨迦寺，召集乌思藏的大小首领集会，颁发给各种赏赐物品，宣布了诏书，并结合清查户籍人口，设立了由前藏负责支应的7个驿站，即索（今西藏那曲地区索县）、夏克、孜巴、夏颇、贡、官萨、甲哇（在拉萨北面羊八井一带）等，由后藏负责支应的4个驿站，即达（今日喀则境内）、春堆（今日喀则境内）、达

---

① 《汉藏史集》第273—275页。

尔垅、仲达（今萨迦县境内）等，并规定了由各个万户为驿站提供差役供应的制度。

答失蛮不仅完成了在整个藏族地区宣布皇帝的诏书和上师的法旨的任务，并且对藏族地区总的和个别的情况都有了认识，他返回薛禅皇帝驾前，对办理的情况做了详细的奏报，受到皇帝的嘉勉和奖赏，并被委任为宣政院衙署的主要官员。答失蛮向皇帝奏请，说吐蕃各地的驿站都是新设立的，为保证驿站的安定，需派遣专人前去管理。为此，皇帝对名叫额济拉克的大臣颁给管理吐蕃各驿站的诏书、委以同知的官职，派他前来藏族地区。从此以后，在蒙古与萨迦派结为施主与福田的整个时期中，藏族地区的 27 个驿站始终维持平安，使萨迦的帝师、本钦以及蒙古和西藏的使者们来往道路平安，整个藏族地区的百姓得到幸福[①]。驿站是接待和迎送以金字使者为主的过往旅客的机构，在各个大站负责的区域中又设有若干小站，各小站之间的距离，大约为骑马者一天的行程。为各个驿站划有一部分差户，他们在各站范围内支应乌拉差役。

公元 1262 年，即藏历第四绕迥水狗年，八思巴从祖国内地往西藏捎寄来许多金银和物品，由本钦释迦桑布负责，在萨迦寺的邬孜宁玛殿西面，兴建了最早的一座大金顶殿。

公元 1264 年即藏历第四绕迥的木鼠年，薛禅皇帝将都城从上都迁到大都（今北京市）。根据《元史》的记载，当年元朝新设立了一个称为总制院的机构，其职责是管理全国的佛教僧人和整个吐蕃地区，是当时元朝政府设立的掌管整个藏族地区事务的中央王朝的机构，八思巴以皇帝的上师的身份管理这一机构（即领总制院事），而该机构自己的负责人——院使由皇帝任命的大臣桑哥担任。总之，元

---

① 《汉藏史集》276 页。

朝皇帝封八思巴为全国佛教的领袖，并授予他管理藏族地区三个却喀的事务的权力。

按照《汉藏史集》的记载，"各个却喀都有一位本钦，是按照皇帝与上师商议决定而任命的"①。也即是说，藏族地区的重大问题由皇帝与上师商议，上师向皇帝说明情况，然后做出决定。

这样，从最初蒙古的将领多尔达赤用武装力量结束藏族地区分裂割据的历史，使整个藏族地区归入蒙古皇子阔端的管辖，再经过20多年的各大地方势力依靠蒙古皇室的各成员做自己的靠山，最后到元朝皇帝薛禅汗下令撤除蒙古其他皇室成员在藏区各个大的万户府中分别设置的称为守土官的蒙古军队，在西藏建立了统一的守卫的军队。在此基础上，皇帝把管理西藏地方的权力集中到萨迦巴，从此以后，西藏地方真正成为中国皇帝的管辖地区。

元朝皇帝薛禅汗不仅封八思巴为整个西藏的首领，而且在藏族地区划出土地和民户献给萨迦巴作为领地和属民。"薛禅皇帝之时，在对吐蕃广大地面清查人口户籍之时，是从朵思麻开始清查的。在河州的热布卡（渡口）地方，有属于囊索管辖的庄园，在城墙根有叫做喇嘛城的，再往下有叫做典康谿的庄园，这些是按照圣旨奉献给上师八思巴的份地，不负担府库及驿站等汉地、吐蕃的任何税赋差役，不在编籍之内。据说有可下500蒙古克种子的田地"②。萨迦巴的比这更大的领地在后藏地区，这些不负担差税的土地和人口，后来到帕竹掌权后，也没有根本性的改变，仍然保留为萨迦拉章的寺属庄园。这清楚地显示出，从西藏再次统一之初开始，萨迦巴的管辖就有公和私两方面的差别。

---

① 《汉藏史集》第278页。
② 《汉藏史集》第277页。

第八节　珍珠诏书的赐与八思巴返回西藏新建萨迦的机构

按照《萨迦世系史》记载，由于众生依怙八思巴再次向皇帝薛禅汗提出请求，请皇帝颁发诏书，明确规定金字使者和蒙古军人等不得在寺院或僧舍住宿，不得向寺院派乌拉差役 不得向寺院征税，皇帝同意了，为此在公元1264年即藏历第四绕迥木鼠年发布了一件被称为《珍珠诏书》的圣旨。诏书的全文如下：

"长生天气力里，大福荫护助里，皇帝圣旨。

谕示僧人每根底，俗民各部：

求今世之福乐，当依成吉思皇帝之法度而行，求来世之利益，当依止教法。故此，朕已于释迦牟尼之道生起正见，向善解教义并明白宣示于人之上师八思巴请求灌顶，封其为国师，并命其为所有僧众的护持者。上师奉行佛法，管教僧众，对讲经、听法、修习等善颁法旨，僧众们不可违了上师之法旨。此乃佛陀教法之根本，懂得教法的僧人讲经，年幼诚实者学法，懂得教法而不能讲经者可照律修持。佛教之教法正应如此，朕任僧众之施主，敬奉三宝之意亦在此也。汝等僧众如不讲经、听法、照律修持，则佛教教法何在？

佛陀曾言，我之教法如兽中之王者狮子，若非体内生害，外部无物能毁也。朕驻于大道，对遵奉圣旨、通晓教法之众人，不分派别一体尊崇奉养。对依法而行的僧人们，其余军官、军人、守城官、达鲁花赤、金字使者等，无论何人，俱不得（对僧众）欺侮，不派兵差、赋税、劳役。汝等（僧人）不可违了释迦牟尼之道，应祈愿祷告上天，为朕祈福。朕颁赐扎撒与汝等持有，僧人们之殿堂、僧舍，金字

使者不得住宿，不得征派供应及乌拉。属于寺院之土地、水流、水磨等，任何人都不得抢夺、不得征用、不得倚势出售。僧人们亦不可因为有了扎撒，做不遵释迦牟尼教法之事。

皇帝圣旨于鼠年仲夏月（五月）一日，写于上都。"①

诏书中所说对于八思巴"封其为国师，并命其为所有僧众的护持者。"清楚反映出委派八思巴负责总制院事务的情形。

在派遣大臣答失蛮等人到藏族地区设立驿站，并用蒙古的法度安定藏区各地后，公元1265年即藏历第四绕迥木牛年，上师八思巴按照皇帝的旨意，返回西藏并登上萨迦法座后，兴建了扎西郭莽佛塔，写造了200多函的金汁书写的佛经，对西藏的各个佛像佛塔及寺院奉献供养等，还按皇帝的旨意，努力创制新的蒙古文，撰写语音学著作。尤其是他还结合对西藏情况的详细的考察，以极大的心力重新设置萨迦的各种职官。

八思巴本人是西藏地方的政教各方的首领，而各种具体的事务则由萨迦的本钦按照上师的心愿去执行。第一任萨迦本钦是仲巴·释迦桑布，他是由八思巴提名，由皇帝薛禅汗赐给"乌思藏三路军民万户"的名号和银质印章而任命的。在本钦之下，有三个一组的职官三组：即索本、森本、却本为一组；司宾、仲译、司库为一组；司厨、接引、掌座具为一组。还有两个一组的职官两组：管鞍具、管马匹为一组；管牛、管狗为一组。这些总计为13种的职官被总称为一位伟人应有的十三侍从官员。到17世纪五世达赖喇嘛重新组建原西藏地方政府时，有许多职官仍是在萨迦的职官制度的基础上设立的，这方面的情形可参阅第巴桑结嘉措所著的《水晶明镜》。索本负责检查和呈递上师的饭食，森本负责管理伺寝仆役、袈裟衣物及其他身边零星

---

① 《萨迦世系史》第160－162页。

的日用品，却本负责供祀神佛的安排及供品的管理、陈设等宗教方面的活动；司宾亦称卓呢尔（仲尼尔），负责安排上师会见宾客、引见和接待宾客、代表上师联络上下人员，仲译即文书、秘书，负责上师来往书信、文稿写作等事务；司库负责上师的拉章的物品钱财的收支等；司厨负责制做上师的饮食；接引负责在举行法事活动时分发食品、传递 赏赐物品等；掌座具者负责上师的座具，并为上师接见的宾客、官员等按其身份地位铺设适当的座位；管鞍具者是在上师正式外出时负责安排马、旗帜、鼓吹等仪仗排列，管马者负责上师的乘马、骡子等公务所用的牲畜的饲养；管牛的负责公务用的犏牛、牦牛饲养等畜牧方面的事务，管狗的负责养狗及晚间巡查。这些职官有高下之分，高级侍从的职责重大，地位也较高。

　　在上述的职官设置中，根本没有见到法官、军官一类的官员，这清楚地表明萨迦巴只是在元朝皇帝的统一管护下的西藏地方的首领。

　　八思巴在西藏建立了政教两方面的功业后，大皇帝又派遣金字使者前来迎请，因此他在公元1267年即藏历第五绕迥的火兔年从具吉祥萨迦寺出发，前往祖国内地。本钦释迦桑布为他送行，当他们师徒一行东行到杰日拉康，巡礼寺院时，上师八思巴说："其人有能干的侍从，故能建成这样的佛殿。"本钦在上师的身后，听到这句话，就请求说："上师如果喜欢，我请求建一座能把这座佛殿从天窗中放进去的大佛殿。"八思巴说："如此很好。"于是释迦桑布立即进行了测量，带回萨迦。第二年（1268年），本钦向藏北当雄、索拉甲沃以上的乌思藏各个万户、千户以及属民部落发布命令，征调乌拉差役，为萨迦大殿奠基。据说他还依次兴建了仁钦岗拉章、拉康拉章、都却拉章。当萨迦大殿的墙基和内围墙、角楼还未完工时释迦桑布去世，萨迦大殿余下的工程以及内部佛像的建造、三个拉章的兴建完工，都是在第二任萨迦本钦贡噶桑波时完成的。

此后，上师八思巴经过藏北前往朝廷，一路上广利无量众生。当他抵达京城附近时，皇帝的长子真金太子、后妃、大臣等众人（在印度大象的背上安设珍宝璎珞装饰的宝座），带着飘扬珍贵锦缎缨穗的伞盖、经幡、旌旗以及盛大鼓乐前来迎接，八思巴在盛大的仪仗引导下进入都城。八思巴在朝见薛禅汗时，献上他新创制的蒙古文字的字样和音韵著作，使皇帝非常欢喜。在他36岁的公元1270年，即藏历第五绕迥阳铁马年在皇帝再次向他请求传授灌顶时，将西夏甲郭王的印改制为六棱玉印，封为"皇天之下、大地之上、西天佛子、创制文字、化身佛陀、辅治国政、诗章之源、五明班智达八思巴帝师"，并赐给专门的诏书以及众多供养物品。

当时西藏其他各教派势力还有深厚的基础，萨迦派能不能对它们实行管理还难以肯定，因此在公元1268年即藏历第五绕迥土龙年，皇帝又派遣以阿衮和米林为首的金字使者，带领随从与萨迦本钦释迦桑布一起对乌思藏的户口进行了第二次清查，并通过清查，重新组建了被称为十三万户的行政机构。按照元朝皇帝的命令，前后在西藏地区进行过三次户口清查，其详细情形，我们将在后面介绍。

第九节　作为元朝皇帝政治顾问的八思巴

在薛禅皇帝和上师八思巴之间，并不仅仅是施主和福田的宗教关系。在涉及国家政治的大事方面，上师八思巴也是皇帝的一位主要的顾问。首先，在薛禅汗忽必烈对大臣答失蛮的谈话中说道："上师八思巴伯侄，如果是一方之主，则其学识广大，我等不及。"对八思巴的政治见识给予了充分肯定。而且在事实上，《汉藏史集》也记载了八思巴为皇帝提供政治建议的事例。该书记载说："当皇帝薛禅汗与上师八思巴施主与福田二人在一起融洽地交谈时，皇帝对上师说：'当初在成吉思皇帝收服广大国土之时，后来在我整治安定国土之时出过大气力的蒙古的军士们，如今财用不足，可有什么增加他们的财物和改进收支的办法？'上师答道：'陛下可清点自己府库中的财物和实有的军士的数目，在数年之中给以固定数量的衣食生活物品的赏赐。'皇帝照此行事，共点得根本蒙古军50万人，另有大量怯薛（轮值的宿卫）卫士。

八思巴对于元朝的军事、大臣的选任等重大事务，也与皇帝进行商谈，提出建议，对祖国大统一的事业做出了贡献。

有一个名叫桑哥的大臣，出身于噶玛洛部落，又懂得蒙古语、汉语、畏吾语、藏语等多种语言，他最初在脱思麻的汉藏交界处拜见了上师，请求准予效力，八思巴委任他为译吏，并多次派遣他去皇帝的驾前办事。皇帝也因为他有学识功德，将他从上师处取来，委任官职，他任各级官职俱能胜任，最后升至宣政院的米本（主管官员）[①]。他后来在上师去世时曾领兵入藏，攻破白朗甲若宗城堡，将本钦贡噶桑波正法，还重建了西藏地区的驿站制度。

---

① 《汉藏史集》第288页。

第十节　八思巴再次返藏及去世元朝在西藏驻兵

　　八思巴在薛禅皇帝身边又居住约 8 年后，再次请求准许返回西藏，皇帝在要求他尽快再次来京城的条件下同意了他的请求。八思巴启程时，皇帝心中恋恋不舍，亲自送行。结果送行的时间从几天增加到几个月，据说最后一直送到青海玛沁蚌拉（亦称阿尼玛卿山，在今青海省果洛藏族自治州境内）山下的黄河河曲，并从那里又派皇子真金率领随从一直护送回萨迦寺。经过长途跋涉，公元 1276 年即藏历第五绕迥火鼠年，八思巴抵达萨迦寺。

　　次年（1277 年），由皇子真金担任施主，在后藏的曲弥仁摩（在今日喀则市境内）地方的曲德钦波（大寺院），由八思巴举行大法会。藏区上下各地的 7 万名僧人、精通数部经典能担任讲经的善知识大德数千人，加上普通众生总数达 10 万人以上参加了法会。半个月的法会期间，八思巴给大众赐给了难以思量的教法和物品供养。这就是西藏历史上著名的曲弥大法会。由于这些活动，元朝皇帝的"薛禅法王"的声名传遍了西藏的各个地方。

　　八思巴后半生主要从事讲经、辩论和著述等宗教方面的活动，他的著作有很多种，详见《萨迦五祖文集》。他的贤能和有成就的弟子也很多。另一方面，由于他对蒙古、西藏的贵贱人等以及不同的教派都能不偏不倚地协和护持，赐给对众人有利的政治和宗教方面的教导，所以他对国家安定，民族团结尽其可能地做出了卓越的贡献。

　　八思巴在他 46 岁的铁龙年（1280 年）十一月二十二日伴随着诸种奇异的景象，在萨迦寺的拉康拉章示寂，不过关于他的去世存在有

重大的疑问，按照《王统神幻钥匙》（即《新红史》，班钦·索南扎巴著）等其他方面的一些文献附带提及的说法，当时八思巴的大侍从和本钦贡噶桑波因为争权不和，侍从一再在八思巴耳边进挑拨之言，制造八思巴与本钦之间的矛盾，还假冒上师的名义向皇帝奏报本钦的罪过，于是皇帝立即派遣一名法官率领大批军队前来查办。当法官和军队快要到达乌思藏地区时，侍从害怕自己的谎言会被揭穿，于是在上师的饭食中下了毒药，害死了八思巴，后来这名侍从也因悔惧而服毒自杀①。

关于元朝皇帝薛禅汗派遣曾担任过总制院院使的大臣桑哥率领执法军入藏的情形，是在根本的7万蒙古军之上，增加朵甘思、脱思麻地区的军队，组成超过10万人的执法军。公元1281年即藏历第五绕迥铁蛇年，执法军先攻下朗卓康玛土城，接着对白朗甲若宗（即今白朗县境内的诺布穹孜）包围炮轰，攻破了城堡，将贡噶桑波处以极刑。

当时元朝皇帝的将领在西藏南北各地留兵驻守地方："此后，大臣桑哥前来萨迦。执法大军返回内地。在蚌波岗，由尼玛衮和达尔格为首，抽调精兵，留下160名兵士，担任达玛巴拉大师的警卫队。又从7个蒙古千户的军队中，抽调700人，担任警戒西路蒙古的哨所的驻军。在南木官萨地方，留下以乌玛尔恰克为首的蒙古军400人。以多尔台为首的巴拉克的军队留驻塞日绒地方。卫普尔的军队，留驻甲孜、哲古（山南的哲古）、羊卓等地方，镇摄冬仁部落（珞巴或门巴的部落）。多尔班土绵的军队留驻当雄那玛尔、朗绒等藏北草地。"②这里清楚地记载了驻守军队的将领的名字、士兵数目、驻地、任务等，它明确地显示出当时西藏的安全和边境的守卫等军事方面的各种事务都是由元朝皇帝的政府统一安排布置的。

---

① 西藏人民出版社1982年6月版，第57页。
② 《汉藏史集》第291页。

此外，还对由前藏的 6 个万户支应的 7 个驿站的管理办法重新做了重要安排。"在此之前，在藏北的驿站，如索、夏克、孜巴、夏颇、贡、官萨、甲哇等大站，是由吐蕃乌思（前藏）地方各个万户的人整年驻站支应，十分艰苦费力，乌思地方的人又不适应藏北气候条件，故一再逃亡，使驿站不能稳定，蒙藏来往的金字使者和旅客沿途得不到乌拉差役供应，往往需得自己设法照料。按照众人的请求，大臣桑哥命令卫普尔、巴拉克等军留驻藏北的部队，拨出一部分人负责驿站事务。并规定乌思地方各个万户，以达果（50 户为一个达果）为单位，将马匹、驮畜、乳畜、肉羊、供给驿站的青稞、褐布、帐蓬、马鞍、坐垫、绳具、炉子、卧具、药品以及人户统统交给蒙古军队。从此，乌思地方之人，不必在藏北驻站，而是每年派人把应交付驿站的物资运送到藏北交给蒙古军，来往旅客在驿站常有乌拉供应，对众人俱有利益，这也是桑哥的恩德。"①

---

① 《汉藏史集》第 292 页。

第十一节　恰那多吉父子

恰那多吉6岁时随法主萨班前往祖国内地，并跟从萨班和八思巴听受了许多灌顶法和教诫等。在祖国内地住了大约18年后，他于25岁的公元1263年即藏历第四绕迥水猪年动身返回萨迦寺。《汉藏史集》记载说："汗王阔端让他（恰那多吉）穿蒙古服装，将墨卡顿嫁给他为妻。后来朝见了薛禅汗，受封为白兰王。赐给了金印、同知左右衙署等，委任于整个吐蕃之上。对于整个吐蕃以及萨迦派来说，受封为王的官爵，这是最早的。"①此后的4年中，他护持利益众生事业，最后于公元1267年即藏历第五绕迥火兔年在萨迦去世，当时29岁。

恰那多吉共娶了3个妻子，前两个没有生育，第三个为夏鲁地方的坎卓本，恰那多吉去世6个月后的公元1268年即藏历第五绕迥土龙年，生了达玛巴拉，长得十分可爱，据说因担心他受到地震的伤害，专门为他建造了一座"辛康拉章"（木头寝殿）。当八思巴返回萨迦寺时，他将近九岁，八思巴给他逐步传授了灌顶、教诫、经咒等，加以培养。13岁时，八思巴去世，由他护持萨迦寺的法座并主持为八思巴办理后事，举行超度荐亡及兴建灵塔等活动。

达玛巴拉14岁时前往京城，朝见皇帝薛禅汗，皇帝十分高兴。他在京城的梅朵热哇住了5年，建造了一座存放上师八思巴的舍利的水晶塔，并修建了安置水晶灵塔的佛殿。此后动身返回西藏，行至朵甘思，于他20岁的公元1287年即藏历第五绕迥火猪年在哲明达去世。

达玛巴拉曾娶蒙古诸王启必贴木儿（阔端的儿子）的名叫贝丹的

---

① 《汉藏史集》第330—331页。

女儿为妻，没有生子。他另娶一名叫达本的女子为妻，生有一子，幼年时夭逝。

达玛巴拉去世后，似乎没有了公认的萨迦家族的后嗣，所以在一段时期内由夏尔巴（萨迦东院弟子传承）绛漾仁钦坚赞护持萨迦寺的法座19年。

第十二节　萨迦与止贡派矛盾的激化　止贡寺庙之乱

止贡寺庙之乱是萨迦巴统治西藏期间发生的最大一次战乱，也是西藏历史上一次著名事变。

据说萨迦与止贡的矛盾最初产生的情况是这样的。公元1234年即藏历第四绕迥木马年，止贡派的上师温仁波且索南扎巴去世。当时有一批被称为"止贡日巴"的修行者前去岗底斯山，途经萨迦寺时，会见了萨迦班智达。萨班问："温仁波且逝世时有什么征象？"一位日巴说："逝世时降了舍利雨，出现了一尺高的大印金身像。"第二天在法苑中，萨班对止贡日巴说："你们学识太广大了，我对你们给不了什么恩德。不过你们再不要象昨天那样说大话了。"止贡派的人渐渐听到这话，十分不满。后来止贡派得势时，多吉贝（京俄扎巴迥乃的侍从，曾任帕竹万户长）担任后藏地区的官员，记起这段恩怨，就在萨班的法苑中跑马，在大铜锅中贮水饮马，拆毁房屋改为街市，引起萨迦派众人的气愤。由于偏执于教派之见，开始引起纠纷。

萨迦与止贡两派产生矛盾的最主要的原因是，在蒙古的成吉思汗的后裔们统一整个藏区之时，在各地方势力中止贡派的力量和声望首屈一指，所以当多达那波的军队到达西藏时首先与止贡派建立了联系，而止贡派在蒙古皇室中寻求靠山时也是找的大汗蒙哥汗，还得到了旭烈兀汗的大力支持，而萨迦派依靠法主萨班的非同凡响的名望，得到阔端汗、薛禅皇帝的支持，尤其是薛禅皇帝为了治理整个藏区的便利，将地方的行政权力交给萨迦巴。这样萨迦派和止贡派成为互相竞争的两个主要对手，而他们的争夺正是西藏地方内部的权力斗争。

例如，按照《汉藏史集》的记载，当萨迦和止贡开始发生纷争之时，为了打官司对质，双方都要派有身份的人前去（蒙古），"萨迦派的是本钦释迦桑布、格西仁钦遵追、仁波且顿楚三人，他们为了上师、教法、寺院，毅然前往。因为是去打官司，所以从蔡公塘起，直到上都，都背着木枷步行前往。在朝廷打官司很顺利，萨迦派的事务都如愿完成"[①]。虽然这里没有写明这场诉讼的年代，但是提到去上都打官司，应当是发生在公元1264年薛禅汗把都城从上都移到大都之前，即公元13世纪60年代初或稍早一点。从这一历史事件中，不仅反映出萨迦派和止贡派的尖锐的矛盾，而且说明当时西藏在遇到这种蒙古官员也不能决定的重大诉讼案件时，要把诉讼双方的主要人物送到元朝皇帝的京城去进行审理。这次的诉讼萨迦派获胜，但止贡派并没有服气，仍一再地挑起争端。特别是公元1285年即藏历第五绕迥木鸡年，止贡派的古尚楚杰领兵进攻属于萨迦派的恰域，将恰域寺纵火烧毁，并杀害了恰域寺的堪布桑结藏顿及9名僧人，战斗中古尚楚杰父子等人也被杀死，造成萨迦与止贡两派间的矛盾更加尖锐，对立更趋严重。

由于上述的萨迦与止贡派的矛盾的多次积累，到萨迦本钦宣努旺秋、绛曲多吉时期，冲突纠纷仍延续不断。

按照一些文献的记载，公元1285年即藏历第五绕迥木鸡年，止贡派的官巴衮多仁钦去向西部蒙古的汗王旭烈兀请求派兵支援，从阿拉伯地区领了9万名西部蒙古的军队前来西藏，准备彻底推翻萨迦巴的统治。当时，元朝皇帝派驻在西藏的守土的军队和萨迦本钦阿迦仑率领的乌思藏各万户的军队在拉堆的巴莫贝塘地方扎营安寨，以抵御西部蒙古军队的来犯。但是当年阿里西北地区下了一场从来没有听说

---

① 《汉藏史集》第404页。

过的大雪，据说3万西部蒙古军被掩埋在大雪之下。由于进军受阻，（西部蒙古的军队）没有能够到达西藏。

　　这样，在萨迦派和止贡派之间发生了战斗冲突，使得整个吐蕃乌思藏都处在大动荡之中，因此皇帝薛禅汗派遣王子铁木儿不花率领蒙古军和脱思麻、朵甘思的军队前来西藏，同时，萨迦本钦阿迦仑也带领乌思藏的大批差役兵士配合，于公元1290年即藏历第五绕迥的铁虎年进兵攻打止贡派，将止贡寺的大殿纵火烧毁，僧俗被杀的总计达1万人以上。当时的止贡寺的法座努·多吉意希也只得带着年仅11岁的止贡居尼仁波且多吉仁钦等逃到工布的绒波地方。本钦阿迦仑带兵追击，也到了工布。止贡派的属民和领地据说有许多被萨迦派占有。

　　止贡寺庙之乱被镇压后，止贡寺的主要喇嘛逃到工布住了大约3年。有一个名叫咱日巴那波的勇士，给薛禅皇帝送呈申辩的文书。当时正由扎巴俄色任帝师，他向皇帝请求平息萨迦派和止贡派之间的冲突，因此皇帝赐给止贡派大量物品作为补偿，将乌思藏的一个万户府的民户赐给管理，下令修复止贡寺，赐给朗格巴意希贝虎头印章和担任官巴的诏书，委任他为止贡万户长。此后，居尼巴多吉仁钦于19岁时登上止贡寺的法座，当年止贡寺的殿堂也大都修复完工，并和以前一样开展宗教方面的活动。这标志着萨迦与止贡两派战乱的结束。

　　总之，通过止贡寺庙之乱这一事件，我们可以清楚地看出，如果没有元朝皇帝的保护和支持，当时萨迦派不但不能独自统治藏族地区的三个却喀，就是对乌思藏的十三万户也没有办法指挥。这是从历史的实际情形中得出的结论。

第十三节　萨迦达尼钦波桑波贝的事迹

　　萨迦派的上师达尼钦波桑波贝（父亲是八思巴的同父异母弟意希迥乃）公元1262年即藏历第四绕迥水狗年出生。16岁时，八思巴从祖国内地返回萨迦，他拜见并听受了灌顶、教诫和经咒等许多教法。19岁时，八思巴去世。当时由于父亲的声望大小不同，达玛巴拉虽然比桑波贝年幼，但被委任为萨迦寺的法座。21岁时，"他因一个名叫阿布的大臣的邀请前往朝廷，因此有人控告他违犯了超荐八思巴的规矩"[1]，这说明他是为了争萨迦法座的职位而秘密前往内地的，"由于一些机缘，皇帝下令对他查究，流放到蛮子地方去。他开始到了蛮子地方（今江苏、浙江一带）的大海边上的一座名叫苏州的大城居住，此后又因皇帝的命令到离苏州有七站路的叫做杭州的大城居住。此后他又走了十站路到有普陀山之地（今浙江省舟山群岛上有普陀县，汉传佛教称该地为观世音菩萨的道场普陀山（为汉传佛教的四大名山之一），修习秘密瑜伽，并与一个汉人女子生下一个儿子。当时他担心皇帝降下更严厉的诏旨，努力向度母祈愿。"[2]这反映出当时萨迦家族内部已产生权力之争，并一直闹到元朝皇帝的法庭上，桑波贝在这场官司中失败，像流放一样被送到江浙地区，在那里住了大约15年。

　　此后，由于达玛巴拉在萨迦去世和桑波贝在汉地居住，萨迦寺的法座由夏尔巴·绛漾仁钦护持。在萨迦款氏家族仅剩桑波贝一根独苗之时，本钦阿迦仓十分关注和努力解决此事。在萨迦的议事会成员们商议时，决定派遣专人去找曾任上师八思巴的却本后来到朝廷担任帝

---

[1]　《萨迦世系史》第238页。
[2]　《萨迦世系史》第238—239页。

师之职的扎巴俄色，要他设法迎回桑波贝。于是扎巴俄色向皇帝上奏请求，尼德哇国师喜饶贝和大臣阿布等人也支持扎巴俄色，一再向皇帝铁木儿完泽笃（元成宗，1294—1310年在位）奏请。最后，皇帝终于下令，寻找和迎回桑波贝。桑波贝从蛮子地方被接回后，朝见了皇帝，皇帝承认他确实是帝师八思巴的侄子，并命令他返回萨迦繁衍后裔，担任萨迦寺的法座，还赐给他诏书和大批物品。他按照皇帝的命令迅即启程，于37岁的公元1298年即藏历第五绕迥土狗年回到萨迦寺。在拉康拉章住了一段时间，闻思佛法，并在45岁时出任萨迦寺的法座。普颜笃皇帝（元仁宗，1311—1320年在位）封他为国师，赐给诏书，并委任他为萨迦细脱拉章的座主。不算他在蛮子地方所娶的汉族妻子，桑波贝在皇帝命他繁衍后裔以后共娶了6个妻子，她们为他生了许多儿子和女儿。他担任萨迦寺法座19年，在公元1324年即藏历第五绕迥木鼠年去世。

第十四节　元朝三次在西藏清查户口并确定西藏的行政制度

　　蒙古成吉思汗的后裔凭藉其军事力量将分裂割据的藏族地区统一起来以后，在西藏地区先后进行了数次清查土地和户口的工作。在吐蕃乌思藏地区，最初"蒙古成吉思汗取得了汉地的皇位，镇摄整个国土，对诸皇子分封土地之时，以及后来在历代皇帝之时，出现了划分拉德、米德，清查土地，计算户数的各种制度等"①。对西藏地区来说，大的清查进行了三次。第一次是薛禅汗即皇位之初的公元1260年，在皇帝派大臣答失蛮到藏区的三个却喀设立驿站之时，清查了土地和人口。第二次是公元1268年即藏历第五绕迥的土龙年，由薛禅皇帝派遣大臣阿衮和米林二人，与萨迦本钦释迦桑布一起，对吐蕃乌思藏纳里速（阿里）各地的土地人口户数进行了详细的清查，确定了建立十三万户的体制。第三次是公元1287年即藏历第五绕迥的火猪年，由元朝皇帝派遣的大臣托肃阿努肯和格布恰克岱平章等人与萨迦本钦宣努旺秋一起，再次清查了户口，恢复了驿站，并重新写造了被称为大清册的户口登记册。

　　在论述元代的清查户口的问题时，首先遇到的问题是当时计算户数的基本单位"霍尔堆"（亦译为蒙古户、霍尔户）是什么含义，这是认识当时的整个体制的根本，因而非常关键。《汉藏史集》中的记载是：

　　"当蒙古皇帝妥欢铁木儿即位后，派遣托肃阿努肯、格布恰克岱

---

① 《汉藏史集》第270页。

平章前来（托肃阿努肯和格布恰克岱平章进藏是在阿衮等1268年清查户口之后20年，即1287年，此时是元世祖忽必烈在位，而不是元顺帝妥欢铁木儿在位），在宣努旺秋重任乌思藏本钦之时，清查人口，统计户籍。当时统计户籍的办法是：有6根柱子面积的房子，有能下12蒙古克种子的土地，有夫妻、子女、仆人共计6人，牲畜有乘畜、耕畜、乳畜等三种（乘畜指马、毛驴，耕畜指犏牛、牦牛、黄牛，乳畜指母黄牛、母犏牛等），以及山羊、绵羊两种，黑白杂畜24头。这样1户人家称为1个霍尔堆（蒙古户），50个蒙古户称为一个达果（马头），两个达果称为1个百户，10个百户为1个千户，10个千户为1个万户。按照规格建立的万户，都要有4个千户、米德6个千户（按四川民族出版社1985年版《汉藏史集》藏文本，此处为"按照规定建立的各万户，都划分出6个千户为拉德。"——译者注），10个万户称为一个路，10个路称为一个行省。按照以上统计法，蒙古薛禅皇帝之时治下有11个行省。各行省的名称是：大都城之中有中书省，在外地有河南省、岭北省、甘肃省、四川省、云南省、江西省、江浙省、湖广省、辽阳省。吐蕃三个却喀虽然（人口）不到一个行省，但是由于是上师（帝师）的住地和佛法兴盛之区，所以也算作一个行省，这样（总共）有11个行省。①

这样看来，"霍尔堆"（蒙古户）是以土地、人口、牲畜的数量为基础进行统计的单位，如果是一户富裕人家，则一户可能相当于几个"霍尔堆"，如果是贫穷的人家，虽然财产等不足一个"霍尔堆"，也要尽其所有，将每一户折算成一个"霍尔堆"的二分之一、三分之一、四分之一或六分之一，这样才能比较合理地确定每户人家应负担的乌拉差役和赋税。直到近代的原西藏地方政府的时期，被称为"岗

---

① 《汉藏史集》第270—271页。

顿"（即力役和赋税，力役指用人畜无偿支应差徭，赋税指缴纳钱财实物）的差税的计算，也是元代计算"霍尔堆"的办法的某种延续。

另外，在西藏人的口中经常说到的"西藏十三万户"，究竟是怎样产生的，知道的人就不那么多了。应该说"乌思藏十三万户"是在上述的第二次清查统计"霍尔堆"，然后依据清查统计的情况，新划定乌思藏十三万户，从此产生了这一西藏行政区划的术语。还有一些不了解情况的人，认为西藏十三万户包括乌思藏和阿里的全部属民，这也是不对的，这方面阅读后面的内容即可知道。同时，在不同的文献中记载的十三万户的名称也略有不同。为了弄清楚这些问题，我们本应在此摘引《汉藏史集》中依据萨迦本钦释迦桑布的底册所记的当时清查户口时的十三万户是哪一些，各个万户各有多少个霍尔堆，还有不属于任何万户的霍尔堆的数量等，不过在该书中详细记述了户口多少，文字较多，又是用偈颂体写成，在断句等方面有些不易理解，因此我们这里简要列举重要实例，以方便读者阅读。

首先，在后藏地区的6个万户的名称和各自的霍尔堆的数量如下：

阿里芒域万户（主要在今吉隆县境内），有2635个霍尔堆。

拉堆洛万户（主要在今定日县境内），有1089个霍尔堆。

拉堆绛万户（主要在今拉孜县和昂仁县境内），有2250个霍尔堆。

曲弥万户（主要在今日喀则市境内的嘉措区东部和切甲等地），有3003个霍尔堆。

夏鲁万户（在今日喀则南部和巴堆、江孜等地），有3892个霍尔堆。

绛卓万户（主要在今南木林县境内以及牧区），有3630个霍尔堆。

在前藏地区的6个万户的名称和各自的霍尔堆的数量如下：

止贡农牧万户（在止贡南北各地），有3630个霍尔堆。

蔡巴万户（以蔡贡塘为中心，包括拉萨地区和山南的一些地方），有3702个霍尔堆。

帕木竹万户（以今乃东县为中心，辖地分布各处），有2438个霍尔堆。

雅桑万户（在今隆子县等地），3000个霍尔堆。

甲玛万户（在今墨竹工卡县和温区等地），有2950个霍尔堆。

嘉域万户（在山南嘉域地区），有2950个霍尔堆。

在前藏和后藏之间的羊卓万户（今浪卡子县等地），有16个勒卜，750个霍尔堆。

由此可见，在十三个万户之间，各自的管辖范围的大小，有很大的差异。

此外，还有许多不属于任何一个万户管辖的民户。例如，在西部阿里，有属于赞普后裔管辖的767个霍尔堆，在后藏地区，有属于萨迦家族公共管辖的拉德606个霍尔堆，有属于萨迦朗巴的格如地方的牧民30个霍尔堆。此外在如参等地有拉德和米德930多个霍尔堆。

在前藏地区不属于万户管辖的有绛达垅管辖的500个霍尔堆，在山南有唐波且管辖的150个霍尔堆，主巴管辖的225个霍尔堆。此外在桑耶等前藏地方有拉德、米德共计1220个霍尔堆。要想知道这方面的详情，请看①。当时清查后藏地区的霍尔堆，是由阿衮和米林两人负责，清查前藏地区的霍尔堆，是司徒阿什杰负责的。关于司徒阿什杰，五世达赖喇嘛在自传中从《汉藏史集》中摘引了各万户的霍尔堆数目的一段记载，并说苏图阿什杰的后裔即是羊卓万户家族（即浪卡子家族），该家族的一个女子赤坚贡噶拉则出嫁到琼结巴家族，生下了五世达赖喇嘛②。这是五世达赖喇嘛记述其母亲家族来历时说的，这就更加增强了《汉藏史集》等书的记载的可靠性。

---

① 《汉藏史集》第298—301页。
② 《五世达赖喇嘛自传—云裳》，木刻本第一函，20页，西藏人民出版社1989年铅印版，上册，第37—38页。

在讲到各个万户分别负责支应哪些驿站时，该书记载说，后藏地区的 4 个大驿站的情况是：

1、由拉堆绛和拉堆洛两个万户，以及阿里万户一起负责萨迦的大站。拉堆洛万户还要支应玛尔拉塘的一个小站，阿里万户的米德还要支应夏喀的小站、江仁的小站、蚌兰地方的兵站。玛法木地方的小站由普兰的人支应，古格南北两路的人户支应梅朵色如地方的小站。

2、由曲弥万户支应达尔垅的大站。

3、夏鲁万户的 3892 个霍尔堆中除去甲若仓（今白朗县）的 832 个霍尔堆，剩下的 3060 个霍尔堆负责支应春堆大站。

4、甲若仓的 832 个霍尔堆、羊卓万户、绛卓万户在江边的 11 个达果负责支应达竹地方的大站。在雅鲁藏布江阴的一个小站，由羊卓万户支应。

前藏地区的 7 个大站的情形是：

由止贡万户支应果白驿站。

由甲域万户加上蔡巴万户的热杂特哇的 350 个霍尔堆，支应噶热大站。

由嘉玛万户加上蔡巴万户的素喀的 350 个霍尔堆负责支应索地方的大站。

由帕竹万户加上达垅的 500 个霍尔堆以及拉巴的 600 个霍尔堆支应孜巴的大站。

由朱固岗、喀热、主巴、扎玛塘、沃喀等地的不隶属于万户的米德支应夏颇的大站。

由雅桑万户支应贡地方的大站。

由蔡巴万户的根本民户支应官萨的大站。

从以上记载的数字平均看，一般一个大站需要 3000 左右的霍尔堆支应，而萨迦拉章本身管辖的寺属庄园的百姓享有不支应驿站差役

的特权。由此也可以看出元朝皇帝并没有把吐蕃三个却喀全部献给萨迦巴，当时百姓有分属政府和贵族（僧俗领主）的区别。

这些支应驿站的差役乌拉，是为迎送元朝皇帝的使臣和守护西藏的蒙古军而设置的，因此可算是向国家交付的差税。此外的乌思藏十三万户的其他差税，据说是从1269年即藏历第五绕迥土蛇年起薛禅皇帝奉献给了八思巴，所以可作为对萨迦寺的供养进行征集。

总之，清楚了元朝在西藏历次清查土地人口，计算霍尔堆，新建立十三万户、千户、百户的机构，确定支应驿站差役的制度，把藏族地区的三个却喀算作一个行省等历史事实，我们就可以清楚地懂得在700年以前西藏已成为祖国领土不可分割的一部分。

上述的详细记载在西藏统计户口、支应驿站等情况的《汉藏史集》，是历史学家达仓宗巴·班觉桑布在公元1434年即藏历第七绕迥的木虎年编写的，距今已有550多年，他编写此书时用的关于统计霍尔堆的资料的底本是萨迦巴统治时期的朗钦、有都元帅名号的宣努衮的文册[1]，是据文册照抄的。因此这些历史事实，是谁也无法抹杀的。

---

[1] 《汉藏史集》手抄本，上册，第218页。四川民族出版社1985年铅印本，第304页。

第十五节　元朝对萨迦统治集团封官赐印

　　从西藏归入祖国版图之时起，对于地方上的大小掌权者来说，有没有皇帝（封任的）诏书和赐给的印章成为其权力地位是否合法的标准。例如，在西藏历史上十分著名的政治家帕竹大司徒绛曲坚赞的自传中就记载说，当他与止贡官巴贡噶仁钦会见时，"官巴说，现今萨迦巴的职权，是以前我们止贡巴的职权。我就对他讲，你不要这样说，那时（你们的）上师是京俄仁波且，官巴是释迦仁钦，你们的上师和官巴没有拇指大的印章，也没有当过皇帝的帝师。你们在拉堆岗兴起，在南面18条大川的地面内，5年发展，8年安定，两年衰落，总共也只掌权15年。而萨迦派担任皇帝的上师做赡部洲之主已有100多年。皇帝的敕令传到哪里，萨迦派的势力就达到哪里，在直至大海边的地域内，萨迦派受命管理僧伽、佛殿等事务，没有什么派别能与之竞争。你这种话可不要在别人面前说起，那时虽然你们止贡派权势很大，不过大概也只有我现在的权力这么大。"① 这段话充分反映了皇帝的诏封和赐印在西藏的政治制度中所受到的重视和所占有的地位。元朝封授萨迦派的重大事件有：

　　1、最早受到元朝的封赏，得到诏书和印章，被委任为西藏地方的政治宗教掌权者的是萨迦的众生依怙八思巴仁波且。公元1253年，薛禅汗赐给他国师的名号和羊脂玉印。薛禅汗登上皇帝宝座后的公元1264年又命八思巴仁波且管领中央的总制院机构，即是委派他管理全国的佛教事务和吐蕃三个却喀。1269年，皇帝又在封给八思巴宗教

---

① 《朗氏家族史》第307页。

上的称号的同时，赐给他刻有八思巴帝师字样的金印，由此使萨迦派得到与以前的所有地方首领都不相同的犹如西藏所有首领的顶饰的地位。

2、对于八思巴的弟弟恰那多吉，薛禅皇帝把阔端汗的女儿墨卡顿嫁给他，封他为白兰王，并赐给金印、同知左右衙署等，委任他为西藏总管之官。《萨迦世系史》中说："对整个西藏以及萨迦派来说，得到王的封号及为之设置官署，这是最早的。"

3、对八思巴的同父异母弟上师意希迥乃的儿子达尼钦波桑波贝，"普颜笃皇帝封他为国师，任命为细脱拉章的法座。"①

4、对桑波贝的长子索南桑布（《元史》英宗本纪作唆南藏卜，释老传作琐南藏卜），元朝"格坚皇（即元英宗）封他为白兰王，并将公主门达干嫁给他。"②

5、对桑波贝的儿子喇嘛贡噶洛追（《元史》作公哥罗古罗思坚藏班藏卜），元朝"格坚皇帝尊他为上师，赐给他帝师的名号。"

6、对桑波贝的儿子南喀勒贝洛追（坚赞贝桑布），元朝"和世㻋都笃皇帝（元明宗）封他为灌顶国师，赐给他玉印。"

7、对桑波贝的儿子贡噶勒贝迥乃（《元史》泰定帝本纪作公哥列思巴冲纳思监藏班藏卜），元朝"扎牙笃皇帝（元文宗）尊奉他为上师，赐给帝师的名号。"

8、对桑波贝的儿子贡噶坚赞（《佛祖历代通载》作公哥儿监藏班藏卜），元朝"也孙铁木儿皇帝（元泰定帝）封他为靖国公，在其后的三位皇帝的期间，他担任上师，受封为帝师。"③

9、对桑波贝的小儿子贡噶勒贝坚赞，元朝皇帝"妥欢铁木儿

---

① 《汉藏史集》第 335 页。
② 《汉藏史集》第 335 页。
③ 《汉藏史集》第 336—337 页。

（元顺帝）封他为白兰王，赐给金印和管领吐蕃三个却喀的诏书，并将以前的白兰王索南桑布的妻子门达干公主嫁给他。"①

10、对桑波贝的儿子贡噶尼玛坚赞，元朝"格坚皇帝封他为大元国师，并赐给玉印。"②

11、对桑波贝的儿子喇嘛丹巴索南坚赞，元朝皇帝"妥欢铁木儿封他为国师"。③

12、对帝师贡噶坚赞在受比丘戒之前娶妻所生的儿子洛追坚赞，元朝皇帝"妥欢铁木儿封他为大元国师，并赐给诏书"。

13、对国师南喀勒贝洛追坚赞贝桑布的儿子贡噶仁钦坚赞，元朝皇帝"妥欢铁木儿封他为通议大夫大元国师，并赐给玉印。"

14、对白兰王贡噶勒贝坚赞的儿子索南洛追，元朝皇帝"妥欢铁木儿封他为帝师，颁给管辖达仓宗和曲弥万户属下各地的诏书。"④

15、对喇钦索南洛追（即帝师索南洛追）的弟弟扎巴坚赞，皇帝"封他为白兰王，置同知左右衙署，颁给他管领西土的诏书。"⑤

16、对白兰王扎巴坚赞的长子贡噶勒贝坚赞，元朝皇帝"妥欢铁木儿封他为大元国师，并赐给诏书。"⑥

17、对白兰王扎巴坚赞的次子南色坚赞，元朝皇帝"妥欢铁木儿封他为日章王，赐给金印，为他置左右八种衙署属官，并赐给他管领西土的诏书。"⑦

这些记载，是从《汉藏史集》中照原文摘录出来的，该书是最清楚地记载萨迦巴统治西藏情形的一种可信的史料。从以上所摘引的，

---

① 《汉藏史集》第338—339页。
② 同上。
③ 同上。
④ 《汉藏史集》第340—342页。
⑤ 《汉藏史集》第342、345页。
⑥ 同上。
⑦ 《汉藏史集》第346页。

我们可以清楚地了解到元朝皇帝给当时掌握西藏地方权力的萨迦家族的成员封给僧俗的官职名号、赐给的职权的情况，了解是哪一些皇帝给萨迦的哪些喇嘛和家族成员赐给了哪一些政教的权力和封号官阶等。帝师、国师、白兰王、日章王等名号都是按照当时元朝的职官制度的规定封给的，这些称号的意义按照译音可以加以说明，例如帝师是皇帝的上师，国师是大贤哲或者是佛教僧徒的指导者之意。白兰王和日章王，当时元朝全国有11个行省，在各省之中委派元朝皇室的后裔或驸马负责监管，封他们为王。萨迦款氏家族的后裔中从恰那多吉到南色坚赞的四位白兰王和一位日章王，多数都娶有元朝的公主，并被元朝封为吐蕃三个却喀的总管。了解了这些政治上的关系，我们才能懂得萨迦派为什么能在将近100年的时期中统治西藏地方，懂得西藏和祖国之间是一个什么样的关系。

负责管理乌思藏十三万户通常事务的是萨迦本钦。从首任本钦释迦桑布到旺秋遵追，不算重任的，共有16位本钦，他们大多数都是由萨迦的帝师（或座主）提名，由元朝皇帝颁诏任命的。总之，当时西藏大的统治者的官职名号和印章等都与元朝皇帝的诏封相关，这是可靠的史料清楚证明了的。

第十六节　萨迦巴依据元朝皇帝授命管理西藏事务的若干实例

元朝皇帝对萨迦派的高僧和家族成员等赐给名号、印章、诏书、官职等，元朝的这种封授，对当时西藏地方的政治权力、土地、房屋、属民的占有、甚至征集各种差役等各个方面 都实际地发挥着根本的效力。众所周知，昔日的西藏是封建农奴制的社会。在那种社会中，政治、经济、甚至对农奴等的占有权全部都要凭藉官府铁券文书和官印来运作和遵循，这是年纪大一些的人都清楚的事实。那么，在当时的西藏，除了元朝皇帝以外，还有没有人具有颁发铁券文书（即封文）的权力呢？可以说，除了皇帝诏封的萨迦派的首领以外，再没有其他人具有这种权力。为了弄清楚萨迦派的首领的这种权力的大小程度和范围，我们在此选出两份当时萨迦派的首领即帝师们发布的铁券文书中比较短的两份，向大家做一介绍。

第一件是元朝皇帝硕德八剌即元英宗格坚汗尊为上师并敕封帝师名号的萨迦派首领贡噶洛追坚赞贝桑布（《元史》作公哥罗古罗思坚藏班藏卜，1315—1327年任帝师）于公元1316年即藏历第五绕迥火龙年赐给娘科哇的铁券文书（帝师法旨）。这份文书的全文如下：

"皇帝圣旨里，贡噶洛追坚赞贝桑布帝师之法旨。

谕藏、乌思、纳里速古鲁孙宣慰司官员（米本）、军官、军人、金字使者、来往僧俗人等、驿站官、掌印官、掌库官、牧养牛马者、地方官员、百姓（米德）等：

娘科哇为给皇帝祈福的法事点酥油灯，并按俄色僧格（萨迦本钦之一）为首的宣慰司的官员（米本）所定税额交纳应承担之差税，依

法度住坐。你等不论何人，不可倚仗权力对其欺凌，不可增派差税，不可令其牧放牛马，不可令其打猎，不可令其捕鱼，让彼等安居。如此宣谕并赐给执把的文书，若见了文书仍违令行事，将奏报皇帝，对妄行者加以惩处。彼等亦不可因有了文书，做违背法度之事。龙年四月八日，在京城大都大寺院书写的文书。"①

第二件是被元朝扎牙笃皇帝（元文宗图铁木儿，1329—1332年在位）、懿质班（元宁宗，1332年10月—11月在位）、妥欢铁木儿（元顺帝，1333—1368年在位）等三位皇帝尊奉为上师并赐给帝师名号的萨迦派首领贡噶坚赞贝桑布（《佛祖历代通载》作公哥儿监藏班藏卜，1333—1353年任帝师）在公元1336年即藏历第六绕迥火鼠年赐给夏鲁寺的护持寺院的铁券文书。这份文书的全文如下：

"皇帝圣旨里，帝师贡噶坚赞贝桑布之法旨。

晓谕藏、乌思宣慰司的官员、朗索之管事、各拉章之侍从（官员）、招讨司官员、达鲁花赤、断事官、金字使者、收检及往来僧俗人等、万户、塔巴林寺之堪布经师、千户、办事人等：

对于两个嘉措地方（应在今日喀则市甲措区——译者）的各个拉德，以前曾历次发布圣旨及文书，让彼等为在夏鲁祝延圣寿及服事僧伽佛殿出力，现今仍然依照先前规定，保持不变。你等无论何人，均不得夺占，不得收取，不得借故纠缠争执，使彼等平安祝祷。若违背此谕示而行，难道不知畏惧么？

鼠年四月十六日于京城大都梅朵热哇大寺院所写的文书。"②

上述的铁券文书的开头都写作"皇帝圣旨里，某某帝师的法旨"，是表示帝师是依靠元朝皇帝封给帝师的诏书和印章，才能有对乌思藏

---

① （西藏自治区社会科学院、中央民族学院藏学研究所编《中国西藏地方历史资料选编》（藏文），西藏人民出版社1986年版，第245—246页。

② 《中国西藏地方历史资料选编》第250页。

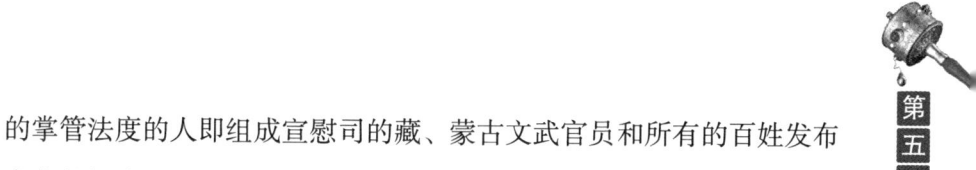

的掌管法度的人即组成宣慰司的藏、蒙古文武官员和所有的百姓发布命令的权力，文书的内容中表明帝师还因此而具有对土地属民的占有和差税的征发等方面作出安排的权力。如果没有元朝皇帝赐给的诏书和印章，不要说别的什么人，即使是萨迦家族的嫡传后裔也无权发布这样的铁券文书，而且不仅是蒙古的文武官员，就是西藏的各教派主持者和万户长等人也不会听从其命令。因此，元朝皇帝对萨迦的历代首领封给名号、赐给诏书官职等并非是"相互看重并赠礼"的问题，而是代表西藏地方政教权力的重要象征，这一点已为真实的历史资料所证明。

另外，据《元史》的记载，忽必烈薛禅皇帝在公元 1282 年即至元十年在西藏设立了称为"乌思藏纳里速古鲁孙等三路宣慰司"的机构，在这个机构中任命了 5 名宣慰使，这些宣慰使是当时在西藏掌握西藏地方军政大权的人，他们管理乌思藏的十三万户。此外，在宣慰司之下还设有指挥乌思藏蒙古军的元帅两名、纳里速古鲁孙的领兵将领元帅两名，另外还在乌思、藏等地各设"转运"一名，专门管理驿站和兵站的事务。①

虽然在藏文史籍中，至今未见到关于宣慰使等官员的权限的清楚的记载，但是上述的帝师发布的两份官府铁券文书晓谕的对象一开头就是"藏、乌思、纳里速古鲁孙宣慰司的官员、军官"，说明宣慰使是具体执行西藏的行政权力的主要官员，是负有管理乌思藏的职责的最高级官员。

除此之外，乌思藏的各个万户和大的地方首领等占有土地和属民也都是以元朝皇帝的诏命和圣旨为主要的依据而保持下来的。我们试举几例来加以说明。《汉藏史集》中记载，对于夏鲁万户的封赐情形

---

① （牙含章《达赖喇嘛传》，青海民族出版社 1989 年藏译本 19 页，汉文见人民出版社 1984 年版，第 9—10 页。

是:"上师达玛巴拉合吉塔去到朝廷后,朝见蒙古完泽笃皇帝(即忽必烈之孙元成宗,1294—1310年在位,此处应是忽必烈薛禅皇帝)时,向皇帝奏请说:'在吐蕃乌思藏,有我的舅舅夏鲁万户家,请下诏褒封。'皇帝说:'既是上师的舅舅,也就与我的舅舅一般,应当特别照应。'让所有的万户和千户都尊重夏鲁家族,还赐给让夏鲁家族世世代代管理万户府的诏书。"①。羊卓万户长受封的情况是,"本钦阿迦仑前往汉地,朝见了爱育黎拔力八达普颜笃皇帝(元仁宗,1311—1320年在位),皇帝赐给他世代担任羊卓万户长的诏书"。②

帕竹万户的情况是,在京俄细哇谢巴(当指京俄扎巴迥乃之弟杰哇仁波且,1235—1267年任丹萨替寺京俄)之时,由蒙古薛禅皇帝的命令委任丹玛官尊为万户长,以后依次传继。

拉堆洛万户的情形是,"因皇帝的诏命,得到掌管从雅沃拉到章索以上的拉堆洛地区、委任为万户长的诏书,由此建立了地方的根基。"③

关于阿里贡塘的万户长的情形,在噶托·仁增才旺诺布所著的《吐蕃圣神赞普的后裔在阿里下部芒域贡塘的地方的世系——伏藏本水晶幻镜》中记载说,吐蕃王室的王子欧松的后裔赤扎西孜巴的儿子在阿里下部,被称为下部的"三德",其中的兄长贝德的后裔成为阿里贡塘的赞普。从贝德下传十二代为领主赤德本,他为了请求汉地的蒙古皇帝的诏封,想前去朝廷……"他们王臣八人前去朝廷。薛禅皇帝的长子皇太子真金,其儿子在作王子时名叫铁木儿,戴上皇冠接受灌顶即位时的尊号为成宗皇帝完泽笃汗,在吐蕃的文书亦称他为完泽笃,由于他的福德广大之故,得到了汉地秦朝皇帝的印章不变永固之

---

① 《汉藏史集》第370页。
② 《汉藏史集》第361页。
③ 班钦·索南扎巴《新红史》,西藏人民出版社1982年版,第61页。

宝（即御玺），因此自然登上执掌国政的大位。赤德本等前往完泽笃皇帝驾前，完泽笃皇帝对他非常宠信，对他说：'你是统治吐蕃的大族之后裔，应当得到上天的护佑。'于是封他为吐蕃木门人家之王、三家都元帅之主、常管阿里十三百户之领主，并赐给诸宝制成的七棱印章及印匣、印套，还赐给加盖国政不变永固之宝（即御玺）被称为金字的诏书。他还得到大量名贵珍奇的赏赐物品。然后平安地返回了西藏。"[①] 该书中还说："当时西藏的贵族们全都心向蒙古皇帝。"这是符合事实的。不仅是各个万户，而且各个千户的首领也从元朝皇帝那里得到封任和诏书，这方面的事例可说是不胜枚举，这也说明西藏贵族的政治权势和对土地、属民的占有也与元朝皇帝的圣旨诏书紧密相连。

　　总之，从 13 世纪的中叶开始，元朝历朝皇帝对西藏发布的诏书、命令、印章等全都对当时西藏的政治、经济、法律、军事等各个方面发挥着实际的最高的指挥作用，这是为许多可信的历史古籍一再证明了的事实。

---

① 《阿里贡塘世系》，藏文手抄本第 9 — 10 页。另见西藏藏文古籍出版社 1990 年 4 月铅印出版的《西藏史籍五部》第 111 — 113 页。

第十七节　萨迦巴统治时期西藏经济的发展

　　萨迦巴掌握西藏地方的统治权将近100年，在这期间，对西藏经济的发展起过一定的促进作用，其中尤其是在藏民族的文化的发展方面，做出了值得称颂的贡献。

　　在西藏长期的分裂时期中，先是有赞普后裔中的欧松和云丹之间的长达十余年的王室内战，此后有"臣民反上"之战乱，此后又有新旧农奴主等豪强之间为争夺属民、割据土地而进行的混战。由于战乱不停，广大农牧民群众的正常的生产活动一再中止，不可避免地对西藏的经济产生了严重的破坏，经济急剧衰败。到分裂时期的后期，佛教再弘，逐渐普及全藏，使社会动荡有所减轻，不过，由于只有各个地方首领对一些生产条件好的地方进行一些管理，而没有统一的法规来推动和保证广泛地进行农牧业生产，使得农牧民群众丧失了对生产的积极性而成群结队地流浪，沦为乞丐。由于生产的衰退，大片田地撂荒、耕畜被宰杀充饥 或被低价售出。因此，作为西藏经济的基础的农牧业生产连续下降，对此没人想到也没人能够承担起扭转生产下降的责任。

　　在这种历史状况下，蒙古成吉思汗的后裔的势力到达西藏，并在很短的时期内，使西藏在蒙古的法度下统一起来，得到一个和平安定的环境。此后，元朝皇帝委任萨迦巴执掌西藏地方的统治权，并先后进行土地和人口的清查，统计霍尔堆数目，在将藏族地区划分为三个却喀的基础上，编定万户、千户、百户、达果（马头）等各级社会组织，确定各首领的职权和责任，征派定额的赋税差役，使得各地有统一法度可遵循，并由此逐渐形成管理、养护、鼓励生产的制度。同时，由于战乱的平息和盗匪的消除，使社会得到安定，使得西藏的田地的耕种和畜牧业生产都得到恢复，并逐渐有了一定程度的发展。

在这一时期，祖国内地和西藏地方之间的被称为"金桥"的联系也进一步扩大，民族之间的产品交换所使用的商道也比以前增多。据元朝的文献中记载，中央王朝政府在四川的确门和黎州两个地方设立专门用于藏汉民族间交换产品的商市——榷场，这样使产品交换兴盛，更好地满足农牧业生产和群众生活的需要，并且推动了西藏经济的发展。由于民族间的联系的加强和来往的增多，祖国内地的许多著名的产品和手工业制品传播到西藏。

"被称为扎俄玛的碗，里面绘层迭的莲花，碗口绘彩纹围绕，这是在帝师扎巴俄色的时期出现的。被称为甲桑玛的碗，有与碗体等长的把柄，碗壁薄，碗口宽，显得清亮，所以为其他人所仿效。这种碗有一些有青龙、花龙图案作为装饰，这是本钦甲哇桑布以院使身份主持宣政院衙署时制造的。"①

除了这些为西藏的僧俗首领官员特制的著名的碗以外，还有被称为蒙古碗、蒙古服、蒙古铍的各种价值很高的元朝时期的珍贵文物在西藏各处都可以见到，这些都是在这一时期中通行于西藏的。另外，上师八思巴还从祖国内地给西藏派来制造瓷碗的工匠，在萨迦附近的名叫噶热山谷中两次建窑烧制西藏的瓷碗。《汉藏史集》中记载：

"还有一种被称为萨则的碗，是在萨迦寺附近的噶热制造的，这种碗的中心处必定有一个萨字。"②

与此相似，《萨迦世系史》中记载大臣桑哥到达萨迦时，"他修建了东甲穷章康寝殿，大门的式样仿照汉地的式样。"由此可以看出，当时内地的建筑及工艺等也在西藏传播开来。

---

① 《汉藏史集》第 252 页。
② 《汉藏史集》第 297 页。

另外，在阔端等蒙古汗王的时期，西藏的各地要几年一次向蒙古交纳称为贡赋的物品，后来在薛禅皇帝即位后，将西藏地方统一起来并纳入祖国版图，因上师八思巴的请求，为了西藏地方的经济能顺利发展，同意免除西藏地方向国家交纳的差税贡赋。

不仅这样，元朝皇帝还向上师奉献了大量的宗教供养，有时一次就达黄金百锭、白银千锭，绸缎4万匹。这样的许多次的宗教供养，见于《萨迦世系史》的记载。另外元朝皇帝还向西藏的各个寺院和僧伽发放布施供养、赈济穷苦差民，提供了不少的钱财物品。

元朝的这种赏赐和供养的具体事例，在史籍中也可见到记载。按《汉藏史集》的记载，在上师八思巴1275年回西藏以后，"在曲弥仁摩，召集乌思藏、阿里各地的数万僧众转动法轮（即举行法会），所捐献的资具有：黄金963两3钱，白银9大锭，锦缎41匹，彩丝缎838匹，绸子5858匹，茶叶120大包，蜂蜜603桶，酥油13728克（每克约合14公斤），青稞37018克，炒面8600克，其他零碎物品不计其数。"[①] 按照这一记载，上师八思巴第二次返回西藏后，于火牛年（1277年）在曲弥举行大法会时，对总数达10万的僧俗人众进行了两个7天的盛大供养，并给7万多名僧人每人布施黄金1钱，三法衣1套。对数量如此众多的僧人每人布施1钱黄金，在西藏历史上是绝无仅有的例子，同时一次布施这样多的袈裟，也可以看出当时西藏的纺织业有了很大的发展。同时，在这一时期还兴建了规模空前的萨迦南寺大殿和围墙，在寺内建造了难以思议的众多的佛像、佛经、佛塔，使得萨迦寺的南寺和北寺的建筑达到令人惊叹的地步。这些伟大的成就，也可以显示出在那个时期西藏经济获得空前发展的事实。

元朝政府不仅（在经济上）支持高僧和寺院，而且对西藏的穷

---

① 《汉藏史集》第328—329页。

苦的差民也给予一定程度的赈济和照顾。据《元史》记载，"至元二十九年（公元1292年即藏历第五绕迥的水龙年）九月，乌思藏宣慰司言：'由必里公反后，站驿遂绝，民贫无可供亿。'命给乌思藏五驿（差民）各马百、牛200、羊500，皆以银；军736户，户银150两。"①此后对脱思麻、朵甘思地区的驿站的穷苦差民也给予了这样的赈济。"至顺元年（公元1330年即藏历第六绕迥铁马年），吐蕃等处脱思麻民饥，命有司赈之。"②

另外，据《汉藏史集》的记载，由于元朝薛禅皇帝和上师八思巴的恩德，将乌思藏、朵甘思全都纳入治下，但南方珞门地区之人尚未归服，有叫做"夏冬"和珞冬的许多"冬仁"部落一再攻击和抢掠西藏南部地区。到公元14世纪初萨迦的上师桑波贝的时期，派康巴根敦坚赞、本益帕巴贝等萨迦的7名仲科尔为首的各个万户和千户的军队，采用文武结合的策略，首先收服了珞门地区的所有的"夏冬"部落，然后移营到帕里地区，击杀"珞冬"部落的首领豪强160来名，将珞、布鲁克巴（不丹）地方收归治下，其详细情形可阅③。从此使西藏地方获得了安定，农牧民可以安心地从事生产，农牧业得到发展。总之，在这一时期，在整个西藏得到统一的基础上，确立了与祖国内地的关系，并与尼泊尔、珞门、不丹等地区建立了联系，西藏经济得到了恢复和全面发展。

---

① 《元史》世祖本纪十四，中华书局标点本，第二册，第366页。
② 《元史》文宗本纪三，中华书局标点本，第三册，第756页。
③ 《汉藏史集》第377—381页。

第十八节　萨迦巴统治时期西藏文化事业的发展

文殊怙主萨迦班智达贡噶坚赞贝桑布不仅自己精通在近代西藏普遍传称为大小五明的全部学识，而且对古代各种共通与不共的各种学识也进行了广泛和深入的清理，特别是对以前只知书名而未进行翻译、或虽有翻译但并不完整的一些学术著作进行翻译传播，并新写了不少堪称典范的著作，启迪后人。

首先，在声明学方面，他撰写了《入声明论》、《智者入门》、《语门摄义》等著作，开创了讲授这些课程的道路。由于萨班的主要弟子们都精通声明学的理论，因此八思巴能够为蒙古民族新创蒙古文，并创造了蒙古文拼音及正字法等，完成了最早的能够使用的蒙古文的创制工作，这件事实充分说明了在这一时期西藏的声明学达到了一个很高的水平。

在因明学方面，萨班熟读了《七部量理论》及各类注疏，并牢记于心中。为了很好地解释这些著作的意义，他撰写了《因明理藏本释》两部。从此以后，大多数教派都建立了讲授因明学的例规，使得因明学不断得到发展。

在声律学方面，萨班撰写了《声律论·诸色花束》。在他以前，西藏对声律学只知学科之名，实际并未传布，是从他才开始弘传的。

在藻词学方面，萨班从班智达僧哈室利那里听受了《藻词论·甘露藏》及各种疏释，并将这些内容摄集为三部或四部。将在西藏称为三藏和四续的佛典经咒中的无数词语，划分为随欲（即基本词）、后成（派生词）、形类（比喻词）等类，又仿照三次厘订文字的作法，妥善划分新旧词语，使得修辞学在西藏获得了极大的发展。从那以后，藏语的词汇和词组比以前丰富了很多，藏语文本身有了重大的发展。

在戏剧学方面，萨班从班智达僧哈室利听受了《苏吉尼玛的故事》、《摩诃婆罗多》等，并融会贯通，撰写了论述戏剧和音乐的《器乐论》，由此使西藏的戏剧艺术逐渐发展起来。

以疏释三藏和四续部即佛学的《甘珠尔》、《丹珠尔》的经义为主的内明学，在当时也有了很大的发展，这方面涉及范围广泛，内容艰深，我们难以讲说。总的来说，萨班使佛教在汉地和蒙古的广大地区弘传，使西藏和汉地蒙古的佛教紧密联系，使兄弟民族之间的文化和友好关系得到发展和加强，其重大的功绩至今仍是显而易见的。同时，西藏的医药学、工艺学、历算学也得到不同程度的发展。我们对此不能一一介绍，请读者阅读《萨迦五祖文集》。

另外，在上师八思巴的时期，新写造了大量的藏文大藏经《甘珠尔》和《丹珠尔》的写本，写本的质量之高和所用材料的珍贵亦足以使世人称奇。据《萨迦世系史》记载，当时仅仅在蓝色纸上用金汁书写的六套完整的藏文《甘珠尔》经一项，总数即达 2157 函。此外，在萨迦大殿正门上的藏书殿中藏有《萨迦五祖文集》、萨迦历代上师的传记、许多著名译师所写的声明学论著的疏释等，总计有古籍 6000 余函，其中大多数也是手抄本。这大量的写本，是证明当时写造藏文书籍的事业有了空前的发展的历史文物。

举世闻名的藏文《甘珠尔》和《丹珠尔》，也是在这个时期，由纳塘寺堪钦觉丹日贝热智将佛陀所说的经典、学者们的论著等进行广泛的收集、分类，按内容将经、续、论等分开，新编制了《甘珠尔》、《丹珠尔》的目录，这也是对西藏文化的发展做出的巨大贡献。

总之，从公元 13 世纪中叶开始到 14 世纪前期萨迦巴掌管西藏地方的统治权的将近 100 年期间，西藏文化中的大五明比以前有了发展，

而小五明的大部分内容是在这一时期在西藏开始出现和弘传的，特别是在关于俗世道理的学科、民族文学艺术的方面所取得的空前的发展，对藏民族的知识文化水平的提高发挥了重大的作用。可以说，这一时期是大家一致公认的藏族历史上民族文化得到空前发展和进步的时代。

第十九节 藏族文学史上开创新时期的雄译师多吉坚赞

雄译师多吉坚赞，在使我们藏民族的古代文学艺术提高到一个新的水平，发展到一个新的时期方面做出了十分杰出的贡献，是一位在藏族历史上应当特别引起重视的学者。然而，我们至今还没有找到他的传记，在他翻译和写作的大量论著的题跋中，也只能见到他的名字，因此我们以尽力找到的有关文献为基础，对他的一些事迹做如下的介绍。

根据《五明学处出现的情形》的记载，雄译师多吉坚赞生于后藏拉堆洛的恰垅夏村的"翁热"地方，幼年出家，学习时轮的部分内容和关于胜乐、喜金刚、金刚的密宗经咒，通达关于舞步、画线、推算等修习密法的知识。后来编写了《星曜推算明灯》等许多历算方面的论著。

此后，在公元1265年，当八思巴返回萨迦寺时，雄译师写了一篇诗体赞颂辞献给八思巴，明白表达自己的理想和请求派遣去学习声明学的愿望。上师读后十分高兴，赐给他《声律论》和《因明理藏论》两部书、黄金5两、绸缎13匹等；派他的侍寝侍从多麦巴·洛追杰波与雄译师一起去学习声明。他充满信心和勇气前去尼泊尔学习（我们虽然没有找到关于雄译师生年的明确记载，但从当时他去学习翻译这一点看，一定还比较年轻，因此我们认为，将他看作公元13世纪40年代前后出生的人，不致会有大错）。

在尼泊尔，他昼夜不停地听习声明、诗律、修辞、戏剧、藻词等方面的学识，努力贯通。学完后匆忙赶回萨迦寺八思巴的身前，详细

报告了他的情况和成绩。上师非常高兴,说:"以前我们的法主(萨班)在凉州的幻化寺去世前,对我教导说:'我没有大的放心不下的事。不过八思巴还没有受比丘戒,《本生记·如意宝树》没有译成藏文,《时轮经咒》没有用偈颂体翻译过来,使我遗憾。'现在我已经受了比丘戒,剩下的两项翻译还未完成,你无论如何要完成它。由本钦释迦桑布加以帮助。"雄译师很兴奋地接受了。不久,他在萨迦寺翻译了《时轮经续注疏》,这就是被学者们公认为优秀译本的《雄译时轮注疏》。

此后,雄译师在本钦释迦桑布的支持下,在萨迦寺的佛殿中将《本生记·如意宝树》、《龙喜记》(剧本)、《修辞论·诗镜》(通称《诗镜论》)等以前没有翻译过的学术论著和故事等译成藏文,并翻译了《藻词论·甘露藏》,作了注疏。从此以后,声明、诗词学的传授开始发展起来,并培养了许多精通这些学识的弟子。

在西藏文学史上,雄译师多吉坚赞和邦译师洛追丹巴被喻为太阳和月亮,声名传遍各地。邦译师曾7次前去尼泊尔,拜见了许多班智达,翻译了一些经论,特别是他撰写了西藏的第一部《诗镜论注疏》,被称为邦译师注释本,做出了特别重大的贡献。他们使得声明、诗词、因明等学科的各种重要论著在西藏普遍传播开来。总之,从公元14世纪开始,西藏的著名学者层出不穷,西藏的文学艺术犹如大海的波涛,汹涌向前发展,都是与雄译师密不可分的。

雄译师继承自己民族的文化传统,汲取其他民族的长处,并使二者结合,做出了对藏族文化的发展具有开创意义的贡献。他的伟大的成就,值得我们后辈人从内心里永远怀念。

第二十节　萨迦家族分裂为四个拉章　萨迦巴统治的结束

《萨迦世系史》记载说："萨迦法座统治全部萨迦派，是在著名的达尼钦波桑波贝及其以前的时期。达尼钦波桑波贝以后，分裂为4个拉章。达尼钦波桑波贝的儿子帝师贡噶洛追（即帝师公哥罗古罗思坚藏班藏卜，1315—1327年任帝师）给他的弟弟们给予印章，分为4个拉章"①。我们简略介绍桑波贝所娶的7个妻子、所生的儿子以及萨迦家族分裂为4个拉章的情形。

达尼钦波桑波贝前后娶了7个妻子。第一个妻子是蛮子地方（浙江）的汉族，她生了一个儿子，幼年夭逝。

第二个妻子是蒙古皇室的公主门达干，她生了儿子白兰王琐南藏卜及一个女儿。

第三个妻子昂摩，所生的儿子是帝师贡噶洛追。

以上3个妻子所生的儿子没有专门分属某个拉章，被归入统治整个萨迦派的世系之中。

以下的4个妻子所生的儿子们各偏向于其生母，逐渐产生不和，因此在公元1324年即藏历第五绕迥木鼠年，桑波贝去世那年，由儿子们中年龄最大的皇帝的帝师贡噶洛追将诸异母弟划分为4个拉章。

第四个妻子南喀杰摩，生了3个儿子，长子为阔尊钦波南喀勒贝坚赞贝桑布，次子为南喀喜年，幼子为国师南喀坚赞贝桑布，他们获得玉印，分为细脱拉章。

---

① 《汉藏史集》第248页。

第五个妻子玛久宣努本，生了3个儿子，长子为大元贡噶仁钦，次子为绛阳顿月坚赞，幼子为国师索南坚赞，他们获得玉印，分为仁钦岗拉章。

第六个妻子贡噶南杰玛，生了两个儿子，长子为帝师贡噶勒贝坚赞贝桑布（《元史》作公哥列思巴冲纳思坚藏班藏卜），幼子为帝师贡噶坚赞（《佛祖历代通载》作公哥儿监藏班藏卜），他们获得金印，分为拉康拉章。

第七个妻子拉久尼玛仁钦，生了兄妹三人，长子尼玛贝，女儿贡噶本，幼子贡噶勒贝迥乃（他受封为白兰王），他们获得金印，分为都却拉章。

这里所说的金印、玉印等，显然是指从元朝皇帝那里获得的印章。这样将萨迦款氏家族分成4个拉章后，各自繁衍后裔，子孙相继，后嗣很多。在桑波贝的子孙中获得元朝皇帝封赐的名号和诏书的，此外还有许多，难以一一讲述，若想详细了解，请阅读[①]。

由于4个拉章的划分以及各拉章权势约略相等，不相上下，因此以后萨迦款氏家族中除了喇嘛丹巴索南坚赞（1312—1375，桑波贝之子，属仁钦岗拉章）等少数几个人潜心学习佛教外，其他的人都忙于尽力扩大自己拉章的势力和财富，相互之间怨恨越来越大。而萨迦本钦和朗钦等官员也倾向和亲近某个拉章，形成派别。这些人培植亲信，挑拨离间，使得政治昏乱，内部不宁，并由此引起整个西藏的动荡不安。同时，由于宗教首领和官员的数量越来越多，百姓的税赋和乌拉劳役负担一年比一年沉重，怨声不绝，使得萨迦巴的名声和威望逐渐衰落。而乌思藏的一些万户长们，也挤入萨迦各个和历任本钦之间的矛盾中，接纳亲信，打击异己，谋求私利。

---

① 《萨迦世系史》。

总之,从桑波贝去世到萨迦巴丧失统治权的30多年中,乌思藏产生变乱的经过及萨迦巴丢失政权的过程,其大略情形是:帕竹和雅桑之间为争夺土地和属民的占有权而一再发生纠纷,在萨迦本钦处诉讼,萨迦派偏袒雅桑万户;帝师贡噶坚赞向朝廷奏报,企图免去绛曲坚赞的万户长的职位;喇嘛丹巴索南坚赞又争取萨迦与帕竹团结合作,促成本钦甲哇桑布与帕竹绛曲坚赞会谈,但是拉康拉章的帝师的两个儿子却逮捕甲哇桑布,因此绛曲坚赞向后藏进兵;此后甲哇桑布在拉孜突然亡故,属于拉康拉章的一伙在萨迦内部造成内讧,绛曲坚赞进兵占领了萨迦大殿;本钦旺尊纠合后藏军队围攻萨迦大殿,帕竹的军队再次开往萨迦,杀死杀伤数百人,彻底打败萨迦派的抵抗,并俘虏了萨迦本钦旺尊。

　　经过一系列的战乱和斗争,萨迦巴将近100年的对西藏地方的统治宣告结束。大司徒绛曲坚赞拥护和执行元朝皇帝的法度,公元1357年即藏历第六绕迥火鸡年,派人到朝廷奏请,皇帝赐给他大司徒的名号、诏书及玉印等,开始了帕竹第悉对西藏十三万户的统治。

　　总之,虽然萨迦巴统治西藏地方的政权解体了,但是西藏作为祖国的领土的一部分的这一事实,并没有发生什么改变。

　　以上是萨迦巴统治西藏时期的简要历史。

第六章
帕木竹巴统治西藏时期

第一节　朗氏家族与帕竹噶举、帕竹万户和帕竹第悉

一、朗氏家族和帕竹噶举

要讲帕木竹巴的历史，首先必须介绍朗氏家族和帕木竹巴的来历及主要情形。按《朗氏家族·灵犀宝卷》一书的记载，朗氏家族源于藏人先祖六族姓之一的塞琼查氏的后裔，以后再下传5代，出现了天神八兄弟。天神八兄弟中的芒董达赞和塞仓拉姆结合，生了一个奇特的男孩，头顶上有一股象海螺一样白的雾气。父亲芒董达赞看到孩子十分高兴，连叫了三声"朗索（是水汽啊）！"后来这个男孩得名为"拉色潘波切朗"（藏语意为天神种族的朗氏潘波切）。由潘波切往下繁衍的后代，被人们称之为朗氏家族。

帕木竹这一名称的来历，是源于帕竹派的寺院所在地的地名。对这一地名在宗教上有这样的解释："帕是指无生的法身，竹（意为舟船）是指众生得以解脱。"意思是说这里是一个可以证得法身佛位的地方，就象能把众生从恶趣苦海中解救出来的舟船一样。

帕竹噶举是帕竹·多吉杰波开创的噶举派四大支派之一。帕竹·多吉杰波是康区金沙江流域乃雪地区达欧萨康地方人，生于公元1110年即藏历第二绕迥的铁虎年。他在康区生活到20岁，曾追随几位上师学习了许多显密经咒。此后在他22岁时来到前藏，41岁时拜了噶举派的创始人米拉日巴的弟子达波拉杰为师学法，据说达波拉杰共有16名大弟子，他是其中的继承教法的四大弟子的首席。1158年，他按照师傅的指点，云游各地，在帕竹地方兴建了丹萨替寺，讲授传习以达波拉杰所传的教法为主的显密佛法，由于教法传承的特点，后来被称为帕竹噶举派。多吉杰波本人于他61岁的公元1170年即藏历第三绕迥的铁虎年去世。而追随他的弟子则分别到康藏各地建寺收徒，又繁衍出帕竹噶举派的八小支系，这就是止贡噶举、达垅噶举、主巴噶举、雅桑噶举、绰浦噶举、修赛噶举、叶巴噶举、玛仓噶举。

从拉色潘波切朗下传20代之后，在帕竹地方朗氏家族的朗·年脱阿聪的后代中有一个叫作扎巴迥乃（公元1175—1258）。他出家为僧后，拜帕竹·多吉杰波的亲传弟子止贡觉巴·久曲贡波为师学佛17年，在此期间，他与止贡巴上师形影不离，随侍左右，所以被人称为"京俄"（意为眼前的人）。后来京俄成为朗氏家族中担任丹萨替寺的法座和止贡派的宗教首领的一种称号。京俄扎巴迥乃34岁时，受到止贡觉巴的褒奖，被委派掌管丹萨替寺，前后33年。到他72岁时，扎巴迥乃还兼任了止贡寺的法台。从此以后，朗氏家族即负责掌管、守护和发展帕木竹巴兴建的丹萨替寺，将其教派传承和朗氏家族血缘关系结合起来，称为帕竹朗氏家族。

二、帕竹万户

元朝在西藏设立乌思藏十三万户时，帕竹是一个万户，最初由蒙古王子旭烈兀管辖。在帕竹朗氏家族掌管丹萨替寺地方的初期，他们除了接受群众奉献农牧产品的布施外，并没有建立自己的有行政管辖权的专门的寺属庄园。到了扎巴迥乃的后任，他弟弟的儿子扎巴尊追又称为杰哇仁波钦任丹萨替寺住持的时期，在接受给帕竹的农牧产品布施的基础上，皇帝又下诏把蒙古皇子旭烈兀在西藏的份地包括土地、房屋、属民等交给帕竹噶举派管理，最初任命杰哇仁波钦手下的一个侍从官丹玛官尊为止贡和帕竹的总管官员。后来丹萨替住持的又一个属下多吉贝得到蒙古皇帝诏封，被任命为帕竹万户长。多吉贝前后三次去皇帝驾前，得到皇帝的诏书和赏赐。他在任期内在颇章岗、

春堆扎喀等地建立了12个寺属庄园，使帕竹噶举派开始走向强盛发展时期，这些庄园的建立，可以说是封建庄园制度在西藏得到发展的一个标志。

扎巴尊追在他65岁的公元1367年即藏历第五绕迥的火兔年十一月十八日去世。扎巴尊追的弟弟居尼宁玛仁钦多吉生于公元1218年即藏历第四绕迥的土虎年，他于50岁的火兔年（1267年）继任丹萨替寺的法座，护持僧众14年，于63岁的公元1280年即藏历第五绕迥的铁龙年十二月十二日去世。在居尼宁玛仁钦多吉的时期，万户长多吉贝去世，多吉贝的弟弟宣努坚赞被任命为万户长。宣努坚赞去世后，薛禅皇帝发布诏令，由洛扎雄德寺的堪布仁钦坚赞任万户长两年。此后又由皇帝下诏，羊卓雍湖边的喀尔巴家族的绛曲宣努被任命为帕竹万户长。总的说来，这三任万户长行为放荡，对帕竹万户没有任何建树。

帕竹朗氏家族扎巴迥乃的同宗兄弟衮波坚赞的儿子为绰沃潘，绰沃潘又生了4个儿子，他们是仁钦喜饶、扎巴意希、迥甲沃·扎巴仁钦、仁钦加卜。老二扎巴意希生于（公元1240年）藏历第四绕迥的铁鼠年，他在42岁的铁蛇年（公元1281年）担任丹萨替寺的法座，为京俄扎巴意希。他护持僧众8年，于他49岁（公元1288年）的藏历第五绕迥的土鼠年五月十八日去世。在扎巴意希的时期，由宣努云丹担任万户长，由于他贪酒好色，使得帕竹万户的权势不但没有增长，反而出现了衰败景象。

朗氏绰沃潘家的老三迥甲沃扎巴仁钦生于（公元1250年）藏历第四绕迥的铁狗年，他在40岁的土牛年（1289年）出任丹萨替寺的法座，此时薛禅皇帝的帝师扎巴俄色和诸王铁木儿不花将帕竹万户长的诏书和虎头印颁赐给他，不再另行委任万户长，于是他就成为兼任丹萨替寺法座和帕竹万户长的"喇本"。在他掌管帕竹万户的期间，

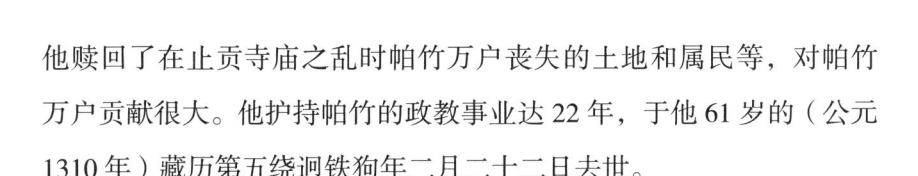

他赎回了在止贡寺庙之乱时帕竹万户丧失的土地和属民等，对帕竹万户贡献很大。他护持帕竹的政教事业达22年，于他61岁的（公元1310年）藏历第五绕迥铁狗年二月二十二日去世。

朗氏这个家族的老四仁钦加卜娶了两个妻子。一个妻子叫尚坚玛，她生了坚赞桑布、策细巴扎巴坚赞、扎巴桑波3个儿子。另一个妻子叫本吉玛，她生了绛曲坚赞、居尼色玛扎巴喜饶、索南桑波3个儿子。仁钦加卜的这6个儿子中，策细巴扎巴坚赞生于（公元1293年）藏历第五绕迥的水蛇年，他于18岁的铁狗年（1310年）担任丹萨替寺的法座，护持僧众50年，于他68岁的公元1360年即藏历第六绕迥铁鼠年十二月三日去世。他在任期间，其兄坚赞桑布前去蒙古皇帝驾前，获得诏书和印章，担任帕竹万户长7年。此后由坚赞加卜（为曾任帕竹万户长的宣努云丹之子）任万户长5年。他们对帕竹万户没有能建立什么功业。

居尼色玛扎巴喜饶，生于公元1310年即藏历第五绕迥的铁狗年，他在51岁铁鼠年（1360年）继任丹萨替寺的法座，护持僧众12年，于他61岁的公元1370年即藏历第六绕迥的铁狗年九月十二日去世。

三、帕竹第悉（帕竹政权）

1. 帕竹首任第悉大司徒绛曲坚赞

绛曲坚赞（公元1302—1364）是居尼色玛扎巴喜饶任丹萨替寺法座时的帕竹万户长，他是帕竹政权的开创者和第一任执政者（第悉），因此我们在此要对他的事迹作详细介绍。

出生与学法。大司徒绛曲坚赞生于公元1302年即藏历第五绕迥的水虎年。他从3岁起就开始学习读写，到7岁时在京俄策细巴扎巴坚赞身前受了居士戒，起名绛曲坚赞。他9岁时在堪钦楚达哇的身前出家，14岁时前往萨迦寺学法。他在萨迦拜达尼钦波桑波贝和喇嘛年

麦巴为师，闻习《二观察续》等经论，经过5年的学习，获得了萨迦派格西的资格，还担任过达尼钦波桑波贝的管印侍从官。在那时候，西藏的一些万户长、地方首领都送自己的子弟到萨迦去学习，在这些贵族子弟中帕竹绛曲坚赞是最受达尼钦波桑波贝上师重视的一个。他在萨迦期间，学习和精通了许多宗教方面和行政方面所需要的知识，为他后来担任万户长奠定了基础。

担任帕竹万户长。绛曲坚赞的前任帕竹万户长坚赞加卜，在政治上和宗教上都没有什么才干，但又不愿把万户长的职位交给绛曲坚赞，因此在他离职前，他将乃东万户府的仓库中的物品，能拿走的都拿走，拿不走的也加以破坏。使得绛曲坚赞就任时仓库里没有什么值钱的东西，庄园、土地和属民的权力也没有交给他，而是分散在一些地方首领的手里，总之，绛曲坚赞是在帕竹万户内外许多人不情愿的情况下出任帕竹万户长的。他上任后先委任了宣努俄色为乃东万户府管事，但宣努俄色在内外一些事务上都与绛曲坚赞的意见不同，自行其事，结果在开始的7年当中乃东的财力不但没有加强，反而欠了别人黄金1000余两，绛曲坚赞万户长的处境非常艰难。

后来，绛曲坚赞任命霍尔·宣努桑波为乃东的内管家，他们俩志同道合，专心致志做好管理乃东的事务，绛曲坚赞也充分发挥了自己的能力，逐步收回丧失于旁人手中的帕竹属地的大部分，使得帕竹万户的力量逐步加强。他修复了帕竹属下的一些庄园，在各地推行植树，在香曲河上架设大桥，扩大乃东官寨的建筑，最后使帕竹成为西藏各万户中实力最为强大的一个。

在绛曲坚赞自传中记载说："后来，当院巴（指元朝宣政院官员）到贡塘时，我们也前去桑耶的松噶地方迎接。院巴带着诏书、行（宣政院）的印章和文书，我们恭听宣读圣旨，接待了院巴。院巴说：'你本人若能前往朝廷拜见皇帝，是最好的了，你若不能前往，应当派一名代表前去。这样你所请求的事就会实现。'于是我就派遣了以喜饶多吉和内管家宣努桑波等为首的使者们前去朝廷。向朝庭请求大司徒的名号和印章，万户府所需的银质圆印，减少万户府一半人户的差税，使我的米德获得休养生息……"

喜饶多吉和旺秋到达京城后，在第二天晋见了皇帝陛下，朝见的情况很好。皇帝颁下圣旨，赐给了帕竹万户所需的圆形银印两枚，除万户的米德所必须担任驿站的差徭外，其他一切差税减半，还赐给了宣政院的付，大量物品和金质腰牌。

绛曲坚赞打败雅桑、萨迦等派的进攻。在王子旭烈兀管理帕竹万户的时候，雅桑巴是帕木竹巴万户之下的一个千户。后来雅桑的势稍大后，雅桑巴通过合法的和武力的手段正式从帕竹万户中分离出来，形成为一个万户，并不断与帕竹争夺属下的地方和庄园。特别是在坚赞加卜任万户长时，帕竹属下的两个地方都被雅桑巴夺去，两者不断发生冲突。直到绛曲坚赞任帕竹万户长，雅桑巴在冲突中一直占上风。

绛曲坚赞从一当上帕竹万户长起，就力争用合法的手段收回以前丢失掉的帕竹万户属下的地方和庄园，但是雅桑万户对此不加理睬。绛曲坚赞只能依靠武力夺回坚赞加卜任万户长时帕竹丢失的辖地。于是雅桑万户一方面争取蔡巴万户等其他万户发兵支援，来对抗帕竹万户的进攻，另一方面又对当时掌握西藏行政大权的萨迦本钦等人进行行贿拉拢，争取他们一致对付帕竹。

于是，雅桑万户、止贡万户、蔡巴万户和萨迦本钦联合起来，以审理诉讼的名义逮捕了绛曲坚赞，给他戴上枷锁，用皮鞭抽打，使他身上皮开肉绽，在一个多月中只能俯伏而卧。绛曲坚赞在雅隆被监禁3个多月，在后藏又被监禁两个半月，期间蔡巴等人还暗中鼓动萨迦本钦杀害绛曲坚赞。尽管绛曲坚赞受到无数打着合法旗号的强大压

力,但他始终英勇不屈,沉着安排,以霍尔·宣努桑波为首的帕竹军队坚守住乃东,对进攻者予以反击,使敌方无计可施。这个时期,帕竹处境危险而困难。但是萨迦派各个拉章和前后任本钦内部不和的状况,使帕竹能够坚持下来。萨迦派内部的矛盾不断激化,特别是旺尊担任萨迦本钦后,本钦甲哇桑布的权力受到损害,他不得不寻求一个将来能给自己以军事力量支持的盟友,而帕竹绛曲坚赞最为适合,于是甲哇桑布悄悄地从监禁中释放了绛曲坚赞,使绛曲坚赞得以死里逃生。

事实上,萨迦和帕竹之间在历史上就有矛盾,加上此次雅桑巴等人对萨迦本钦进行纸筒充气(喻火上加油),加以鼓动,使萨迦和帕竹之间的矛盾逐渐上升到你死我活的程度。绛曲坚赞回到乃东后,召集帕竹万户的官员和百姓集会。万户长绛曲坚赞对他的民众说,在这一官司未最终解决以前,僧俗官员百姓无论何人都不要讲什么专心修佛法、避免困苦劳累和危险的话,大家都要同心合力,在获得胜利前,绝不停止与敌人的战斗,并大家立下誓言。后来帕竹在与各万户的军队和萨迦的武装的战争中壮大了自己的军队,最后使得绛曲坚赞能够统治整个西藏。

绛曲坚赞建立帕竹政权。大司徒绛曲坚赞结束萨迦巴的统治并建立帕竹的 政权,是在经过曲折的道路和最终战胜各种反对势力的基础上才得以实现的。

直接促成绛曲坚赞结束萨迦巴在西藏的统治并建立帕竹统治西藏的政权的近因,是萨迦四个拉章之间的内部矛盾不断扩大。以本钦旺尊为首的拉康拉章为一派和以本钦甲哇桑布为首的其他3个拉章为一派,互相争斗,结果本钦甲哇桑布的一派遭到失败,拉康拉章的帝师贡噶坚赞的两个儿子将本钦甲哇桑布逮捕,监禁在萨迦。为了营救甲哇桑布,他的儿子格西扎巴僧格向绛曲坚赞请求援助。当绛曲坚赞率兵抵达萨迦时，在反驳萨迦喇嘛夏钦巴的责难时说："我前来此地，是朝庭宣慰司的官员们、你们萨迦派的有头脑的人们和乌思藏全体有理智的人先后捎信给我，说应该前往营救本钦，我才前来的。我来曲弥吉祥寺的目的，不是来向你们萨迦送交礼物，不是来请求祖业家产，也不是来表示恭顺的，你们萨迦派的诸位喇嘛不要期望我向你们礼拜，对帝师的两个儿子，我能逮到就逮捕，落到我手中就杀掉。我是来营救本钦和帮助实施正义的。"①对于这一历史事件，班钦索南扎巴在他所著的《新红史》中说："木马年萨迦发生内乱，夏尔拉章的人逮捕了甲哇桑布投入狱中，此时，绛曲坚赞派以仁钦桑布为首的大军（对萨迦）加以威吓，救出甲哇桑布，整顿了后藏的大部分地区。从此以后，十三万户的乌思藏各地任免管事官员等，都由大司徒掌管盖印。"②这里的木马年是公元1354年，是藏历第六绕迥的木马年，现代的历史学家们把这一年定为帕竹统治西藏的开始。事实上，在当时帕竹的力量已经达到十三万户谁也不能与它相比的程度。但绛曲坚赞却认为他耗废大量人力财力，是为了维护元朝皇帝的法度，为了整个西藏的安乐，而不是为了个人的官位和权势。

为感谢绛曲坚赞，甲哇桑布当时在曲弥寺院的回廊举行大宴会，请大司徒赴宴，在宴会上本钦将自己的后代子侄、财产、权位等等都献给绛曲坚赞。从此绛曲坚赞接管了曲弥、仁蚌、答驿站等地。接管后，他委派了手下多哇和仁钦沃二人担任干巴和管事者，留下约200名兵士管理萨迦大殿，自己率大军回到乃东去了。

公元1358年萨迦内部再次出现争端，本钦甲哇桑布派人给大司徒绛曲坚赞送信，请他前往曲弥。这时传来本钦甲哇桑布突然去世的消息，听到这一消息后，绛曲坚赞立即派钦波仁钦桑波前去萨迦协助

---

① 引自《朗氏家族史》第265页。
② 班钦索南扎巴《新红史》，西藏人民出版社1982年藏文版，第78页。

办理本钦甲哇桑布的追荐超度活动。正是在这时，即公元1358年藏历第六绕迥土狗年，元朝派往萨迦迎请高僧索南洛追去朝廷担任帝师的金字使者鲁杰多尔斯衮和杰哇仁钦温波到西藏颁给绛曲坚赞大司徒的名号和印章。自此始，绛曲坚赞被称为大司徒绛曲坚赞。

就在这一年，萨迦的萨巴绒巴扎巴坚赞联合拉孜以及一些地方势力的军队，一起攻打昂仁，拉堆绛的领主在生死存亡的危险的关头，派人前去请求大司徒绛曲坚赞发兵救援，大司徒很快派出军队，当本钦旺尊父子为首的军队从拉孜出发围攻萨迦大殿时，大司徒的军队也到达萨迦。军队在萨迦的行动很顺利，他们生擒了本钦旺尊，将一大批罪行严重者处死，将464人处以挖眼的刑罚。[①] 在这次用武力根除敌对势力后，大司徒开始直接管理全藏的政务。他彻底解决各地方势力之间的纠纷，并对萨迦派的各种大事进行直接管理，要各个首领找一个担保人，立下永不违反规定的保证文书。大司徒绛曲坚赞还以萨迦的喇嘛丹巴为自己的根本上师，遇事向他请示商量，对其他的萨迦派的喇嘛和本钦等，在他们不违反协议的情况下也加以恭敬。他还任命江孜首领帕巴贝为萨迦大殿的管理人和拉康拉章的大近侍。在交接事务结束后，大司徒将自己以前派驻在萨迦的官员和军队兵士一个不留地全部撤回乃东。对于他的这种做法，五世达赖喇嘛也赞扬他说："彼止贡、蔡巴、雅桑、萨迦本钦等肇事之徒，自恃权势财富，醉心于争斗，犹如豺狼，非时吼叫。狮子并不以其为敌手，于不经意之间，就使进犯者变成毒蛇献珠一样。大司徒最终以武力夺取各方的权势，统治直到西方水神边疆。其威严号令，如同黄金牛轭一样深重，使众人俱纳入法令之下。……"[②] 大司徒绛曲坚赞在深入观察分析元朝和西藏萨迦巴政权走向衰败问题的基础上，对如何适合当时情势搞好

---

① 大司徒绛曲坚赞《朗氏家族史》，第308页—309页。
② 五世达赖喇嘛《西藏王臣记》。

帕竹政权进行了认真的思考，制定了许多对后代也很有教益的规定。

1）战场所得的战利品归兵士和兵差户所有。帕竹万户曾多次遭到包围和进攻，为了反击和抵抗敌人，只能从自己管辖地区征集众多的兵员参战，因此给百姓造成空前沉重的巨大负担。为了弥补部众在战争中的部分损失，他规定在历次战争中所获得的战利品，帕竹政权不征收不占有，归参战的官员、兵士和兵差户百姓自己所有。

大司徒绛曲坚赞的这种做法，在西藏以前的历史上没有过的，这是他的团结部众，一心对敌的重要战争策略，在帕竹军队战胜其他各个势力的过程中发挥了重大作用。

2）减轻差税。由于连年征发差税劳役，使得百姓无力负担，受到官府催逼，无法进行正常的农牧业生产。大司徒绛曲坚赞为了使百姓休养生息，减轻负担，对广大群众实行减少差税、给以赈济的办法。有时连续几年实行减差，并对百姓的劳役规定限额，尽可能减轻，实行了许多有利于百姓发展生产、增加生活物资的办法。

大司徒绛曲坚赞实行的对百姓适当减免差赋的措施，对恢复农牧业生产、逐步改善群众生活有一定的作用。由于采取了各种恢复生产的措施，不仅做到不抛荒耕地，而且在适合耕种的生荒地上开荒种地，扩大耕种，使得山谷平川布满农田，获得丰收。以至出现了麻雀飞不到边的大片农田和群众生活改善的升平景象。

3）组织建设工程。这个时期建设事业也有了较大的发展。例如，当时在"贡噶、扎喀、内邬、沃喀达孜、桑珠孜、伦珠孜、仁蚌等乌思藏的紧要的地方建立了13座大城堡。"① 大司徒在自己的遗嘱中也说："在我们所管辖的全部地方，每年要保证栽种20万株柳树，要委派管理柳树林的人，并进行清点查验，查明底细。种树的好处是，维修官

---

① 五世达赖喇嘛《西藏王臣记》民族出版社1957年铅印版，第139页。

房寺院，修葺僧俗差民百姓的住房，修造船只，因此不能不种树。人人都要管好无穷无尽的宝藏——发菩提心和植树。由于所有地方的沟谷平川都树木稀少，因此要根据时令季节，一些时间禁止砍树割草。要用锋利的镰刀和兵器划出地界，在划出的地界内要种上树。"①

公元1351年即藏历第六绕迥铁兔年大司徒主持兴建了泽当大寺院。在历代的统治者中，像他这样重视植树造林，努力为后人留下一座取之不尽的物资宝库的，还是很少见的。

4）改订法律。五世达赖喇嘛的《西藏王臣记》中记载说，大司徒绛曲坚赞改订了法律，即制订了："英雄猛虎律，懦夫狐狸律，官吏执事律，听讼是非律，调解法庭律，重罪肉刑律，警告罚律，胥吏供应律，杀人命价律，伤人处刑律，狡赖赌咒律，盗窃追赔律，亲属离异律，奸污赔偿律，过时逾约律。"②等十五法律。

在萨迦派统治西藏的时期，实行的是元朝的法律，规定杀人者应当偿命。大司徒绛曲坚赞认为执行死刑的法律是一种造孽（佛教认为伤害生命是一种恶业），同时为了以前吐蕃赞普的好规矩不衰败，因此规定对杀人者罚交命价，以使法律适合藏族的传统习惯和当时的实际，他将法律条文总结归纳为15部分，制定了十五法，此外他还定了许多属于法律和行政法规范围的规定，并公布执行。例如，"首邑乃东的大门、外门、内门三重门中，妇人和酒不得 进入内门的法规"，西藏的13个大宗的宗本每三年轮换的制度等。③

5）人事安排。这是绛曲坚赞为了使帕竹政权能够维持长久而采用的一个十分重要的办法，也是他在行政制度上与众不同的思想。他总结了历史上大大小小的执掌政权的统治者兴衰更替的经验和得失教

---

① 大司徒绛曲坚赞《朗氏家族史》第372页。
② 五世达赖喇嘛《西藏王臣记》，民族出版社1957年版，第139页。
③ 班钦索南扎巴《新红史》，西藏人民出版社1982年版，第80页。

训，汲取他们努力使自己处于不败之地的长处，希望帕竹政权不但能够一代接一代地传下去，而且能够坚持他的执政思想。帕竹政权后来的历史，说明大司徒的这些思想和措施是正确的。

大司徒绛曲坚赞的遗教中，在谈到帕竹政权的第悉和帕竹的近侍人员的条件说，朗氏家族血统纯洁的后代，都应到泽当寺里去学习，学习各种知识，游手好闲的人应该把他驱逐出子孙的行列。而位居帕竹政权第悉的人，负责管理以乃东为首的所有差民和新旧豁卡。所以担任此职的人年青时就应出家，不同妇人厮混，戒行整洁，根本不饮酒，过午不食。善于听从有理智的长者们的话，眼睛不往下瞅，不做放肆的举动，闲暇之际闭关修持，默诵本尊礼赞达到规定次数，向护法神定时敬献供品和朵玛施食。他不应当亲近身边的年轻人和幼童，不在白天和他们嬉戏赌博，晚上和他们讲故事做放荡的事。他不可私自占有政权属下的穷苦百姓，不可偏私不公，不可做让兵士、百姓失望的事。若出现失误，应听从有头脑的知识广博的人们的提醒，犹如所谓迷途知返那样，有大丈夫的气慨。

如果有人违反上述规定，不论他是我们的后裔中的什么人，都得从官职上下台，让其主仆二人到丹萨替寺的普通土屋中住12年，谁也不要向他敬礼，不要向他表示恭敬，要把他当成普通的人。[①]他还说："我们的后裔之中，在家的俗人多了也没有益处，各家留一个在家俗人就可以了，娶妻室娶一个就足够了，不要娶两个，若妻子不生子女，则可再娶一个。在娶妻婚配时，不得娶外部的首领、达官、大德和有权势者家的女子为妻，应娶我们政权管辖区域之内，受到人们称赞的父祖良善的上等人家的女子为妻。不可娶担任管家或有权势的俗官家的女子为妻，其原因是：我们的后裔所娶的女子的兄弟、亲

---

① 大司徒绛曲坚赞《朗氏家族史》，西藏人民出版社1986年版，第363页。

友、眷属及仆人等会因系我们的亲戚，而趾高气扬不可一世，这是政权内部产生仇隙、祸乱及至毁灭的根源。"①

从此可以清楚看出，《大司徒遗教——见者受益》这篇文献是绛曲坚赞总结了以前许多统治者的执政办法，在发展和继承前人的基础上，提出了自己的独特的执掌政权的办法。具体地说：

第一，他规定朗氏家族的后裔中掌权者为三人，这就是帕竹第悉、丹萨替寺京俄、泽当寺座主。即使是担任帕竹第悉的，也应该出家，学通显密经论，没有酒色过失，知识广博，抛弃各种放逸行为。担任丹萨替和泽当寺的座主的，应该逐步学习和精通佛法，并树立起修行的幡幢，要专心于护持教法的事业。他们不得私自占有贫苦农奴，不得独断专行滥用权力，不得干预行政事务。他还规定朗氏家族中承担繁衍后裔之事的，在娶妻时不要娶外面的地方首领及有权势的家族的女子，而且除了特殊的情况之外，只能娶一个妻子。

第二，大司徒绛曲坚赞还对不属朗氏家族后裔但是担任帕竹政权侍从官职的人员规定了严格的条件。例如规定帕竹政权掌管内务的管家也要出家，并且没有酒色的过错，要专心致志地服侍帕竹第悉，不能谋取私利，从执掌钥匙开台直到亡故，要终身为帕竹效劳。而帕竹政权则对他们的亲属和后代给以照顾。与此相同，大司徒对司膳、司寝等侍从仆役也都作了明确规定。这些规定从他去世后一直到阐化王扎巴坚赞时期都坚持执行，没有发生过大的改变，对帕竹政权的巩固、力量的增长起了重要作用。帕竹早期政权的稳定和社会的发展证明了司徒绛曲坚赞的行政思想是杰出的和正确的。因此，大司徒绛曲坚赞不仅精通军事，还是一位杰出的政治家。他是一位值得人们称颂的西藏历史上的伟大人物。

---

① 大司徒绛曲坚赞《朗氏家族史》第370页。

绛曲坚赞20岁时担任帕竹万户长，51岁时兴建了泽当寺，建立了仁蚌宗，53岁时即公元1354年建立帕竹政权，并兴建了桑珠孜城堡（今日喀则），55岁时兴建了内邬宗（今拉萨市拉萨河南面）、恰地方的扎喀宗，57岁时即公元1358年消灭了萨迦本钦旺尊及其追随者，肃清了萨迦政权的残余势力，开始全面统治整个西藏。也就是在这一年，元顺帝妥欢铁木儿派遣达鲁花赤等金字使者进藏，赐给绛曲坚赞大司徒的名号和印章。最后，大司徒绛曲坚赞在他62岁的公元1364年即藏历第六绕迥的木龙年十月十七日逝世。

大司徒绛曲坚赞是帕竹政权的第一任第悉，按照现代的算法，他从公元1354年到公元1364年共执政10年。

2. 帕竹政权第二任第悉国师释迦坚赞

绛曲坚赞的弟弟索南桑波娶了两个妻子，共有3个儿子，其中的释迦坚赞即是帕竹政权的第二任第悉。

释迦坚赞生于公元1340年即藏历第六绕迥的铁龙年。他幼年时跟从喇嘛鲁龙扎巴学习读写，在受居士戒时，起名扎巴桑波。9岁时又跟从堪钦宣努旺秋和法师宣努尊追受戒出家，起名为释迦坚赞。13岁他出任了泽当寺的法座，直到26岁时，共护持该寺僧众13年。

公元1361年，大司徒绛曲坚赞派去元请封赏的使者扎喀哇·仲钦喜饶扎西从朝廷回到西藏，带来元朝最后一位皇帝妥欢铁木儿赐给释迦坚赞的弟弟释迦仁钦的封他为帕竹万户长的诏书和印章。关于这方面的情况，大司徒绛曲坚赞在他的自传中说："我派遣喜饶扎西等人前往朝廷，在路途中院使达玛格底给他们严重妨害，使他们遇到许多麻烦，吃了不少苦。在朝廷上达玛格底院使又和坚赞仁钦、喇钦巴（指帝师索南洛追）的人年扎等一起，向皇帝奏报了各种不实之辞，说我们背叛，进攻萨迦寺，把萨迦寺大殿拆毁作为马圈，夺取枢密院的院衙署等。此后，喜饶扎西等人也到了朝廷，先向喇嘛嘉

哇仁钦和班智达等人报告，由他们二人到皇帝驾前奏请。随后喜饶扎西等朝见了皇帝，情况很好，皇帝赐给我敕书和赏赐物品、礼品等，并封释迦仁钦为万户长，赐给诏书和虎纽印章、管辖的百姓和地方的清册，还得到了写明以贡噶、仁蚌为首的我们在乌思藏的豁卡和管辖范围的完满封文，其中有对属民百姓有利的减少差税的内容。"① 绛曲坚赞为释迦仁钦争取到了万户长的赐封后，他因与释迦仁钦意见不合，遂又以在他健在的期间不必要另行委任一个万户长为由，让释迦仁钦去丹萨替寺静修密法。　按照大司徒绛曲坚赞的考虑，释迦坚赞应当竖立起修行的幡幢，具足贤哲、尊严、善良3个方面的功德，成为布顿那样遍知一切的佛教大师。至于帕竹第悉的继承人，大司徒寄希望于释迦仁钦的儿子绛曲多吉，但是在大司徒绛曲坚赞病重时，他又改变了初衷，授权释迦坚赞继任帕竹政权的第悉。所以释迦坚赞从公元1365年即藏历第六绕迥的木蛇年正式就任帕竹第悉。

公元1372年即藏历第六绕迥水鼠年，明朝皇帝明太祖朱元璋封释迦坚赞为大司徒、靖国公、灌顶国师的官职、印章及世代管领吐蕃三个却喀的诏书，从这以后，他的名字被通称为绛漾国师释迦坚赞。这是明朝皇帝首次给帕竹第悉赐给诏书和官爵，帕木竹巴朗氏家族统治西藏的根本的文书依据也就是这份诏书。

国师释迦坚赞担任帕竹第悉期间，他坚持执行了伯父大司徒绛曲坚赞所规定的行政办法，在此期间，后藏有几个地方首领不听号令，他便带领军队前去平息。除此一场小战外再也没有发生过什么战乱，因此成为帕竹政权稳定兴盛向上发展的一段时期。公元1373年即藏历第六绕迥水牛年九月三十日34岁的释迦坚赞去世。

---

① 大司徒绛曲坚赞《朗氏家族史》，西藏人民出版社1986年版，第343页。

绛漾国师释迦坚赞是帕竹政权的第二任第悉，他从公元 1365 年到 1373 年在位 9 年。

3．帕竹政权第三任第悉京俄扎巴绛曲

京俄扎巴绛曲又被称为策细萨玛哇，生于公元 1356 年即藏历第六绕迥的火猴年，他是释迦坚赞同父异母哥哥的儿子，也就是释迦坚赞的侄子，他的哥哥扎巴仁钦曾一度担任泽当寺寺主。他 4 岁开始学习读写，12 岁时跟从京俄扎巴喜饶听受教法。

绛漾国师释迦坚赞曾坚持要求扎巴绛曲娶妻生子繁衍朗氏家族后裔，但他没有接受，而在 15 岁时授了出家戒，起名扎巴绛曲，后来他又受了比丘戒，在原来名字上又加了贝桑布三个字，称为扎巴绛曲贝桑布。他 16 岁时担任了丹萨替寺的法座。

京俄扎巴绛曲本身只愿努力修习显密教法，执掌佛法的幡幢，对于地位崇高的官职和财富享乐看得如同巴蕉树一样（据说巴蕉结一次果后即枯萎），没有意义。但是到他 19 岁时，喇嘛丹巴索南坚赞和帕竹议事会成员们坚持请求他兼任因释迦坚赞去世而空缺的帕竹政权第悉的职位和丹萨替寺的法座，即出任承担政教重任的"喇本"，于是，他在公元 1374 年即藏历第六绕迥的木虎年出任京俄兼第悉。他在 26 岁的公元 1381 年即藏历第六绕迥的铁鸡年扶植京俄索南扎巴担任帕竹第悉的职务，而他本人则继续任丹萨替寺法座，护持僧众，他总共任丹萨替 寺法座 16 年。在京俄扎巴绛曲担任帕竹第悉的期间，他规定在神变月（藏历正月）内在各个宗及上下所有地方禁止杀生，努力建立佛教法王的功业，他还努力讲经和修行，尽力树立佛法事业的典范。

由于扎巴绛曲的学识，连至尊宗喀巴大师也曾拜他为师。宗喀巴还按照檀丁的《诗镜论》的格式撰写了一篇诗体的《京俄扎巴绛曲贝桑波的故事——福力的须弥山》。

京俄扎巴绛曲 31 岁的公元 1386 年即藏历第六绕迥的火虎年二月

五日去世，他从公元1374年到1381年担任帕竹第悉，在位8年。

4．帕竹政权第四任第悉索南扎巴

第悉索南扎巴亦称桑东巴，生于公元1359年，即藏历第六绕迥的土猪年，他是前任第悉扎巴绛曲的异母弟弟。9岁时受近事戒，起名为索南扎巴。此后由法主喇嘛丹巴跟前出家。他10岁时出任泽当寺的座主，广泛闻法说经。后来他又受了比丘戒，护持泽当寺僧众14年。公元1381年藏历第六绕迥的铁鸡年，他担任帕竹政权的第悉，那年他23岁。在他执政期间，出现了一些不安定的迹象，《洛绒教法史》中说："索南扎巴巡视了贡噶黎卡的地方，然后于阴木牛年前往丹萨替寺的森康秀拉寝殿，当时由于一些做邪行者，出现了一些不吉兆。第二年他28岁的阳火虎年，他登上寺院的法座，成为修行密法之主。"① 正如这段记载所暗示的，他在27岁的公元1385年即藏历第六绕迥木牛年舍弃第悉的职位，到丹萨替寺就任座主。他护持丹萨替寺僧众20年后，在他47岁时又把法座交给京俄贝哇（贝丹桑布），自己遁世修行。最后他在50岁的公元1408年即藏历第七绕迥土鼠年二月十九日去世。

索南扎巴为帕竹政权的第四任第悉，他从公元1381年到1385年在位5年。

5．帕竹政权的第五任第悉王扎巴坚赞

释迦仁钦是国师释迦坚赞的弟弟，他有6个儿子，这就是扎巴坚赞、绛曲多吉、果色哇亦称京俄索南桑波、京俄贝丹桑布、京俄索南坚赞、仲桑结坚赞。老大扎巴坚赞生于公元1374年即藏历第六绕迥的木虎年，他7岁时在堪钦宣旺身前出家，起名为扎巴坚赞贝桑布。他在8岁的铁鸡年登上泽当寺的法座，讲说《因明释量论》，获得贤

---

① 巴俄祖拉陈哇《贤者喜宴》（即《洛扎都法史》），手抄本，第309页。

哲的声名。他护持泽当寺僧众4年，当他12岁的公元1385年即藏历第六绕迥木牛年，在帕竹第悉索南扎巴去丹萨替寺以后，就任帕竹政权的第悉。

在扎巴坚赞16岁那年，明朝皇帝建文帝封给他王爵，并赐给他金印。公元1409年，明朝永乐皇帝又封他为阐化王，赐给他诏书和玉印。① 因此人们通常称他为王扎巴坚赞。

王扎巴坚赞执政的期间是帕竹政权的权势达到鼎盛的时期，也是帕竹政权的行政制度发生变化的时期。在王扎巴坚赞执政的前期，"由古尚宗吉扎巴仁钦担任掌政大臣，中间某个时候，众官员对他不满，向第悉进谗言，害死了宗吉。紧接着有雅隆的10名俗官掀起混乱，被称为'十人伙'。"② 又有记载说："在他的前半生，发生了甥舅争执及艾、涅地方的战乱等许多危难困苦，不过他后来安定了本部，并将乌思藏大部分的万户、千户收归治下。"③ 按这两段记载，当时在帕竹政权内部和雅隆地区发生了一些小的动乱，但都为扎巴坚赞所平息。此后，由于年堆（今江孜）的法王夏哇热丹贡桑帕巴不遵命令，帕竹曾两次用兵年堆地区。除了这少数情况外，整个地区安定无事，群众生活有所改善，西藏的经济、文化、建设等方面都有了超以往任何时期的发展。这时，西藏各教派的学者如天空中的繁星层出不穷；格鲁派在这一时期创立和发展，兴建了前后藏格鲁派的四大寺庙（哲蚌、色拉、甘丹、扎什伦布）；西藏木刻印刷事业也发展起来，一部部木刻印刷的大藏经开始出现；交通方面的突出成就是在大江大河上兴建了许多便得群众来往的桥梁。

王扎巴坚赞本人在政教两方面都有广博的学识，他下面的官员们

---

① 东嘎·洛桑赤列《论西藏政教合一制度》，民族出版社1981年版，79页。
② 班钦·索南扎巴《新红史》，西藏人民出版社1982年版，第84页。
③ 达仓宗思·班觉桑布《汉藏史集》。

也具有学识才干，并且对帕竹政权忠诚效力，矢志不渝，所以扎巴坚赞认为从大司徒绛曲坚赞开始实行的对前后藏各个宗的宗本规定任期、到时改任的办法与形势已不大相符，显得不那么必要，因此他重新规定由主要的大臣世代掌管各主要的宗，例如由仁蚌南喀坚赞领仁蚌宗，琼结巴·霍尔·班觉桑布领豁卡桑珠孜宗（今日喀则）、内邬巴·南喀桑波领内邬宗，扎喀哇会钦贝哇领扎喀宗。这是帕竹政权的行政制度方面的一个重大改变，它不只是固定各个宗主管官员的问题，更主要的是他改变了从绛曲坚赞时期开始的，主要的官员、管家侍从都要出家并且没有酗酒妇人方面过失的规定，而变为由家族世袭官员的制度。这一改变从当时看，对帕竹政权的事业有一定的好处，但是后来各宗的贵族后裔逐渐分割统治，造成帕竹政权大权旁落和外人渗透的局面，成为帕竹政权衰败的一大原因。特别是帕竹与仁蚌巴家族的联姻，直接造成了帕竹政权的灭亡。

王扎巴坚赞执政时期，帕竹的侍从官员很多，设有各级达官贵人的侍从机构，与此相适应，西藏古代的装饰品、服装、镶嵌各种珍宝的耳饰等成为日常佩戴的物品，尤其是在藏历新年举行庆祝宴会时，其穿戴据说都是吐蕃赞普时期的服装和珍宝饰品。此外他还规定，禁止随意穿戴不合习俗的衣帽，禁止不符合美好行为的举止及言行不符等。

在宗教方面，扎巴坚赞对各个教派的僧团都予以尊重，并多年一直担任四部僧众住夏安居的施主。他兴建了三座吉祥多门佛塔、写造金汁书写的大藏经《甘珠尔》，建造了无数佛像、佛经、佛塔。特别是宗喀巴大师创建拉萨祈愿大法会时，他捐献了很多资财，在兴建格鲁派的主寺甘丹寺时他担任了主要的施主。

公元1432年即藏历第七绕迥水鼠年，时年59岁的王扎巴坚赞逝世。他是帕竹政权的第五任第悉，从公元1385年到1432年在位47年。

6. 帕竹政权的第六任第悉王扎巴迥乃

王扎巴迥乃的身世是，王扎巴坚赞的弟弟桑结坚赞先从仁蚌家娶一妻，名叫贡噶贝宗，她生的儿子为扎巴迥乃，后来桑结坚赞又从仁蚌家娶一妻，是仁蚌巴的女儿，她生的儿子为贡噶勒巴。

扎巴迥乃生于公元1414年即藏历第七绕迥的木马年，他19岁时（公元1432年）就任帕竹政权的第悉。1434年的一次战乱中，位居帕竹大臣的仁蚌巴诺布桑波乘机取得了豁卡桑珠孜等后藏地区的几个宗，此后帕竹政权开始走向衰落①。公元1440年即藏历第七绕迥的铁猴年明朝正统皇帝赐给扎巴迥乃封王的诏书，因此他又被称为王扎巴迥乃。公元1445年即藏历第七绕迥的木牛年王扎巴迥乃去世，时年32岁。

王扎巴迥乃是帕竹政权的第六任第悉，他从公元1432年到1445年在位13年。

第悉扎巴迥乃是帕竹和仁蚌两家通婚所生的第一代后裔，王扎巴坚赞去世后，他们父子（桑结坚赞和扎巴迥乃）谁来继任帕竹第悉的问题，发生了争执。这方面的情形，五世达赖嘛记载说："大法王去世后，扎巴迥乃尚年轻，故关于宫殿中的宝座由父子中的谁人执掌，众大臣议论不合，乃请问于京俄仁波且索南坚赞，京俄指示当立儿子，故扎巴迥乃继任第悉。到京俄去世后（1434年），父亲（桑结坚赞）又欲登位，行为不端，造成雅隆地方发生动乱，后来父亲桑结坚赞主仆不得不前去雅郊。"②班钦·索南扎巴记述说："大法王扎巴坚赞去世后，扎巴迥乃尚年轻，首领官员们对叔侄（当是父子）谁来继承王位的意见不合，此时仁蚌巴诺布桑波提议，至丹萨替寺询问京俄仁波且意见，照京俄所说决定为好。照此征询京俄意见时，京俄说，应

---

① 东嘎·洛桑赤列《论西藏政教合一制度》，民族出版社1981年版，第81页。
② 五世达赖喇嘛《西藏王臣记》第149页。

由儿子继位，在家老者（指父亲桑结坚赞）不应登此位。谁也不敢违背京俄的话，所以19岁的儿子扎巴迥乃在水鼠年（公元1432年）登上高位，护持国政。到木虎年（公元1434年）新年正月二十二日，京俄仁波且在丹萨替寺逝世，父亲桑结坚赞主仆又生是非，图谋获取王位，做了一些损害亲情的事，使得雅隆和丹萨替时局动荡，桑结坚赞主仆不得不避往雅效，地方不宁愈加严重。此事被称为虎年（公元1434年）大动乱，也被称为帕木竹巴内乱之年。"又说："扎巴迥乃三十岁的水猪年（公元1443年），又以极大的恭敬迎请父亲从雅郊返回泽当囊索居住。①"从当时整个历史背景来考察，可以看出这种记载是符合当时的历史真实的。

7．帕竹政权的第七任第悉王贡噶勒巴

王扎巴迥乃之弟贡噶勒巴于公元1433年即藏历第七绕迥水牛年生于官萨。他14岁就任泽当寺的法座，16岁就任帕竹政权的第悉。从王扎巴迥乃1445年逝世到贡噶勒巴就任帕竹第悉之间，帕竹第悉的职位空悬3年，无人担任。

贡噶勒巴娶了仁蚌巴的一个女儿曲贝桑姆为妻，她生的儿子是仁钦多吉旺格杰波。明朝景泰帝、正统帝时（明英宗正统元年至十四年为1436—1449年，代宗景泰元年至八年为1450—1457年，其后英宗复辟，改元天顺）派遣金字使者前来乌思藏赐给贡噶勒巴封王的诏书，从此他被称为王贡噶勒巴。

在王贡噶勒巴执政期间，他前往巡视豁卡时，各首领官员都恭敬供奉，特别是在他去后藏巡视时，来自仁蚌的接待官员举行了有肉、酥油、奶酪的盛大宴会，两大宗（仁蚌和桑珠孜宗）敬献了堆积如山的财物。与此相同，白朗、伦珠孜、岭格宗等地以及拉堆绛和拉堆

---

① 班钦·索南扎巴《新红史》，西藏人民出版社1982年版，第87页、第89页。

洛、江孜也献了丰厚的礼品。尽管如此，贡嘎勒巴对仁蚌巴诺布桑波及其属下心怀不满，甚至和妻子关系不和，社会上出现了许多关于政局混乱的预言。雅隆上部、恰巴、桑耶等地首领倾向主母（贡嘎勒巴的妻子），内邬和沃喀等地首领倾向第悉，王臣内部分为两派。[①] 五世达赖喇嘛在《西藏王臣记》中也有相同的说法。总之，由于贡噶勒巴不善于理政，仁蚌宗的宗本诺布桑波趁帕竹第悉政权内部不和的机会，从帕竹手中取得了后藏大部分地区的管理权。

王贡噶勒巴35岁的公元1467年即藏历第八绕迥火猪年，委任其子仁钦多吉为泽当寺的法座，但随后仁钦多吉即与其母亲结为一党，泽当再次发生混乱。仁钦多吉19岁时去世，其母曲贝桑姆亦去世，此时泽当的混乱虽告平息，但第悉又听信仁蚌巴措杰多吉的主意规定泽当寺的僧人须戴红帽，僧人俱不乐意，有的以补丁大小的红布代替帽子，有的则光着头，很不雅观。这不在于帽子的颜色，而是对噶举派的信崇和对格鲁派的限制，由此引起了噶举派和格鲁派的对立，这种做法对西藏公众没有益处，反造成许多危害。

公元1454年，经过父亲且萨桑结坚赞与王贡噶勒巴商议，将王扎巴迥乃年纪16岁的儿子阿格旺波委任为丹萨替寺的法座。其后不久，在阿格旺波20岁时，第悉贡噶勒巴贪图阿格旺波的京俄的职位，自任法座，阿格旺波不得已到扎喀、嘉桑两地避居了16年，直到公元1473年阿格旺波才返回了丹萨替寺和乃东宫殿。

在此期间帕竹的朝政由下面的一些官员先后执掌。公元1480年仁蚌巴·顿月多吉等率兵到达雅隆，将帕竹的管事人员驱逐，然后又进兵拉萨下游，攻占扎喀、曲水伦波孜等几处宗谿。1481年即藏历第八绕迥铁牛年的藏历新年时，以仁蚌巴为首的前后藏的各重要首领官

---

① 班钦·索南扎巴《新红史》，西藏人民出版社1982年版，第91页。

员在乃东集会，请贡噶勒巴卸去第悉职位，到官萨地方居住，将京俄阿格旺波迎请到山南继任帕竹第悉之位，并将仲喀哇之妹献给阿格旺波为妻。此时京俄阿格旺波已43岁。

3年以后，公元1483年即藏历第八绕迥的水兔年，王贡噶勒巴于51岁时去世。

王贡噶勒巴是帕竹政权的第七任第悉，他从公元1448年到1481年在位33年。

利用王贡嘎勒巴时期朗氏家族内部不和的时机，仁蚌巴表面上作出拥戴帕竹第悉的姿态，实际上竭力扩大自己的势力，挖掉帕竹政权的基础。

8．帕竹政权的第八任第悉阿格旺波

阿格旺波是王扎巴迥乃的儿子，他生于公元1439年即藏历第七绕迥土羊年，16岁时担任丹萨替寺的京俄。在43岁的公元1481年即藏历第八绕迥的铁牛年出任帕竹第悉。当时，朗氏家族的男性后裔仅存他一人，所以大臣们恳请他娶妻繁衍后代，并将仲喀哇的一个女儿献给他。

阿格旺波47岁的公元1485年即藏历第八绕迥的木蛇年，仁蚌巴率兵攻打江孜，指挥失当而失败，故此年被称为"江若泊嘉指挥错误之年"。同时，前藏地区也发生了纷争，阿格旺波不偏不倚，居中处置，教导冲突各方和好，由于他不喜欢战乱，使战乱没有造成大的恶果。

京俄阿格旺波，功业广大，在政绩方面超过了他的父亲。他给泽当寺的法相师和修供大法事给以很大的资助；唐东杰布在尼洋河渡口修建铁索桥时，他也提供了很大的帮助。

阿格旺波50岁时生了一个儿子，名叫阿旺扎西扎巴。就在这一年，由于江孜法王家族内乱，仁蚌巴战胜了江孜。

阿格旺波在52岁的公元1490年即藏历第八绕迥的铁猪年六月二日去世。在他"去世之时，因儿子年龄很小，很为眷念，身心十分痛苦，此时京俄却吉扎巴答应在其子未成年之前由他担任丹萨替寺的京俄，并与丹萨替和泽当的参与议事的大臣贵人一起认真办理政务，使第悉政权之声誉不受损害。"① 按五世达赖喇嘛的说法在当时出现了被称为"替东"（意为由丹萨替所派遣）的摄政官，京俄却吉扎巴只是名义上的总负责人，实际上是由仁蚌巴措杰多吉担负摄政官"替东"的主要职责。由于替东办事不与其他大臣们商议，只是按个人的意愿行事，引起其他的地方首领们的不满，因此第二年雅隆地区就又发生混乱，但没有造成大的恶果。

公元1493年藏历水牛年，却吉扎巴就任丹萨替寺的京俄，同年明朝皇帝派人送来封阿格旺波为阐化王的诏书和赏赐品，将这些暂时存放于府库中，金字使者们返回汉地。公元1499年的新年，以仁蚌巴为首的官员首领们在乃东集会，拥立年届12岁的阿旺扎西扎巴登上帕竹第悉的宝座，由此结束为时9年的摄政官"替东"时期。

总之，京俄阿格旺波是帕竹政权的第八任第悉，他从公元1481年到1490年在位9年，此后由摄政官"替东"掌政9年。

9. 帕竹政权的第九任第悉阿旺扎西扎巴

阿旺扎西扎巴是京俄阿格旺波之子，生于公元1488年即藏历第八绕迥的土猴年。他于12岁的公元1499年即藏历第八绕迥的土羊年登上帕竹第悉的宝座，当时仁蚌巴在丹萨替寺和泽当寺的讲经院斋僧布施，举行了盛大的即位仪式。

他刚满17岁，臣下就将仁蚌巴的一个女儿献给他为妻，妻子在公元1580年即藏历第九绕迥的土龙年生子卓微衮波，后来又生一子

---

① 五世达赖喇嘛《西藏王臣记》，第152页。

京俄扎巴迥乃。按五世达赖喇嘛的说法，阿旺扎西扎巴又娶本萨琼则仲为妻，她生子夏仲阿旺扎巴。

阿旺扎西扎巴20岁的公元1509年土蛇年，第悉和其仆从之间发生内乱，仁蚌巴给第悉写来措词严厉的信，并将第悉的军队撤回，据说这是第悉和仁蚌巴之间公开冲突的开端。次年，仁蚌巴措杰多吉在雅隆去世，在举行超荐法事时，仁蚌家的公子顿月多吉为首的军队进攻帕竹管辖的地方，第悉尽力劝谕他们退兵，但仁蚌巴顿月多吉并不听从，第悉和仁蚌巴王臣之间的矛盾进一步扩大。由于心中不能容忍这种恶劣行为，京俄却吉扎巴出来调和，他对顿月多吉说："这位帕竹第悉对整个封土和各地首领、尤其是对你们仁蚌巴是爱护的，你们以宗檾为主做一次贡奉，消除第悉的不满，乃是上策。"仁蚌巴听从此言，改正行动，迎请京俄却吉扎巴和第悉阿旺扎西扎巴福田施主二人到扎达，仁蚌巴顿月多吉对他们作了完满的服事，态度十分恭敬，并献了甲尔坡巴地方作为赔礼。第悉把仁蚌巴所献的财宝大部分给了桑耶寺，把盔甲送给护法及土地神作酬神物品，显出对仁蚌巴物品并不重视的样子，因此顿月多吉对此也不高兴。第二年顿月多吉在50岁时去世。

阿旺扎西扎巴25岁的公元1512年即藏历第九绕迥的水猴年，明朝皇帝"派遣禅师、国师主多人前来，在泽当赐给他封王的诏书。"[①]

公元1515年帕竹地方首领桑岱哇掀起战乱，仁蚌巴总管等外臣们都支持桑岱，因此后藏发生了一场大战，但双方战平。此时京俄却吉扎巴主仆赶来色达，以割让曲水伦波孜地方为条件，达成前后藏3年中不生战乱的协定。此后仁蚌巴再次掀起战乱，向江孜进兵。以琼结巴仁钦杰却为首的帕竹第悉方面的大军也开到娘堆（年楚河上游江

---

① 班钦索南扎巴《新红史》，第98页。

孜一带），噶丹巴（即第巴吉雪巴）的将军索南杰波率吉雪和澎波的军队开向襄（南木林），仁蚌巴受到严重打击，以退还其占据的江孜、白朗的土地，请求第悉原谅，并保证今后不再萌生反上之念。虽然仁蚌巴口头作了许多保证，但是并未兑现，公元1522年即藏历第九绕迥的水马年仁蚌巴再次发动大的战乱。

公元1524年即藏历第九绕迥木猴年，京俄却吉扎巴于72岁时在羊八井地方圆寂。故由第悉阿旺扎西扎巴的幼子扎巴迥乃担任丹萨替寺中断了一段的座主的职务，因他患有足疾，行动不便，故主要修习佛法。

按班钦索南扎巴的记载，当时一些地方势力不断向帕竹政权挑起战乱，比如公元1524年木猴年帕竹与达垅巴之战，次年公元1525年木鸡年达垅巴和托喀哇联合对帕竹之战，公元1526年火狗年帕竹和格鲁派联合与止贡、达垅派之战，除此这外，前后藏大部地区还算平静。公元1530年噶举派和格鲁派又发生争斗，似乎是由于它的影响，止贡和沃喀地方又发生战乱，第悉又派遣了少数部队去支持沃喀方面。到公元1538年即藏历第九绕迥土狗年，前后藏各方3年不发生战乱的协定期限已过，第悉方面正在想法继续延长协定期限，但是仁蚌巴方面没有听从，所以又发生了大规模的战乱。

总之，在第悉阿旺扎西扎巴的时期，仁蚌巴等地方首领发起了许多次与第悉政权较量的战乱，第悉对地方首领竭力设法调和争端，但是由于弊病已深，难以纠正，不过从政教两方面的实际作为来看，这位第悉还算是善于掌政的人物，帕竹第悉政权的情况稍微有改善，特别是在宗教方面，阿旺扎西扎巴写造了许多部金汁大藏经，新造许多幅缎绣唐卡，对佛教建立了广大功业。他对各教派不执偏见，都尊重服事，给以大力支持。但当时地方势力的矛盾中已经加入了红帽派与黄帽派（噶举派与格鲁派）的矛盾冲突，尽管这种教派矛盾还不足以

对全局造成重大影响，但是教派矛盾愈来愈尖锐，最后终于演变成西藏的政权由哪一个教派来掌握的大问题。据说公元1481年即藏历第八绕迥的铁牛年，在噶玛巴红帽系活佛却扎意希或称京俄却吉扎巴的鼓动下，仁蚌巴诺布桑波的儿子贡桑巴和顿月多吉率领后藏方面的军队1万余人到前藏，驱逐格鲁派的施主内邬宗宗本阿旺索南伦波和阿旺索南杰二人。此后在仁蚌巴措杰多吉担任摄政官"替东"之时，从公元1498年起禁止格鲁派的色拉、哲蚌、甘丹三大寺的僧人参加拉萨祈愿大法会，而改由拉萨附近的噶举派和萨迦派的寺院僧人参加。以后直到公元1518年，才由第悉阿旺扎西扎巴恢复色拉、哲蚌、甘丹三寺僧人参加拉萨祈愿大会的惯例，并迎请第二世达赖喇嘛根敦嘉措每年主持拉萨祈愿大法会，还把帕竹第悉在哲蚌的一座名叫"阿康恩莫"的别墅献给了二世达赖喇嘛根敦嘉措，后来将这座别墅改名为"甘丹颇章"，以后五世达赖喇嘛统治西藏的政府的名称即以这座颇章的名字命名，称为甘丹颇章政权。

阿旺扎西扎巴在他78岁的公元1565年即藏历第九绕迥的木牛年时，"大明皇帝世宗嘉靖皇帝封其为阐化王、灌顶国师法王之职。"[①]

此外关于帕竹这一时期情况记述十分简略，我们至今没有找到可以了解细节的资料，根据现有的资料，大约阿旺扎西扎巴在位后期的一个短时期中，其子夏仲阿旺扎巴曾登上帕竹第悉的宝座，但是不久后父亲阿旺扎西扎巴又重新执政。这样，帕木竹巴的第九任第悉阿旺扎西扎巴（除其子夏仲阿旺扎巴短期执政外）至少执政约64年（公元1499—1563年），这表明他大约活到80岁左右。

夏仲阿旺扎巴是阿旺扎西扎巴与本萨琼则玛所生的三个儿子中的一个。

---

① 东嘎·洛桑赤列《论西藏政教合一制度》，民族出版社1981年版，第85页。

夏仲阿旺扎巴学识广大，信奉格鲁派和主巴噶举派，"尤其是他与遍知一切索南嘉措（三世达赖喇嘛）建立施主与福田的关系，犹如一双日月，交相辉映。"① 而关于这一时期的帕竹政权的情况，据五世达赖喇嘛记载分析，夏仲阿旺扎巴还有两个弟弟，也可能阿旺扎西扎巴之后还有第十任、甚至更多任的帕竹政权的第悉，而且可能当时前后藏发生过多次严重的战乱，但这些情况都有待以后发现资料再加以补充。

总之，从帕木竹巴第十任第悉以下的情况含混不清，西藏的历史学家们经过分析考证也许会得出清楚正确的结论，所以我们对帕竹第悉的介绍暂时在这里结束。从通常的历史年代的记载法来说，帕竹政权从公元1354年到1618年存在了264年，其中到第九任第悉为190年，从第九任第悉到第悉藏巴掌握政权为74年。

---

① 五世达赖喇嘛《西藏王臣记》第157页。

第二节　明朝对西藏地方政权的管理

一、明朝的建立及对西藏地方事务的管理

在元代，长江南北岸的农民多次举行反对元朝皇帝统治的武装起义，尤其是江南农民起义的次数和规模，在中国历史上是空前的。当时经过刘福通、郭子兴等人领导的反对元朝统治的农民武装革命，最后由郭子兴的部将朱元璋推翻元朝皇帝的统治，于公元1386年即藏历第六绕迥的土猴年夺取农民革命的果实，在南京正式建立了明朝。

明朝管理西藏地方事务的办法与元朝的基本的政策并没有太大的差别。公元1372年即藏历第六绕迥的水鼠年，明朝在西藏设置了一个叫做乌思藏行都指挥使司的管理机构。明朝还对当时西藏地方最主要的掌握政权者——历任帕木竹巴的第悉赐给诏书、官爵、名号等，使他们受到整个藏区的敬重，此外明朝还给各个教派的著名贤哲、获得成就者赐给名号、诏书，给以封赏。

二、明朝对西藏高僧的封受

明朝对当时乌思藏的主要统治势力即从绛漾国师释迦坚赞开始的历任帕竹第悉，都赐给诏书和官爵，这方面的详细情形，已在前面帕竹政权部分说过。明朝皇帝给历任帕竹第悉封给大司徒、靖国公、灌顶国师、阐化王等官职，以及命其掌管吐蕃百姓的诏书、印信等，显示了明朝对西藏地方的统治和管理。此外，明朝还对当时西藏各教派的有名望的许多高僧给以大小不等的各种封号、官爵和印信。我们在下面举例说明。

1．明朝赐给历辈噶玛巴活佛的诏书和官爵

明朝永乐皇帝迎请噶玛巴第五世黑帽系活佛得银协巴于公元1407年即藏历第七绕迥火猪年到京城（今南京），给以极高的礼遇和尊崇，永乐皇帝和皇后向他请求了诸佛教诫以及金刚法界的灌顶等教法，并封他为："如来大宝法王西天大善自在佛"，赐给用100两黄金制成的金印、玉印、诏书及珍宝等，并封与他同去的3名高僧为国师，赐给金印。① 这3位同去的高僧是仲布国师、噶细巴仁钦贝、堪布官伦。明朝的成化皇帝（明宪宗）对第七世噶玛巴却扎嘉措赐给一顶特别的黑帽、珍珠袈裟、宝幔华盖等众多物品，以及黄金、绸缎等。②

公元1471年即成化七年藏历铁兔年，噶玛巴却扎嘉措派人向明朝皇帝成化帝进贡佛像等。皇帝为此颁赐给他的诏书说：

"皇帝圣旨。谕乌思藏大宝法王噶玛巴为首之人众：

你等世代居住西土，顺合天意，恭敬朝廷，谨守职司，献纳贡品，历时已久，今更勤谨。此次复遣使者来，贡献方物，如是忠顺之心，殊堪嘉奖。今值使者返回，赏赐弥等绸缎等物，以表朕回报之意，使到之日，可自领受。

赐大宝法王礼品：青色缎一匹、红色缎一匹、深绿缎两匹、诸色绸缎四匹。回赐大宝法王物品：青色缎十匹、大绿缎五匹、深绿缎十匹、钞币四千五百锭。赐国师班觉顿珠礼品：青色缎一匹、大绿缎一匹、诸色绸缎两匹。

成化七年正月二十九日。"

此件诏书的原件至今仍保存在中国历史博物馆中。

---

① 西藏自治区社会科学院、中央民族学院藏族研究所编著《中国西藏地方历史资料选辑》，西藏人民出版社1986年版，第277页。
② 《中国西藏地方历史资料选辑》第282页。

2. 明朝对萨迦派的各个高僧赐给诏书和封授官爵

公元 1413 年即藏历水蛇年，明朝永乐皇帝迎请萨迦派的大乘法王贡噶扎西到祖国内地，请求他传授灌顶，并赐给他诏书。

关于他这次受封的情形，《萨迦世系史珍宝库》中记载说：

"蛇年二月间，到达京城南台（即今南京），朝见了皇帝大法王，多次讲论佛法。大皇帝复生大敬信，毛发耸动，请求传授甚深密法之道灌顶。上师首先传给吉祥喜金刚坛城深奥成熟灌顶，大黑天护法神加持等诸多深密教法，使其如愿以偿。此后，用巨船从水路迎请上师到大都（今北京）宫殿中，并新建名叫法坪寺的一座大寺院，作为上师临时驻赐之所。大皇帝还象以前给孤独长者供奉释迦牟尼那样对法主恭敬服事，把他奉为所有福田是最为尊胜者，并对上师说：'你要像以前萨迦派历代上师传承那样，作贯通显密的大自在者，使无数众生得以成熟解脱！'皇帝还封上师为'正觉大乘法王西天上善金刚普应大光明佛像遍主金刚持'。并赐给管领僧众、护持释迦牟尼教法之金册、金印及用各种珍宝镶嵌的千幅黄金法轮等难以计量的瑰宝。"①

明朝皇帝对大乘法王的弟弟达玛达扎和洛本钦波索南扎西进行了封授，对此史书没有更详细的记载。

王勒贝坚赞（即都却拉章的南喀勒贝坚赞）生于 1399 年，由明成祖封为王，并赐给金印。关于这方面的情形，《萨迦世系史》中记载说："他 16 岁时（1414 年），未经努力争取即得到大乘法王在世时的大明皇帝（明成祖）封给辅教王的名号和金印，以及管领吐蕃的诏书、大量赏赐品，还有准许每次派百人朝贡的诏书等。"②此处虽未明记封王的年代，但他生于公元 1399 年即藏历第七绕迥土兔年，他 16

---

① 阿旺贡噶索南《萨迦世系史》，民族出版社 1986 年版，第 344 页。
② 阿旺贡噶索南《萨迦世系史》第 375 页。

岁时应为公元1414年即藏历第七绕迥木马年,此年为明朝成祖永乐十二年。

关于明朝皇帝封王南喀坚赞为王并赐给诏书的情形,《萨迦世系史》中记载说:"对于这位上师,当汉地王臣之间发生动乱之时,皇帝还将与封给其父的相同的王的名号、印信、敕文、金器、王的官服等物赐给他,毫无缺损地送到他手中。"[①] 南喀坚赞生于公元1435年,逝于公元1463年,似应是在他的后半生得到王的封号,因此可能是在明朝天顺年间。

明朝皇帝不仅这样对萨迦款氏家族的许多喇嘛封给法主、国师、王等封号,赐给金印诏书等,而且对历史上遗留下来的所有权归属问题,明朝皇帝也可以直接做出决定。例如,关于萨迦大殿的归属问题。《法王热丹贡桑帕巴传》中记载藏历水蛇年(公元1413年)明成祖为向大乘法王、噶玛巴赠送礼品,为楚布寺运来金顶,给萨迦细脱拉章首领封大国师,给(辅教)王送来封王的诏书,为向帕竹第悉送交命其交出萨迦大殿给萨迦人的诏书,派遣以侯大人、宋大人为首的5位大人及随从约500人于当年五月八日从京城动身来藏,于十二月中抵达萨迦地方。此后在这里举行了隆重的颁诏仪式。这些记载中,可以说明当时西藏的以下3点情况:

①统治乌思藏地方的帕竹第悉在占据萨迦派的萨迦大殿长达半个世纪之时,因萨迦派的大乘法王贡噶扎西前去朝廷后,利用这一时机向明朝的永乐皇帝请求,皇帝下令要帕竹把萨迦大殿交还给大乘法王,这实际上也即是得到让萨迦派可以自己管理自己的权力的诏书。在西藏地方势力萨迦派和帕竹派之间的长期未能解决的问题上,是由明朝皇帝发布诏书来实际解决的。

---

① 阿旺贡噶索南《萨迦世系史》第377页。

②明朝皇帝不仅对当时西藏的高僧和大活佛给以封赐，而且对西藏当时在政治方面比较有势力和声望的地方首领也都封给名号和官职。

③在帕竹第悉王扎巴坚赞的时期规定了与贵族官员的身份相适应的一套仪仗礼仪，以此为范例，其他贵族也加以效仿。因此，在王扎巴坚赞时期曾经担任过帕竹的森本的江孜热丹贡桑帕巴到萨迦去接受明朝皇帝颁发的封他为土官的诏书时，也安排了与其贵族身份相应的盛大仪式。这样摆设仪仗，从当时的历史来分析，当然是为了显示自己是受到明朝皇帝敕封的高级官员，不必听命于他人。

3．明朝对格鲁派喇嘛赐给诏书和封号

关于明朝永乐皇帝在公元1413年即藏历第七绕迥的水蛇年迎请宗喀巴大师去祖国内地的情况，《宗喀巴大师传佛法庄严》中记载说，明朝皇帝对宗喀巴大师十分敬信，曾派大人"哲窝"和金字使者携带各种礼品多次前来迎请大师前去汉地，并给宗喀巴大师送来金字诏书。这份诏书写在宽三拃半、纵长一庹的汉地金色纸上，纸上还绘有五爪金龙图纹。诏书上部为藏文，其下署有长生天护佑永乐年号，都是上下叠写的。再下面还有许多汉文字。公元1408年即藏历第七绕迥土鼠年宗喀巴大师对明朝永乐皇帝的诏书写了的回信，《宗喀巴大师传》中记载了回信的全文。回信谢绝了皇帝请他到内地的邀请，作为替代，他派亲传弟子大慈法王释迦也失作为自己的代表前往皇帝驾前。

公元1414年即藏历第七绕迥的木马年释迦也失受到明朝永乐皇帝邀请动身去内地，他经过山南、康区、理塘等地到达四川行省附近时，成都府的大小官员和许多兵士前来迎接。他到达成都城时，受到皇帝派来的金字使者和众多官员的迎接。他们还带来了皇帝的诏书，皇帝在诏书里说："今闻上师你已离西土，不顾途中风雨烈日寒暑，

渐次已行数万里程，前来此处，朕心甚悦，难以言喻。现今复遣人于途中赠礼迎接，以示缘起，以表朕心。"①

公元 1415 年即藏历第七绕迥木羊年释迦也失到达内地，在京城皇宫中心被称为"大善殿"的华贵高大的殿堂中朝见了皇帝，皇帝非常喜欢，举行了盛大的接风宴会，并多次给以赏赐。大慈法王抵达内地后给皇帝和大臣们传授了许多教法，并在汉地的五台山修建了 6 座寺院，在汉人花园附近修建了名叫法源寺的寺院，弘传格鲁派的修习法。关于明朝大皇帝赐给他封号的情形，《大慈法王释迦也失传》中说："大皇帝赐给他'万行妙明真如上胜清净般若弘照普慧辅国显教至善大慈法王'的封号，并赐给诏书、难以思量的礼品等，释迦也失带着在汉地首次刻版印刷的大藏经《甘珠尔》朱砂木刻本的荐新本和在朝廷书写的珍奇的金汁写本回到西藏。"②

总之，明朝皇帝对西藏地方的掌握政权的人士和各个教派的首要的高僧大德等西藏的僧俗贵族人士赐给官爵、名号，发给让他们掌管一方权力的诏书，而且还规定"不遵圣旨，法律绝不宽贷"。明朝的历代皇帝对西藏地方的政教大事的管理情况，由此可以清楚地反映出来。

---

① 西藏自治区社会科学院、中央民族学院藏族研究所编《中国西藏地方历史资料选辑》，藏文，西藏人民出版社 1986 年版，第 314 页。
② 《中国西藏地方历史资料选辑》第 316 页。

第三节　帕竹统治时期西藏的经济和文化的发展

一、帕竹统治时期经济的发展

帕竹政权统治时期，是西藏经济、文化向上发展的历史阶段。

大司徒绛曲坚赞总结了历史经验，对第悉政权的行政制度作了一些改进。这些规定，虽然在王扎巴坚赞时期将宗交给固定的官员世代管理，后来历代第悉也依据当时的实际情况作了改动，但从根本上看，绛曲坚赞所确定的制度与当时社会发展的需要基本上是符合的，它对西藏经济的发展发挥了很大作用。

例如，萨迦巴统治西藏的时期实行的万户长制度，高僧和大的官员分别掌握一部分权力，可以世代相传，导致不断发生争权夺利的事情，使一些地区多次发生动乱。当时统治整个西藏地区的萨迦政权，后来分裂为多个拉章，因各拉章和本钦间的矛盾，上下离心，使萨迦巴无法有效地管理指挥，农牧民群众的生产无法正常进行，生活无着，无力抗御自然灾害。这些造成经济基础和上层建筑不相适应，其政权只维持了70多年。

从大司徒到王扎巴坚赞之间的30多年中，各个宗的主管官员是轮换的，由于是短期的掌管，不致因权势之争而造成所管辖的地区之间的战乱，社会安定，使农牧民群众得到发展生产的机会，群众的生活有了改善和提高。

但是到王扎巴坚赞的时期，他将部份宗的主管官员改为固定任职的办法，这在短时期内大臣们还能奉公效力，有一定的好处，但是到了王扎巴迥乃的时期，萨迦巴统治时期的弊病又再度出现，私家领管宗的贵族全都维持自己利益出发，不管帕竹政权的军兵如何，私人都合法掌握着一支军队，而帕竹第悉无法对他们进行干预。后来地方贵族各自的兵力越来越大，并分别倾向噶举或格鲁等教派，终于在前后藏各处点起战乱的火焰，使帕竹政权动荡不定，最后衰落到仅存政权名义的地步。

不过这种局面对臣民百姓来说，却不完全是坏事，帕竹的属民百姓没有赋税的负担。因为在帕竹政权时期地方贵族相互发生战乱时，临时征集的兵员，要由地方贵族自行设法安排，而臣民百姓除了固定的赋税和劳役之外，似乎没有以军事需要为理由的新增的沉重差税负担。

不管怎样，帕竹政权时期总的说来可以算是西藏经济发展，人民生活有所改善的时期。由于缺乏当时经济方面的统计数字的资料，无法进行定量的分析和论述，然而，从当时西藏文化和建设方面的发展情况，可以从侧面反映出当时经济发展的情况。

二、帕竹统治时期文化和建设事业的发展

1. 语言文字学和诗词学

使用至今的藏文和藏语言文字学的理论自吞米桑布扎创制以来，经过了多次厘订，一直到帕竹时期最后完成了现今使用的文字的写法和统一的文法。这就是夏鲁大译师却迥桑布在公元1514年所著的《正字宝匣》、《文法注释明论》；巨敦仁钦扎西在公元1536年所著的《新旧词语论——丁香宝帐》；贝康译师阿旺却吉嘉措在公元1538年所著的《正字学——语灯论》。由于他们这些著作的完成和传播，藏文文法正字学确定下来了。

在诗词学方面，这一时期有许多大学者为《诗镜论》新写了注疏，其中有夏鲁大译师却迥桑布所著的《诗镜论注释诵读义成》，仁

蚌巴阿旺济扎所著的《诗镜论注释——无畏狮吼》等。由于这些著作的讲习传授，使得西藏完成了自己的独特的诗词学理论体系，使西藏的文学艺术水平比以前有了很大的提高。

例如，藏宁·夏如嘎（即桑吉坚赞 1452—1507 年）编著的《米拉日巴传及道歌》、宗喀巴大师所著的《常啼菩萨的故事——如意宝树》、《京俄扎巴绛曲的故事——福力的须弥山》、《难作诗体修饰》，象雄巴却旺扎巴所写的《罗摩衍那的故事》，仁蚌巴阿旺济扎所著的《萨迦班智达传——贤动善道》等，都是具有完美的诗歌形式和深刻含义的优秀新文学作品。

2. 关于大藏经等经典的编定及木刻印刷的发展

关于藏文大藏经《甘珠尔》，是在帕竹将要实现对整个西藏统治时，蔡巴贡噶多吉写造了一部完整的用金汁和银汁书写的《甘珠尔》，并请布顿大师担任校订，蔡巴贡噶多吉自己为这部《甘珠尔》编写了目录，起名叫《白史》，其中有《甘珠尔》的目录以及写经的经过等。这部《甘珠尔》据说有 260 函，通常称之为蔡巴《甘珠尔》。此后，帕竹政权的首任第悉大司徒绛曲坚赞兴建了泽当大寺院，在寺内设立讲经院，同时也新写造了金汁书写的《甘珠尔》。在王扎巴坚赞执政的时期，写造了两部完整的金汁书写的《甘珠尔》，和一部金汁和银汁混合书写的《甘珠尔》，还有一部墨汁书写的《甘珠尔》。

公元 1431 年，江孜法王热丹贡桑帕巴以纳塘版的《甘珠尔》为底本写造了一部完整的金汁书写的《甘珠尔》，通常称为"江孜定邦"本。从此以后便形成了每年新造一部《甘珠尔》、《丹珠尔》的例规。

关于这方面的情形，在《热丹贡桑帕巴传》中记载说："（热丹贡桑帕巴）四十三岁的阴铁猪年三月十四日吉日（鬼宿日）起，进行写造译成藏文的所有善逝佛所说经典即藏文大藏经《甘珠尔》，次年阳水鼠年（1432 年）开始写造执掌佛法的大德们对佛经的注疏和论著即藏文大藏经《丹珠尔》。从尼木迎请了写经的堪布仁波且桑吉坚赞师徒等人，首先写造了《圣法宝积经》、《般若波罗蜜多二万颂》，从此以后，在法王本人在世的期间，金汁书写《甘珠尔》一套、墨汁书写《甘珠尔》一套，写成全套的《甘珠尔》，并且提供了直至此劫之世界空坏之前不中断写经的例规的资具。"①

这里所说的写造《甘珠尔》的例规一直沿袭到1959年西藏民主改革以前。

在帕竹第悉政权的时期，汉藏民族间的文化交往比以前更加广泛深入，这促进了木刻印刷技术在西藏的广泛发展。

公元1410年即藏历第七绕迥的铁虎年，明朝永乐皇帝派内臣太监侯显到西藏迎请了准确可靠的《甘珠尔》、《丹珠尔》的底本，并以此手抄本为准在南京刻版印刷了全套的藏文大藏经《甘珠尔》，这是藏文《甘珠尔》的首次刻版印刷。这次的《甘珠尔》刻印本的荟新样本献给了五台山，另外给西藏楚布寺的噶玛巴和宗喀巴大师等人作为礼品各赠送了一套。由此开始了西藏的用木刻版大量印刷书籍的历史，使得西藏的木刻制版技术有了迅速的发展。《宗喀巴大师文集》、《萨迦五祖文集》等著作都刻版印刷，流通于世，对藏民族文化发展起到了空前的推动作用。

藏文楷书字体的规范，吐蕃3个地区虽有不同的方言，但书面用语没有大的差别，保持了基本统一，这些都得益于木刻印刷术的发展。

此后到公元1594年，明朝万历皇帝之时，在北京刻印了全套的《甘珠尔》和《丹珠尔》中的四十二函，这被称为大藏经北京版，当时担任这部大藏经《甘珠尔》、《丹珠尔》的刻版校订工作的是噶玛巴

---

① 晋美扎巴《江孜法王热丹贡桑帕巴传》，西藏人民出版社1987年版，第169页。

红帽活佛第六世却吉旺秋。

在藏族地区首次刻版印刷《甘珠尔》的情形是，公元1609年即藏历第十绕迥的土鸡年，噶玛巴红帽系第六世活佛却吉旺秋在咱日的措噶驻赐时鼓动姜域杰波（即云南丽江的纳西族木氏土司）索南热丹刻印一部完整的《甘珠尔》，索南热丹按他的指示，提出需要从西藏迎请一部清楚准确的《甘珠尔》作为刻版印刷的底本，于是从西藏迎请了存放在琼结秦瓦达孜城堡中的以前在帕竹第悉王扎巴迥乃时期由桂译师宣努贝和噶玛巴黑帽活佛米居多吉和红帽活佛京俄却吉扎巴等人多次校订过的《甘珠尔》写本为底本，刻印了全套的《甘珠尔》，费时15年。（据说此版在丽江刻成，后由和硕特蒙古达尔嘉博硕克图移至理塘，故称丽江 理塘版——译者）

在以后的各个时期中，刻印的还有卓尼版《甘珠尔》、德格版《甘珠尔》、纳塘版《甘珠尔》、布达拉雪印经院新版《甘珠尔》、昌都版《甘珠尔》等等。

关于藏文大藏经《丹珠尔》。在帕竹将要取得对西藏的统治权的公元1334年即藏历第六绕迥的木猴年，由后藏地区的夏鲁古尚贡噶顿珠担任施主，以纳塘寺的《丹珠尔》为基础，写造了一部完整的《丹珠尔》，由布顿仁波且担任校订，并且将前纳塘本《丹珠尔》中未收入的1000多篇论著增加进去，还由布顿编写了目录，这部《丹珠尔》后来通称为《夏鲁丹珠尔》。

此后，由帕竹大司徒绛曲坚赞任施主，以《夏鲁丹珠尔》为底本，并且增加《夏鲁丹珠尔》未收入的27篇，写造了一部完整的《丹珠尔》，共202函，通常称之为《乃东丹珠尔》。这只是当时写造《丹珠尔》的几例。

后来逐次刻版印刷的藏文大藏经《丹珠尔》有：纳塘版木刻版《丹珠尔》、德格版《丹珠尔》，卓尼版《丹珠尔》等。

在帕竹政权统治西藏的时期，新写造了大量的藏文大藏经《甘珠尔》、《丹珠尔》写本，特别是历史上没有过的《甘珠尔》、《丹珠尔》的木刻本发展起来，象雨后春笋，迅速增多和扩大。从这些事实中，也可以看出当时西藏社会安定、经济得到一定程度发展的情形。

3.关于西藏医药和历算事业的发展

①关于西藏的医学。

西藏的医学创始于新怡、宇妥两位大师，藏医学著作《四部医典》出现后，又有新的实践和发展。帕竹时期藏医学出现了强巴和舒尔两个学派。

强巴学派是强达南杰扎桑（公元1394—1475年）对药物的气味、药效在实践中考察后，以《四部医典》为基础，按照西藏北部地区的土质地势、气候、人们的生活习惯，结合自己治病的经验，对《四部医典》作了详尽的注释，新创了许多药方。在药物的辨认方面，经过后人的发展，形成了自己独特的特点，并逐渐传布于全西藏。强达南杰扎桑本人在医学方面有许多著作，其中的《居希注释明义》、《医学释续注疏甘露源流》、《医学后续注疏所需俱得》、《医学四续注疏除暗明灯》等，一直流传至今。

舒尔学派的主要代表是舒尔喀年尼多吉（1439—1475年）等人。他们针对以达波、工布为主的西藏地势较低的洛绒（南方）地区气候温暖湿润的地理、气候特点容易引发的肿胀、风湿等疾病的情况，总结治疗这些疾病的独特经验，并不断加以发展。他们以《四部医典》为基础，形成了自己学派的理论观点。舒尔学派在西藏南部地区为广大群众防病治病方面取得了值得称颂的重要成就。舒尔喀·洛追杰波到山南扎塘地方时，由第巴雅郊巴任施主，在西藏医学历史上第一次刻版印刷了《四部医典》，这即是著名的《扎塘居希》，它对于在西藏广大地区讲习和发展《四部医典》，起了巨大的推动作用。

②关于西藏历算学。

在这方面强达南杰扎桑有十分卓越的贡献。按照他本人的著作中反映出来的情况，他曾经拜许多这方面的善知识大德为师，学习各种显密经论，尤其是追随曲杰尊追坚赞和觉桑巴钦波嘉哇贝等人学习吉祥时轮方面的全部教法，成为十分杰出的学者，写作了关于时轮和历算各方面内容的许多著作。强达南杰扎桑讲授时轮经并在西藏历算学方面写作了许多以前没有过的论著，为了使历算学的讲习长期流传下去，他培养了许多弟子，对他的贡献，我们应该给以赞扬。

从强达南杰扎桑在历算学方面的成就，我们也可以看出帕竹政权统治时期西藏历算学的发展。

此外，在这一时期中，在历算学方面有突出成就的还有布顿大师，朵浦巴·喜饶坚赞，历算学者"三个嘉措"即藏穷却扎嘉措、克珠诺桑嘉措、浦巴伦珠嘉措等，他们也对藏族历算学的发展起了重要作用。

4．关于西藏的历史著作

这一时期出现的精通大小五明的学者多如天空的繁星，不可胜数，大都是佛学大师，在研究的同时，也撰写了一批历史著作。《布顿佛教史》成书于公元1322年，该书是西藏历史上第一部成型的教法史，后期同类著作都是以它为蓝本的。作者布顿仁钦珠（公元1290—1364）是著名的佛学大师，后为夏鲁寺寺主，在夏鲁寺36年中，著书多达200多种。

《贤者喜宴》成书于公元1564年，作者巴俄·祖拉陈瓦（公元1503—1565年），是噶玛噶举派乃囊寺二世巴俄活佛。他的《贤者喜宴》是一部集政治、经济、宗教、文化及自然科学之大成的历史著作，收集了大量今人仍难见的史料、古藏文碑铭石刻、吐蕃赞普诏书、盟书，书中还记录了许多神话传说和历史故事，其生动的语言情节广为今人传诵。

《青史》写于公元1467年，是噶举派著名僧人桂译师·宣努贝（公元1392—1482年），他的著作很多，传世的文集就有10函。《青史》全书15章，包括教法来源、中原王朝、乌思藏王朝、前后弘期佛教的传播、传承、高僧、寺院等记述十分详实。

《红史》成书于公元1346年，作者蔡巴·贡嘎多吉（公元1290—1364年）15岁继任蔡巴万户长，在担任蔡巴万户长的28年中，管理蔡公堂寺、拉萨大昭寺、布达拉宫庙宇，保护和维修、建造佛像和佛塔，立下重大业绩。他请布顿大师校勘了纳塘版大藏经，还用金汁和银汁书写了《蔡巴甘珠尔》，蔡巴一生著述很多，以《红史》最为著名，该书叙述了从吐蕃到萨迦时期藏传佛教各教派源流，书中史料多为亲历耳闻，有较高的历史价值。

此外还有《新红史》、《汉藏史集》等，有博东·列乔南杰的《智者入门》、觉囊多罗那他的《印度佛教史》、《莲花生大师传》等等，使这个时期成为西藏历史上历史著述最繁荣的时期。

5．建筑方面

这一时期的建设成就，主要反映在新建的寺院上，有格鲁派的前后藏四大寺、拉萨上下密院、俄尔艾旺曲德、江孜白居寺、泽当大寺、图丹南杰林寺、图丹色多坚寺等不同教派的许多寺院。这些寺院的殿堂和建筑庄严雄伟，凝聚着藏族劳动人民的智慧精华。此外，拉萨大昭寺、桑耶寺等吐蕃王朝时期兴建的珍贵的建筑，中间发生损坏等情况，这一时期中也进行了广泛地修复。

这些建筑显示了民族传统工艺的鲜明特点。此外在新塑造佛像方面，除了在西藏分裂时期的后期绰浦译师所造的绰浦弥勒大佛像和本世纪初九世班禅大师图丹却吉尼玛新造的扎什伦布寺的弥勒大佛像以外，西藏著名的弥勒大佛像如昂仁弥勒大佛像、绒弥勒大佛像、扎什

伦布寺大经堂的弥勒殿中的弥勒大佛像、哲蚌寺的弥勒像见者解脱等，都是在帕竹统治时期即公元15世纪中建造的。上述这六尊用金、铜等材料建造的佛像，虽然大小方面有差别，但是总的说来，这些佛像不仅是在我国，就是在世界上也可以算得上是用金、铜材料建造的佛像中的巨大者。

在佛塔的兴建方面，昂仁县境内的迥仁波且的大佛塔、拉孜县境内的江地方的大佛塔、萨迦县境内的绰浦寺的大佛塔、江孜县境内的白居寺的大佛塔等在西藏地区可以算得上是最大的这些佛塔，也是在帕竹政权的时期先后建造的。

6．关于建造桥梁方面

由于帕竹时期经济的发展，当时在西藏的各条大江大河上新建了许多铁桥（铁索桥），这些桥的建造者就是被称为"铁桥活佛"的唐东杰布。唐东杰布（公元1385—1464年）噶举派僧人，他在游说谒佛途中，深感乌思藏地域辽阔，山高路险，交通不便，后下决心建桥，公元1430年，在当地头人和百姓的支持下，先建成曲水铁索桥，后在藏东许多地方建桥，一生中先后建铁桥58座，木桥60座，还建造了100多条渡河船。在当时的自然条件下连续兴建这样巨大的建筑工程，如果没有一定的经济发展基础，显然是不可能完成的。

7．关于植树造林方面

帕竹第悉政权为了地方的发展，十分重视植树造林的事业。当时西藏各地的植树造林事业有了相当的发展，所以一些地方的环境变得比以前更加优美。植树造林的成果为后代提供了取之不尽的木材宝库。

这一时期民族的男女服装、金银饰品等也受到很大重视。这些都有力地说明在帕竹政权时期，特别是在帕竹政权的前期，西藏的经济、文化得到了巨大的发展。

第四节　帕竹政权时期的格鲁派

格鲁派是西藏佛教各教派中最后形成的一个大教派，它兴起于帕竹时期，得到过帕竹政权的大力支持。在帕竹政权时期的后期，其势力的迅速扩张，后来逐渐成为西藏社会继统治地位的教派。

一、宗喀巴大师罗桑扎巴生平简述

格鲁派的创始人宗喀巴罗桑扎巴出身于脱思麻（安多）地区的宗喀地方，父亲是达鲁花赤鲁本格，母亲名叫辛萨阿却。他生于公元1357年即藏历第六绕迥的火鸡年，出生时伴有诸种异兆。他是父母所生的6个儿子中的第四个儿子。

宗喀巴3岁时，从法主噶玛巴若贝多吉受近事戒，起名贡噶宁波。7岁时，由法主顿珠仁钦任为他传授了沙弥戒，起法名罗桑扎巴，因为他是宗喀地方人，成名后被称为宗喀巴。

公元1373年17岁的宗喀巴来到止贡替寺，拜见了止贡的京俄却吉扎巴，听受了许多深密教法，又随蔡地方的医生官却加卜听受了医学知识，记诵《四部医典》。后来他跟随许多大师学习佛法，并在萨迦、泽当、拉顶、纳塘等寺院参加巡回辩经，在佛教显宗的各方面都达到了学者的顶峰。

宗喀巴20多岁时，受比丘戒，此后开始学习密宗。他在丹萨替寺跟随京俄却吉扎巴听受那若六法和声明等，还在喇嘛意希坚赞那里详细听受了《时轮本续》及其《大疏》等教法，因而对于历算也很精通。

宗喀巴还随喇嘛德钦却贝听受时轮、金刚鬘的灌顶、教诫、传授、舞步、弹线、声调等，学习了金刚心要及注疏、密集教法及布顿

大师的著述等。

宗喀巴还学习了以瑜伽教法为主的密法四续部中的下部密乘（即事续部和行续部）的教诫和灌顶等，对各种教法如同清水注入瓶中，迅捷接受。

总计起来，宗喀巴大师前后依止了40多位佛学大师学习佛法，为教化众生广做灌顶、教诫、密续、说法、传戒等佛法事业。

宗喀巴的传法事业，在《宗喀巴大师传佛法庄严》中有详细的记载。

大师32岁时，撰写《现观庄严论狮子贤释详疏》即大论《善说金鬘》。35岁时，他在门喀扎西栋驻锡。一天晚上，宗喀巴大师坐在坐褥上谈话西藏的诸佛教大师的各种史迹之后，说道："往日噶细巴喜饶僧格在一次定期法会上能讲十一种经论，后期中西藏有谁能于一期法会中讲那样多的经论？"众弟子于是要求大师也如此讲经，上师接受了。从当月的十日起直至月底，上师闭关阅读典籍，到月底的那一天，他将一切典籍卷束包扎起来。从初五日起，于同一天开始15部经论开头的，每一天中从黎明到黄昏之间讲15座法，未曾断。在15种经论中，有两种小部的先讲完，即再以两种小部经论补上。总计所讲经论有：《释量论》、《现观庄严论》、《上下对法》（两种）、《戒律本论》、《慈氏五论》的后四论（两种）、《中观五论》（五种）、《入中论》、《四百颂》、《入行论》等共计17种大论著。这样历时3个月，全部讲完。①

史书记载，他后来还同时讲过29经论。成为使众人惊叹的奇迹。

宗喀巴大师一生有四大业绩，其一是修复了沃卡精其寺，该寺佛殿中有一尊噶尔米·云丹雍仲建造的弥勒铜像，高一人多，具有大加持力，但寺庙因年久无人管理，寺像颓芜，遍是尘土鸟粪等污物。宗

---

① 周加巷《宗喀巴大师传》第169页。

喀巴师徒看到这一情况后，于是向施主沃卡达孜说起，在施主的支持下修复了寺院墙壁、楼房、室内地面等，为了粉刷涂彩，师徒等人把身边可以拿出来的物品都献出来，使之顺利完成。

宗喀巴大师39岁住于列麦森格宗时，在色其崩巴举行供养大法会，讲了许多戒律方面的教法，举行净除堕罪、忏悔护戒的仪式，对诸弟子亦如律加行。

春天里宗喀巴大师住于列地区的岗究时，为僧众说各种甚深教法，对众人讲说斋戒及皈依的律仪，由大师亲自动手带动僧俗众人制做"擦擦"泥塑小佛像数十万尊，以后大师还这样做过多次。这是宗喀巴的第二大功业。

宗喀巴大师46岁时写了《菩提道次第广论》。51岁时的火猪年，宗喀巴大师在色拉却顶严格闭关修行，在这时撰写了《辨了义不了义论——嘉言心要》。52岁的土鼠年，重新为拉萨大昭寺佛殿和回廊的壁画上色，进行了广泛的维修，为举行拉萨正月祈愿大法会进行了准备。关于这方面的情况，克珠杰《宗喀巴大师略传——信仰入门》有较详细的记载。

宗喀巴大师53岁的公元1409年即藏历第七绕迥的土牛年，创立了拉萨祈愿大法会。从牛年正月初一至十五日之间，作大神变供养大会。

在觉卧佛像前，呈献了纯金制作的带有飘带的五部如来佛冠，并以碧玉宝石、珍珠、松耳石等珍宝嵌饰，极为美妙庄严。向不动佛和11面观世音像呈献以纯银制作的美妙的佛冠，在觉卧佛像前面，供献大银钵，在银钵前安置大小适合的银质坛城等供物。神变法会期间对大昭寺和小昭寺的释迦牟尼像每天在面容上涂金汁，在初八和十五两天则为佛像全身涂金。又在两尊释迦牟尼像及各主要佛像上供献以最好的绸缎缝制的七衣和祖衣。在男菩萨和女菩萨等16尊像以及示现

忿怒相的诸神像上，供献以上等绸缎缝制的肩帔和禅裙。

此外，在各大小佛殿的屋顶和飞檐、女儿墙等突出处，全部用绳索联结，饰以经幡、拂尘和响铃等物，排列紧严。在外面的环行大道之外，栽立许多极高的木杆，悬挂绸缎制成的极为威严的大幡，幡上以各方的护法神像作为庄严。每天晚上举行供施朵玛的仪轨。

另外，每天还在内回廊以上处点燃明灯四百盏，在中绕行道上点燃明灯百余盏，在外绕行道的石碑（指大昭寺门口的唐蕃长庆会盟碑）旁边正对着觉卧佛像的地方设置一个方形的大缸，每边约宽3庹，其中注满酥油，竖立一根适度的灯柱，其灯焰犹如黄金光束直冲云霄，其他还有大陶缸，注满酥油，灯柱粗如成年人的手臂，约有一箭杆的高度，便利人们在外绕行道上绕行。

经这样安排，大地上光明灿烂的连环明灯的光焰，直达于天空，掩盖了中夜降临的夜幕中出现的群星的星光，犹如群星愧不如而离去，众人亦难见到星星的光亮。

据《宗喀巴大师略传》中记载：大法会"用于敬神供僧的物品以及捐献的信财等，大致计算后总共有：黄金921两，值黄金450两的白银，酥油37060克（按现今的度量，1拉萨克酥油合6斤7两，总共为酥油248320斤），青稞、糌粑18211克（按现今的度量，1克粮食合28斤，总计为粮食509908斤），白茶416两，砖茶163包，蔗糖18包，干肉类2172腔，大柱面幡及幡幢33件，袈裟法衣30套，缎290匹，布帛731匹，柱面毯50余条，大小古旧玉石60余颗，牛马等牲畜折价白银2073两，为每一灯柱献茶14盘、白香21克、神像华盖3套，箭杆长的大香33270根，盘香和红花25大袋。此外，还有未计入的许多零碎物品。"①

---

① 克珠杰《宗喀巴大师略传》第86—93页。

这些财物的主要提供者是帕竹政权第悉、京俄、乃邬宗宗本和当地的世俗贵族,没有他们的支持大法会是搞不起来的,同时,如此丰富的财物也显示了当时西藏经济繁荣所达到的程度。这是宗喀巴一生中创立的第三件大的功业。

就在大法会后的公元 1410 年宗喀巴大师创建了甘丹寺,这是宗喀巴的第四件大功业。甘丹寺的创立标志着格鲁派的正式兴起。

公元 1419 年,63 岁的宗喀巴大师将自己的僧帽、袈裟大氅赐给弟子贾曹杰,表示授权他代理自己的法座。当年的十月二十五日,宗喀巴大师圆寂。

从宗喀巴大师去世的第二年起,每年十月二十五日在甘丹寺举行"安却钦莫"(五供节)的燃灯供祭的法事,这一惯例推广到整个藏族地区,到现今依然保持不衰。

宗喀巴大师一生著作共有 18 函,他的亲传弟子一百多人。

二、关于甘丹寺的历史

以前,宗喀巴大师没有一座固定居住的寺院,因此,他的修行和讲经著述都是在不同的地点进行的。公元 1409 年拉萨祈愿大法会之后,各地方首领及弟子、施主多次提出献给他一座旧寺院或新建一座寺院时,他同意新建一座寺院。

这座寺院地点就选拉萨以东 40 公里处的旺古日山山下,宗喀巴大师亲临其地,对地基作了加持。弟子都增扎巴坚赞和贾曹杰二人为首的前藏地区的大部分僧人来到这里,按照宗喀巴大师的吩咐,开始兴建甘丹寺。附近的施主和僧俗民众捐献了无数的财物。在土牛年的当年,就建成了寝殿为主的僧舍 70 余处,并为上百处建筑打了地基。

宗喀巴大师 54 岁的铁虎年(1410 年)的二月五日,他到达甘丹寺,为刚刚建成的佛殿及佛像等进行盛大的开光仪式。从此以后,他

就在这座寺院中安住，为甘丹寺具足所有显密教法打下了根基。而格鲁派的声名渐渐遍布于大地之上的各个地方。

宗喀巴大师在此圆寂后，从乃东、止贡、内邬等地送来了许多金银作为献给宗喀巴大师的超荐礼品，由贾曹杰和都增扎巴坚赞二人主持，建造了宗喀巴大师的内供黄金像，身量比拉萨大昭寺的觉卧佛像高一肘，极善妙庄严，安置在大师的灵塔之中。后来第五十任甘丹赤巴甲哲根敦彭措将银质大灵塔的处部用纯金包裹起来，被称为甘丹寺大金塔。

明朝皇帝赐给大慈法王的檀香木幕室、内部的帷幔、上面的库缎缝制的宝盖、珍奇的丝织十六罗汉、四大天王、密不动金刚唐卡等物品也奉献给宗喀巴大师灵塔。后来每年六月里在第3个7天的期间举行展出珍奇丝织唐卡、向灵塔供祭的活动，成为例规，被称为甘丹丝织唐卡节。

清乾隆二十二年即公元1757年，乾隆皇帝作为给具誓法王像的酬补供物奉献了一顶镶嵌有黄金、珍珠等宝物的极为殊胜的头盔，头盔上有藏、汉、满、蒙四种文字，存放于央坚佛殿之中。除此，甘丹寺还有许多极为殊胜的佛殿、佛像。

1. 关于甘丹寺的法台（甘丹赤巴）

甘丹寺法台是宗喀巴大师的法位的继承者，因此和别的寺院的法台职位不同，担任此职务需要具备特别的条件，不论是不是转世活佛，也不论出生地区和出身的寺院以及年龄大小、贵贱高低、声望大小等，只要精通显密经论及讲经听法的学识，都可以担任。群众中的谚语说："男子汉应自己努力，甘丹寺的金座地没有主的。"这生动形象地说明了能不能担任甘丹赤巴的职位，关键在于学识的大小。

关于升任甘丹赤巴的过程，《黄琉璃》中说："登上依怙法王的金座的过程，与修法证果的十地的形式相同。首先要成为我等众人的教

法之宝，即出家为僧，发愿努力学法，遵守教规，进入法苑中学习。然后广泛听闻各部大论，巡回辩经，达到合格，然后进入观修，步入贤哲的行列。然后进入上下密院讲习密法，逐步升上甘丹赤巴的金座。"甘丹寺至今已有96任法台。

2. 甘丹寺的扎仓和康村

当克珠杰担任甘丹赤巴时，任命了4位讲经师，因此当时就有4个讲习经论的扎仓。后来，这4个扎仓合并为绛孜扎仓和夏孜扎仓两个。

绛孜扎仓的创建者是宗喀巴大师的亲传弟子霍尔敦南喀贝桑布，此后的法座为达波钦波贡噶扎西、曲杰洛追丹巴等人。绛孜扎仓有12个康村。

夏孜扎仓是由宗喀巴大师的亲传弟子乃丹仁钦坚赞亦称夏尔巴仁钦坚赞创建的，其后的法座有温达哇扎巴、尼玛扎等人。夏孜扎仓有11个康村。

甘丹寺在创建时大约有500名僧人，以后逐渐发展，通常说甘丹寺有3300名僧人，其实甘丹寺僧人最多时曾超过5000名。

甘丹寺的创建标志着格鲁派的兴建，由于该寺的寺名，这个由宗喀巴大师创立的新兴教派被称为格鲁派。又因为宗喀巴大师与以往一些持守戒律者的习惯相同，戴黄颜色的僧帽，因此他创建的这个教派还被人称为黄帽教派。

三、贾曹杰达玛仁钦的事迹

贾曹杰达玛仁钦是宗喀巴的重要弟子之一，他于公元1364年即藏历第六绕迥阳木龙年生于年楚河上游日塘地方的隆拉卓恰。他10岁那年，在乃宁寺受沙弥戒，起名为达玛仁钦。此后在上师贝官巴的身前学习文字读写，学得很好。

他以贡噶贝为经师学习《量理论注疏》、《量抉择论》等，又跟从日囊巴仁钦多吉学习《般若》，从顿珠仁钦学习《俱舍论》，从洛追桑波学习《戒律论》。此外，他还跟从许多善知识大德学习了显密经论。特别是他后来以仁达哇宣努洛追为上师听习了般若、因明、戒律、俱舍、中观等显宗方面的经论和密集等密宗方面的大部分经咒，精通了各个教派的教法，成为仁达哇弟子中广通经论的7人中的一个，被称为擅长辩论的弟子。

贾曹杰25岁的土龙年（1338年）时，受比丘戒。此后，他到萨迦寺等后藏地区的各大寺院参加各部大论的噶居巴巡回辩经，在泽当寺辩经后，他遇见了宗喀巴，对他的学问十分佩服，于是拜他为师，从师兄弟关系变成了师徒关系，并且从那以后一直与宗喀巴大师形影不离，时时相伴。

贾曹杰心思敏捷，宗喀巴大师不论讲何种经典，他都能立即融汇贯通。宗喀巴大师在南木章顶广说戒律方面的教诫，他立即记录下来，整理成《在南木章顶所说教诫》，宗喀巴大师在色拉却顶讲说《母续圆满次第》，他立即整理成《圆满次第春之雨露》，他这样记录了宗喀巴大师的许多讲论，整理出众多著作。

宗喀巴大师后期的许多宗教活动，如1409年创立拉萨祈愿大法会，兴建甘丹寺，贾曹杰都参与并负了主要责任。

当宗喀巴大师在世时，他的大多数弟子们就奉贾曹杰为上师，宗喀巴大师给人传授出家戒、比丘戒时，都让贾曹杰参加传授，进行护持。

宗喀巴大师去世时，贾曹杰在56岁时接受了大师的大氅和长顶尖帽，继承了他的法位，担任甘丹寺的第二任法台。他在任甘丹赤巴的13年间，以说法和修行广泛利益佛法及众生。

贾曹杰在他68岁的公元1431年即藏历铁猪年时，委任克珠杰格勒贝桑继承自己的法位，担任第三任甘丹赤巴。贾曹杰最后在他69

岁的公元1423年即藏历第七绕迥的水鼠年在布达拉圆寂。贾曹杰一生撰写了许多论著，共计有八函之多。

四、克珠杰格勒贝桑的事迹

克珠杰格勒贝桑也是宗喀巴的重要弟子之一，他于公元1385年即藏历第七绕迥的木牛年出生在后藏拉堆绛地区的朵雄地方。父母亲生有3个儿子，他是长子。他出生后，相传他是克珠拉旺的转世，因此他在幼年时即被人们称呼为克珠杰。

克珠杰出家后，听受了沙弥应学的各种知识，以后又跟随师傅学习因明七论、上下对法、慈氏五论、中观理聚五论及戒律论，过了不长时间，他就成了一名著名学者。克珠杰从年轻的时候起就在讲、辩、著等方面获得了无比的声誉。他从16岁起就到后藏地区的各个寺院参加巡回辩经。克珠杰18岁时撰写了《文殊语狮子赞——身相极庄严》。

克珠杰原本也是仁达哇的弟子，受比丘戒后，对宗喀巴大师产生了虔诚的信仰，在他22岁时来到前藏拜宗喀巴为师。

克珠杰从宗喀巴大师那里听受了《菩提道次第论》等甚深教诫，特别是听习了宗喀巴大师密传及密咒方面的许多教诫。宗喀巴大师对他说："你要弘传我的密咒教法！"将自己所有的教法都交付给他。

宗喀巴大师圆寂后，克珠杰通常在日沃当坚地方居住。当时，江孜的热丹贡桑帕巴迎请他到江孜去，为白居寺的格鲁派扎仓举行了奠基仪式。

公元1431年即藏历第七绕迥的铁猪年，贾曹杰到乃宁寺，会见了克珠杰，并要求克珠杰担任甘丹寺法台。克珠杰应邀与贾曹杰一起去前藏，出任甘丹寺的第三任法台，任职8年。克珠杰的著作有《宗喀巴大师略传——信仰之门》、《宗喀巴大师秘传——珍宝穗》、《释

量论注疏——教理海》、《现观庄严论注释》等13函。

后来，克珠杰被追认为第一世班禅大师，因此我们在这里附带简要介绍在帕竹统治时期广建功业的第二世和第三世班禅大师的事迹。

第二世班禅大师索南乔朗于公元1439年即藏历第七绕迥的土羊年生于后藏的洛库地方。

他还是一个儿童时，肤色难看，身材不美，他到巴索却吉坚赞身前时，巴索曲杰问他叫什么名字，他说名叫"贝吾"（牛犊之意），巴索曲杰说小牛长大了会成为大法牛，就给他起名为索南乔朗。他依止善巴钦波洛追比巴等人为经师，学习各种知识，成为一名学者，并担任温萨地方的雪寺院的法台。他去桑普寺参加巡回辩经。

此后他按照释迦牟尼的铜像的授记，在温地方的杂浦兴建了一座被称为曲科伍顶的寺院，并撰写了与动物对话形式的道歌等著作。他最后在66岁的公元1503年即藏历第八绕迥的木鼠年圆寂。

第三世班禅大师洛桑顿珠于公元1504年即藏历第八绕迥的木牛年伴随诸种异兆诞生在温萨地方。

他11岁时，削发出家，起名为洛桑顿珠。他曾去哲蚌寺、扎什伦布寺学经，后四处去云游，拜师学法。

33岁时，由根敦嘉措任堪布在哲蚌寺授了比丘戒。此后，洛桑顿珠按照根敦嘉措的预言，在温地方的中间的山峰上兴建温寺，广转法轮，进行修习。最后，洛桑顿珠在他61岁的公元1566年即藏历第九绕迥的火虎年在温寺圆寂。

五、嘉央曲杰的事迹和哲蚌寺的兴建

1. 嘉央曲杰的事迹

嘉央曲杰扎西贝丹在公元1379年即藏历第六绕迥的土羊年生于桑耶地方，后来在泽当寺出家为僧。

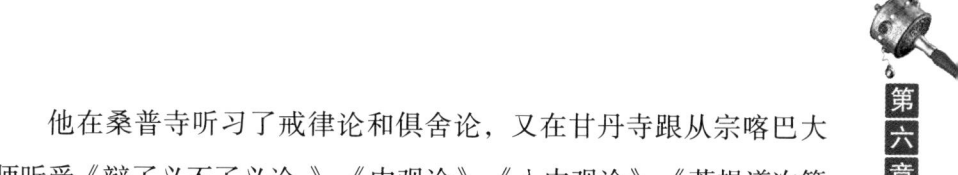

他在桑普寺听习了戒律论和俱舍论，又在甘丹寺跟从宗喀巴大师听受《辩了义不了义论》、《中观论》、《入中观论》、《菩提道次第论》、《菩提道次第广论》、《密宗道次第论》、《密集注释明灯》等显密教法，并融汇贯通于心中。相传他的智慧聪明无人能及。此后，由宗喀巴大师给他授了比丘戒。

按照宗喀巴大师的指示，嘉央曲杰在他38岁的公元1416年即藏历第七绕迥的火猴年兴建了哲蚌寺。

嘉央曲杰在哲蚌寺建成后担任寺院第一任法台，并委任了各个扎仓的讲经师，由内邬庄园供给每年祈愿大法会和修供白伞盖法会的物品，连续供给夏季和冬季法会的物品及在需要时供给寝殿和讲经院所需的僧衣食物品等，他还照宗喀巴大师的指示像父亲关怀儿子那样建立起巨大的僧伽，完满地开展讲经闻法活动。

嘉央曲杰本人在各个学期都要宣讲显宗的8部经论的藏人注疏，他总共讲授过的经论达130余种。嘉央曲杰无论何时得到信徒所献的财物，都总要分成3份，1份用来写造经典和建造佛像、佛塔，1份用来给病人施给药品，一份用来解决寝舍所需和护持弟子。在嘉央曲杰担任哲蚌寺法台的32年中，他一直广转显密法轮。嘉央曲杰最后在公元1449年即藏历第八绕迥的土蛇年四月十八日圆寂，他的遗体安放在银塔中，供奉在哲蚌寺的佛殿中。

嘉央曲杰的著作主要有《宗喀巴大师秘传祈愿》、《般若经义初学者体验》及教诫、记录等多种。

2. 哲蚌寺的历史

宗喀巴大师曾说："为了我们本派显密教法的讲习永不中断，并且弘传到一切地方，应当兴建一座圆满的寺院，并且像母亲养育儿子一样发展出各个寺院。"公元1416年，由内邬首领南喀桑波担任施主，嘉央曲杰主持兴建了哲蚌寺。嘉央曲杰任第一任法台，后还有14任，

从第14任第五世达赖喇嘛开始，历世达赖喇嘛在名义上担任哲蚌寺法台。

哲蚌寺最初有七大扎仓，后来合并为4个扎仓。即扎西郭莽扎仓、洛色林扎仓、德央扎仓、阿巴扎仓，前三个为显宗扎仓，后一个是密宗扎仓。其中的扎西郭莽扎仓有16个康村，洛色林扎仓合并了以前的都哇扎仓、夏郭日扎仓、兑桑林扎仓，它下面有24个康村。

哲蚌寺的僧人数目，在第巴桑结嘉措写作《黄琉璃》时把它列为最大的超级寺院，说它有4200多僧人。此后哲蚌寺僧人逐渐增加，通常说哲蚌寺有7700名僧人，将此作为基本的僧人数，实际上在僧人最多时，大大超过这一数字，是常住僧人最多的寺院。

哲蚌寺中的甘丹颇章，是公元1518年即藏历第九绕迥的土虎年由帕竹第悉阿旺扎西扎巴把在哲蚌的一座叫做"朵康恩莫"（青色石头房子）的帕竹的别墅送给第二世达赖喇嘛根敦嘉措，根敦嘉措将别墅改名为"甘丹颇章"。

从二世达赖喇嘛起，历辈达赖喇嘛在哲蚌寺时都居住在这里。此后到公元1624年即藏历第十一绕迥的水马年时，固始汗以武力结束了第悉藏巴噶玛丹迥旺布的政权，将西藏地方献给五世达赖喇嘛，新建的政权的名称就称为甘丹颇章，这样甘丹颇章从宫室的名称变成了政权的名称。从政治上说，哲蚌寺具有与其他寺院不相同的重要的地位。

六、大慈法王释迦也失的事迹

1. 释迦也失

宗喀巴大师的亲传弟子大慈法王释迦也失出身于蔡巴地方的首领家族，于公元1354年即藏历第六绕迥的木马年出生在蔡贡塘地方。

他出家时起名为绛钦曲杰，从幼年时开始学习读写文字，努力修习教法，依止众多上师学习各种经论，并成为了一名学者。特别是他担任宗喀巴大师的司茶侍从以后，宗喀巴大师为他传授了许多显密教法。

公元1413年明朝永乐皇帝派遣使臣来迎请宗喀巴大师到祖国内地去，宗喀巴大师派释迦也失作为代表，于公元1414年从山南经过康区理塘等地，到达明朝皇帝的宫中，朝见明朝永乐皇帝。明朝皇帝对释迦也失极为礼敬。有一次永乐皇帝得了重病，经释迦经失诊治，解除了病痛。

明朝皇帝为了在京城弘传宗喀巴大师的教法宝藏，命释迦也失传习佛法，特别是修供续部的大坛城。释迦也失按照皇帝旨意，对密集、喜金刚、胜乐、时轮、大威德49尊、药师佛等的坛城做了完整的修供，因而被皇帝尊奉为上师，皇帝赐给他有黄金轮的印，封他为"万行妙明真如上胜清净般若弘照普慧辅国显教至善大慈法王"，并赐给封诰和无数礼品，还赐给一套在汉地刻印的藏文大藏经《甘珠尔》。这套大藏经为朱砂本，封面用金字书写，十分珍奇。

大慈法王为皇帝的长寿给他授好灌顶法，"据说当时出现了长寿丸放射光芒等许多获得成就的征相，使得皇帝十分惊喜，对他极为尊敬，赐给他嵌有金银珠宝的宝座、案机、脚台、坐垫等无数物品。"从此释迦也失被称为大慈法王。

释迦也失在北京居住的9年中，多次为皇帝和大臣等人讲说佛法。他在五台山兴建了6座大寺院，并在京城附近兴建了法源寺，在祖国内地传播了格鲁派的教法。

大慈法王返回西藏时，皇帝专门派遣使臣护送他。他返回西藏后，首先到甘丹寺宗喀巴大师身前，献上永乐皇帝所赐丝织十六罗汉唐卡、檀香木宝帐、镶嵌珍宝的金银曼遮等大量物品，祈愿宗喀巴大师健康长寿。

此后，大慈法王又受到明朝永乐皇帝的邀请，于公元1424年即

藏历第七绕迥木龙年再次前往内地。当他还未抵达京城时，永乐皇帝就去世了。永乐皇帝的儿子宣德皇帝比其父亲更加尊礼大慈法王。大慈法王又在内地居住12年，建立事业后，动身返回西藏，在途中走到卓莫喀（在今青海省民和县境内的转导乡）地方时圆寂，那是他82岁的公元1435年即藏历第七绕迥的木兔年的十二月二十二日。

大慈法王因永乐皇帝的迎请两次到达内地，长时期广作利益佛法及众生的事业，特别是先后担任了永乐、洪熙、宣德、正统4位皇帝的上师，对加强汉藏民族间的情谊和文化的发展做出了重要的贡献，为了纪念他，整个藏族地区每年十月二十四日即宗喀巴大师忌辰（五供节）的前一晚上要举行被称为"四供节"的活动，并成为例规。

2．色拉寺的兴建

公元1419年即藏历第七绕迥的土猪年秋天，大慈法王迎请宗喀巴大师到色拉却顶礼敬供养。宗喀巴大师对他作了应在色拉兴建寺院，奠定讲修佛法的根基的指示，而且宗喀巴大师为建立妙善的缘起，在色拉却顶做了长净，并且对胜乐和密集两种密法从头开始各讲了一座法的内容。按照宗喀巴大师的指示，大慈法王在当年为色拉特钦林（色拉寺）的佛殿奠了基，兴建僧舍等工程的资材大部分是由帕竹的大臣内邬宗巴南喀桑波提供的。此后不久，宗喀巴大师圆寂，大慈法王在色拉做了盛大的超荐法事。

经过大约两年，新建了大经堂和后殿，大慈法王将他从汉地得到的以白檀香木制成的十六罗汉像为胎藏而铸的十六罗汉药泥塑像及居士、和尚像（加上这两尊像即汉地所说的十八罗汉）、朱砂版大藏经《甘珠尔》等身语意的依止处安放在大经堂的后殿中，由此开始，大慈法王在色拉寺广转法轮，并陆续建成了其他佛殿及佛像、佛塔等。

大慈法王释迦也失担任色拉寺的第一任法台，此后的18任法台中，二世达赖喇嘛根敦嘉措、三世达赖喇嘛索南嘉措、四世达赖喇嘛云丹嘉措、四世班禅大师洛桑却吉坚赞、五世达赖喇嘛阿旺洛桑嘉措分别担任了第十一、十五、十七、十八。十九任法台,从五世达赖喇嘛洛桑嘉措以后,历辈达赖喇嘛都是名义的色拉寺法台。

色拉寺刚兴建时有堆巴、麦巴、甲、仲顶四大扎仓,后来甲扎仓和仲顶扎仓合并到堆巴扎仓之中,但在后来的发展中又出现了杰巴扎仓和阿巴扎仓,色拉寺仍是四大扎仓,即堆巴扎仓、麦巴扎仓、杰巴扎仓和阿巴扎仓,其中,前三个扎仓为显宗扎仓,阿巴扎仓为密宗扎仓。

关于色拉寺的僧人数,在第巴桑结嘉措写作《黄琉璃》时有2850名僧人。通常说色拉寺有5500名僧人,并以此作为色拉寺僧人的基本人数,实际在其僧人最多时,要大大超过这一数字。

七、一世达赖喇嘛根敦珠的事迹

宗喀巴大师的弟子一世达赖喇嘛根敦珠,于公元1391年即藏历第七绕迥的铁羊年出生在萨迦古尔玛地方。其父名官波多吉,其父母共有4个儿子,根敦珠为第三子。

根敦珠7岁时,跟从那塘堪钦珠巴喜饶受了近事戒,又跟从甲敦旃陀罗学习藏文读写和梵文兰扎体、瓦尔都体,精通了印度和西藏的各种文字。15岁的木鸡年,在那塘寺珠巴喜饶为其授了沙弥戒,起名为根敦珠巴贝,后来他自己又在其后加上"桑布"两字,成为根敦珠巴贝桑布。根敦珠20岁的铁虎年,又由珠巴喜饶给他传授了比丘戒。

根敦珠在他25岁的木羊年前往前藏,当宗喀巴大师被阐化王扎巴坚赞迎请到温区的扎西朵喀地方时,他前去拜见,向宗喀巴大师请教了《量抉择论》《辩了义论》、《中论》、《上师五十颂》、《根本堕罪论》等许多教法。宗喀巴大师心中十分高兴,将自己穿过的僧裙赐给他。根敦珠按照宗喀巴大师的指示,修习了很多经法,获得了巨大名

望。他在前藏停留 12 年。

此后，根敦珠与喜饶僧格一起到后藏，在那塘、绛钦、日库等地居住，讲经传法。撰写了《入中论释意明灯》。此后他在乃宁寺从克珠杰听法，建立了法缘，又拜见了贾曹杰，听受了许多教法。根敦珠在他 41 岁的铁猪年与喜饶僧格一起到拉堆地区去讲经传法，撰写了《释量论注疏》。

根敦珠在他 50 岁的铁猴年与上师喜饶僧格一起再次返回后藏，在那塘和绛钦等地讲说以戒律为主的教法。在他 57 岁的公元 1447 年即藏历第八绕迥的火兔年去到桑珠孜（今日喀则），兴建扎什伦布寺。他在寺中兴建了巨大的释迦牟尼像和弥勒佛像，以及各种佛像、佛经、佛塔等，并按密宗仪轨举行了盛大的开光仪式。根敦珠在木马年（1474 年）创立了扎什伦布寺的正月祈愿大法会。最后，根敦珠在他 85 岁的公元 1474 年即藏历第八绕迥的木马年圆寂。

根敦珠的著作有《戒律广论》、《入中论释意明灯》、《别解脱律仪注疏》、《释量论注疏》等，共有五函。

八、扎什伦布寺的历史

公元 1447 年即藏历第八绕迥火兔年的十月，根敦珠和施主达杰巴·本索南桑波一起前往兴建寺院的地点，做了盛大的净地仪轨，由该施主提供所需要的全部资财，为有 48 根柱子的大经堂、12 根柱子的弥勒殿、6 根柱子的后殿、6 根柱子的度母殿、两根柱子的依怙殿以及有回廊的佛殿举行奠基，此后不久，这些殿堂即全部建成，迎请金铜合金的释迦牟尼大佛像到后殿中，举行盛大的开光仪式。

从土蛇年（1449 年）的冬季学经期开始，根敦珠师徒即常住于扎什伦布寺，达杰囊索本索南贝桑为寺院的基金捐赠了日喀则的租粮收入，并且每年供给僧人住夏所需的钱粮。

根敦珠从公元 1449 年土蛇年到公元 1474 年木马年的 25 年中，主要在扎什伦布寺讲经传法，此外还到后藏各地的许多寺院去讲经。

扎什伦布寺的扎仓和米村在根敦珠在世的时期，有夏孜、吉康、兑桑林等 3 个讲修佛法的扎仓和 26 个米村，夏孜扎仓有村浦等 6 个米村，吉康扎仓有古格等 10 个米村，兑桑林扎仓有勒林等 10 个米村。

扎什伦布寺的学经僧人，主要应学习五部大论，即学习《释量论》6 年，学习《般若》6 年，学习《中观》5 年，学习《俱舍论》4 年，学习《戒律论》4 年，一般情况下学经僧人要学习 25 年。

扎什伦布寺在第八绕迥的土鼠年（1468 年）开创了展出高 12 度的缎制佛像的例规。由擅长缝纫的曼拉顿珠师徒用各种上等绸缎缝制了释迦牟尼的大佛像，以后每年五月在扎什伦布寺的夏季祈愿大法会上展出。后来又陆续新创了各种法事活动，每年冬天在藏历十二月由阿巴扎仓举行送 29 朵玛的法事，每年夏末由孜贡康巴（依怙殿）僧人举行称为"斯莫切莫"的跳神活动并抛洒真言芥子，还有历辈班禅大师忌辰的周年祭祀等。

根敦珠任扎什伦布寺的第一任法台，后来又有十四任，从四世班禅洛桑却吉坚赞护持扎什伦布寺的法座开始，由历辈班禅大师执掌扎什伦布寺的法座，不再任命寺院的法台。

此外，在开世班禅丹贝尼玛的时期，新建了供班禅大师夏季和秋季居住的带有佛堂、佛像、佛塔的上下两个颇章。其中的下颇章在扎什伦布寺东面，叫做"哲曲祖拉康"，是公元 1825 年即藏历第十四绕迥木鸡年兴建。后来清朝道光皇帝给下颇章赐了一块刻有 4 种文字的"贡觉林"（普救寺）的匾，从此以后，这座下颇章就被称为贡觉林。

扎什伦布布寺每年夏末要举行盛大的夏季的献供朵玛的法事，称为"斯莫切莫跳神节"，由孜贡康巴僧众举行跳神，届时日喀则等地的民众数万人聚集，观看跳神和西藏各地的藏戏团的演出。至于扎什

伦布寺的僧人的数量，在根郭珠的时期从最初的约110名僧人发展到1600名，后来一般说扎什伦布寺有3800名僧人，实际在极盛时扎什伦布寺有近5000名僧人。

　　扎什伦布寺是后藏地区最大的格鲁派寺院，也是名声最大的寺院，可以说是后藏地区的一颗灿烂的明珠。从扎什伦布寺培养出的贤哲高僧如同天空中的繁星，对藏文化的发展做出了不可磨灭的贡献。尤其是扎什伦布寺从四世班禅大师起，成为历辈班禅大师执掌政教事业的寺院，寺院中保存有许多反映西藏和祖国关系的历史文物。

　　例如，七世班禅丹贝尼玛时期，于公元1876年即第十四绕迥火鼠年兴建的中间佛堂的甲那拉康中存有公元1796年即藏历第十三绕迥火龙年清朝嘉庆皇帝赠给班禅大师贝丹意希（按六世班禅洛桑贝丹意希1780年在北京圆寂，因此此处应是七世班禅丹贝尼玛——译者注）的乾隆皇帝的僧装画像，周圈绘有班禅大师的13个转生，构成一幅唐卡，还有安置这幅唐卡的框子及玻璃等。在这幅唐卡的前边还供有公元1851年即藏历第十四绕迥铁猪年清朝咸丰皇帝赠给班禅大师（丹贝尼玛）的刻有汉文"咸丰皇帝万岁万岁"的万寿牌，带有框子及顶盖，在万寿牌的前面供有羊脂玉制成的化缘钵，钵上刻有七世佛，下面刻有乾隆皇帝御制的字样。

　　在甲那拉康的寝殿中还设有班禅大师与清朝皇帝委派的驻藏大臣会见时的座位，此外还有汉文大藏经、在汉地绘制的许多唐卡、汉地出产的各珍贵物品等。这些都反映了清朝对西藏事务的重视和汉藏兄弟民族之间的不可分离的紧密联系。

九、二世达赖喇嘛根敦嘉措的事迹

　　二世达赖喇嘛根敦嘉措于公元1475年即藏历第八绕迥的木羊年出生在达那地方，他出生后，最初起名为桑结培。他10岁时，被认定为根敦珠的转世，迎请到扎什伦布寺。他 12 岁的火马年时，在班钦隆日喜措身前接受了具足近事戒，起名为根敦嘉措贝桑布。在当年的冬季学经期，由根敦珠在扎什伦布寺给根敦嘉措授了出家戒。

此后根敦嘉措一直在扎会伦布寺学经，他 16 岁时能在喝一座茶的时间内，熟记 100 首偈颂，并且从心中自然涌出美妙的诗篇。

根敦嘉措 21 岁的水兔年时，被迎请到哲蚌寺，授了比丘戒。此后许多年，他多次往来于前藏和后藏之间。在热振、甘丹、上下密院等处广转法轮。

根敦嘉措 35 岁的公元 1509 年兴建了曲科杰勒雪卓贝噶蔡扎西伦吉珠巴寺（即曲科杰寺）。1 年以后，由于扎什伦布寺僧众的请求，根敦嘉措到扎什伦布寺就任该寺的第五任法台。他任法台 6 年，在夏季和冬季的学经期中每天向聚集的广大僧众讲授《释量论》、《俱舍论》、《般若十万颂》、《密续注疏》等众多显密经论。

根敦嘉措在他 43 岁的火牛年（1517 年），受阐化王阿旺扎西扎巴的委任，前往前藏，就任哲蚌寺的第九任法台。他还在曲科杰聚集数百名僧人，举行法会，从此以后他每年冬天和春季住在哲蚌寺，夏秋两季住在曲科杰，弘扬佛法。

在根敦嘉措 44 岁的土虎年，乃东的第悉阿旺扎西扎巴把在哲蚌的一处叫做"朵康恩莫"的邬宗巴的谿卡（别墅）赠根敦嘉措，作为他的住所，后来在三世达赖喇嘛之时，将这一别墅扩大，并起名为"甘丹颇章"，后来又成为地方政府的名称。

根敦嘉措在他 52 岁的公元 1526 年即藏历第九绕迥的火狗年，他又按照乃东第悉阿旺扎西扎巴的请求，就任色拉寺的法台。最后他在 67 岁的公元 1542 年即藏历第九绕迥的水虎年在哲蚌寺圆寂。

根敦嘉措的著作有《名号经注疏》、《空性七十论》、《入中观论注释》、《缘起赞》、《二十一度母广说》、《教派论入海之舟》等。

十、三世达赖喇嘛索南嘉措的事迹

三世达赖喇嘛索南嘉措于公元1543年即藏历第九绕迥水兔年出生在拉萨附近的堆龙河谷的孜康萨贡，他出生后，立即喝了白色山羊的奶汁，同时父母亲为他祝赞吉祥，并给他起名为"热努斯决贝桑布"。在他3岁时的公元1546年火马年认定他为根敦嘉措的转世，并迎请他到哲蚌寺，登上甘丹颇章的法座。

他从班钦索南扎巴授了近事戒，起法名索南嘉措。7岁时授了沙弥戒。

索南嘉措在他10岁的公元1552年即藏历第九绕迥的水鼠年就任哲蚌寺的法台，并在次年拉萨祈愿大法会上登上主持法会的首座，上午讲说《佛三十四本生》，下午做回向祈愿。此后索南嘉措21岁的公元1564年授了比丘戒。此后，扎什伦布寺的各个扎仓和讲经师等邀请他到后藏去，他因此前往扎什伦布、那塘、岗坚、绰浦、萨迦等寺院，巡礼供佛，并为僧俗大众讲经说法。

索南嘉措48岁的公元1571年即藏历第十绕迥的铁羊年，蒙古俺答汗派人前来迎请，后来明朝皇帝也派人邀请他到京城去。

关于这方面的情况，史书《道次师承传》中有详细记载：在铁羊年时，俺答汗听到上师（索南嘉措）的声名，获得了信仰，并请他到东方蒙古地区去。索南嘉措接受了邀请。在他动身上路去青海时，前来为他送行的有在任和卸任的甘丹赤巴、色拉寺和哲蚌寺的许多高僧大德，并请求他去了以后要返回西藏，并给他赠送了礼物。

公元1576年索南嘉措一行来到青海，俺答汗穿着白袍，率领上万随从前来迎接，其夫人也在随从簇拥下前来会见。在福田施主会见的喜宴上，俺答汗首先向索南嘉措敬献了以500两白银制成的曼遮、容量约为1升的盛满珠宝的黄金碗、红黄绿蓝白诸色绸缎20匹、带全套鞍辔的白色宝马 10 匹为主的骏马百匹、五色团花锦缎 10 匹、白银千两、布帛绸缎等无数物品，并举行盛大宴会欢迎。①

第巴桑结嘉措所著的《黄琉璃》中记载说，火鼠年（1576 年）索南嘉措前去北方蒙古弘扬佛法及黄帽派的教法，担任俺答汗法王的上师。俺答汗向他奉献了黄金制作的头饰、宝瓶、五部法器、用百两黄金制成的五爪龙钮的金印，印文为"金刚持达赖喇嘛之印胜利"，以及"达赖喇嘛瓦齐尔达喇"的称号。索南嘉措也赠给俺答汗"法王大梵天"的称号。

又有当代的汉文著作中说："索南嘉措到达青海的消息，明朝政府也知道了。当时明朝正因俺答汗西入青海，感到头痛，又无办法，听说俺答汗对索南喜措非常尊重，言听计从。乃于 1578 年（明神宗万历六年）命甘肃巡扶侯东莱差人到青海请索南嘉措到甘肃与他会晤，并嘱索南嘉措劝说俺答汗率众回内蒙古。

据《明史》载，索南嘉措接到甘肃巡扶邀请后，曾与俺答汗商量，俺答汗劝他接受邀请。索南嘉措乃于是年冬天到了甘肃，受到与八思巴同等的隆重接待，安置他住在八思巴住过的幻化寺。索南嘉措从这里给明朝的宰辅张居正写了一封信，据《明史》记载，张居正接到索南嘉措的来信与礼物后，"不敢受，闻之于帝，帝命受之，而许其贡。"

索南嘉措给张居正的信是一件重要的历史文献，它至少说明两个重大问题：第一，索南嘉措根据明朝皇帝的意图，办了一件明朝皇上办不到的好事，即由索南嘉措吩咐俺答汗由青海返回内蒙。第二，这是达赖喇嘛与明朝政府正式发生了关系。当时明朝政府还没有给索南嘉措赏给封号，但按明朝的制度，只有法王、国师才有资格向皇上进

---

① 《道次师承传》第 461—466 页。

贡,这说明明朝政府已承认了索南嘉措在西藏宗教上的崇高地位。"①

索南嘉措到青海后,于公元1588年即藏历第十绕迥的土鼠年在宗喀巴大师的出生地建立了"衮本强巴林"寺(即青海塔尔寺),他还在衮本将宗喀巴大师出生时剪脐带滴血处长出的旃檀树用白银包裹,兴建佛塔(即塔尔寺的大金瓦殿中的宗喀巴大师大灵塔)。

1585年,索南嘉措再次到蒙古弘传佛教。1588年明神宗派遣金字使臣前来,封给索南嘉措灌顶国师的称号,并邀请他到首都北京去。他接受了邀请,但还没有成行,就在他46岁的公元1588年即藏历第十绕迥的土鼠年在内蒙古的地方圆寂。

十一、四世达赖喇嘛云丹嘉措的事迹

四世达赖喇嘛云丹嘉措于公元1589年即藏历第十绕迥的土牛年出生在蒙古地方,其父名辰曲库尔,出身于成吉思汗后裔的家族。

他出生时有许多的征相和异兆,在外面广为流传。当时,正寻找索南嘉措的转世,护法和上师都说转世将在蒙古地方出现,于是派遣索南嘉措的索本(掌管饮食的侍从)楚臣嘉措到蒙古各处仔细寻访。楚臣嘉措将辰曲库尔的儿子是索南嘉措的真实无误的转世的情况,派遣信使到西藏报告。

公元1592年即藏历第十绕迥的水龙年云丹嘉措3岁时,被确认为索南嘉措的转世。西藏方面派遣高级侍从前去蒙古向灵童奉献礼品,在他们动身时,卸任甘丹赤巴杰康孜巴班觉嘉措给灵童取名字为"遍知一切云丹嘉措贝桑布",并给云丹嘉措捎去了礼物。使者们虽然努力争取尽快迎请灵童到西藏,但是由于父母亲对儿子十分疼爱,几次推迟了行期,因此云丹嘉措在蒙古地方一直生活到他14岁。

---

① 牙含章《达赖喇嘛传》,人民出版社1984版,第21—22页,青海民族出版社1990年所出藏译本,第49—52页。

公元 1603 年即藏历第十绕迥水兔年，14 岁的云丹嘉措到达西藏，登上哲蚌寺甘丹颇章的宝座。然后他到大昭寺，在觉卧释迦牟尼像前，由甘丹赤巴给他传授了沙弥戒。

不久，班禅洛桑却吉坚赞从扎什伦布寺前来会见了云丹嘉措，并在前藏居住数年，给云丹嘉措讲授了许多显密教法。后来云丹嘉措主持了拉萨祈愿大法会。此后云丹嘉措经过尼木、吞巴等地前往扎什伦布寺，此时噶玛巴一方与格鲁派之间的矛盾激化，但是第悉藏巴噶玛彭措南杰还是向云丹嘉措献了食品柴禾等资具，后藏地区的僧俗民众前来拜见云丹嘉措。

云丹嘉措返回前藏途中又巡礼了江孜的白居寺、乃宁寺。他在乃宁寺居住时，因对第悉藏巴噶玛丹迥旺波在后藏支持噶玛巴迫害格鲁派，并派遣后藏军队进兵吉雪（拉萨河下游）不满，在甲职强钦波（大咒师）的灵塔跟前，呼叫第悉藏巴和臣僚们的名字进行诅咒法事。

云丹喜措 26 岁的公元 1614 年即藏历第十绕迥的木虎年，由班禅洛桑却吉坚赞给他授了比丘戒。明朝万历皇帝派遣喇嘛索南洛追等使者前来邀请云丹嘉措，并封给他"恰达多吉桑结"（遍主金刚佛）的称号，赐给官帽、官服及印章等，邀请云丹嘉措前往祖国内地。但是云丹嘉措未能成行，在他 28 岁的公元 1616 年即藏历第十绕迥的火龙年圆寂。

云丹嘉措的遗体被火化，据说从心、舌、眼三处及头盖骨上出现了许多舍利。头盖骨和心脏被作为信奉物迎往蒙古地方。用云丹嘉措的舍利等物品装藏，建造了银质灵塔，供奉在哲蚌寺中。

第五节　第巴仁蚌巴的历史

据仁蚌巴家族的世系文书记载，仁蚌巴家族先祖是松赞干布的内大臣叫格尔·热巴增，据说负责兴建昌珠寺佛殿的人就是他。这就是第巴仁蚌巴家族族姓"格尔"氏的来历。从他下传20代，格尔·释迦本的儿子南喀坚赞投奔到帕竹第悉阐化王扎巴坚赞的属下，成为乃东帕竹家族的主要家臣之一，他在公元1408年即藏历第七绕迥土鼠年担任仁蚌宗的宗本，以后他又依次担任后藏曲弥仁莫的万户长、萨迦大殿的管理人的职务。① 阐化王扎巴坚赞还赐给格尔·南喀坚赞世代担任仁蚌宗宗本的玉印，从此以后，格尔·南喀坚赞及其后裔被人们称为"仁蚌巴"。

当时，阐化王扎巴坚赞的弟弟且萨桑结坚赞娶了仁蚌巴女儿贡噶贝宗为妻，生下的儿子即阐化王扎巴迥乃，这不仅是帕竹第悉家族与仁蚌巴家族联姻的开始，同时也形成了以后仁蚌巴家族联姻的开始，同时也形成了以后仁蚌巴家族的权势不断增长的良好的基础。

南喀坚赞的儿子南喀杰波从幼年时起就对政教两主面的事务有很好的理解力。

南喀杰波的儿子诺尔布桑波生于公元1403年即藏历第七绕迥水羊年，他担任了乃东的阐化王扎巴迥乃的大臣。

据《仁蚌巴世系》记载他12岁时掌管仁蚌，15岁时他依靠自己的兵力逐步把襄地区、貂卡桑珠孜（今日喀则）纳入自己的管辖，这实际上是当时统治西藏地方的第悉帕木竹巴的权力走向衰落的开始。

---

① 五世达赖喇嘛《西藏王臣记》第159页。

到阐化王贡噶勒巴的时期，贡噶勒巴到后藏地区巡视时，仁蚌巴诺尔布桑波虽然恭敬服事、努力巩固亲戚情谊，但是事实上阐化王贡噶勒巴夫妻之间的矛盾正是仁蚌巴和帕竹政权之间矛盾的体现。

这种情况下，雅郊巴、贡噶、恰巴、桑耶等地的首领倾向于主母，而内邬、沃卡等地的领主倾向于阐化王。两派斗争发展到引起战乱，时局十分动荡。但由于矛盾没有公开爆发，因此这个时期各方尚能够相安无事。

仁蚌巴诺尔布桑波在宗教上成就主要是兴建了绒绛钦曲德寺和锡金的杰蔡曲德寺，并在上下寺院提供夏季、冬季和春季学经的口粮物品等顺缘。特别是他从66岁的公元1469年土牛年开始用6年时间建成的绒地的弥勒佛金铜大佛像，高达39庹。①

建成大佛像以后不久，仁蚌巴诺尔布桑波就去世了。

仁蚌巴诺尔布桑波有5个儿子，即邬斯噶、根都桑波、顿珠多吉、措杰多吉、释迦坚赞。其中的邬巴斯噶幼年夭逝。根都桑波服事于阐化王扎巴迥乃和贡噶勒巴手下，阐化王将其父祖的封文诏书和职位封赏给他，担任仁蚌宗宗本。顿珠多吉提任桑珠孜的宗本。

仁蚌巴措杰多吉生于公元1462年即藏历第八绕迥水马年。他依靠武力掌管了雅隆喀托的城堡，当时乃东的帕竹第悉阿格旺波去世，其子阿旺扎西扎巴年仅3岁，故由京俄掌政。

由于当时帕竹第悉威望不高，京俄却吉扎巴虽答应代理政务，但是从第八绕迥的铁猪年公元1491年开始后的9年中实际是仁蚌巴措杰多吉以摄政官"替东"（意为丹萨替寺京俄派遣）的名义在管理帕竹第悉的政务。

仁蚌巴措杰多吉在担任帕竹第悉的摄政官期间，遇事不与帕竹的

---

① 《仁蚌巴世系》手抄本，第4页。

大臣们商议，常按自己个人的想法处理政务，因此引起帕竹第悉的其他大臣们的不满，一再发生变乱和权力纷争。不过由于其他大臣比不过仁蚌巴家族的军事力量，因而在他摄政时期间仁蚌巴的力量越来越大，并为后来仁蚌巴控制前后藏打好了基础。

在宗教上，措杰多吉主要崇奉噶玛巴黑帽系第四世活佛却扎意希和噶玛巴红帽系第七世活佛却扎嘉措，因此他宣布法令让泽当信奉格鲁派的僧人摘掉黄色僧帽改戴红色僧帽，他还下令从藏历第八绕迥土马年即公元1498年起禁止格鲁派 色拉、哲蚌、甘丹三大寺的僧人参加拉萨正月祈愿大法会，其后将近20年中由噶举派、萨迦派在拉萨附近的各寺院的僧人举行拉萨正月祈愿法会。

由于他在噶举派和格鲁派之间偏向一方、压制另一方，因而造成整个前后藏的不安定，帕竹第悉政权的权威也逐渐没落。

仁蚌巴释迦坚赞居住在年楚河流域的城堡中，对付江孜法王家族，据说他也很精通战争和政治谋略。

仁蚌巴根都桑波有多吉才丹和顿月多吉两个儿子。顿月多吉曾率领后藏的军队到前藏，从谿卡内邬巴（吉雪巴）手中夺了一些宗。

公元1499年即藏历第八绕迥土羊年新年以京俄曲吉扎巴、仁蚌巴措吉多杰、顿月多吉为首的各方首领立年仅12岁的阿旺扎西扎巴登上乃东的第悉宝座。

此后在公元1504年即第八绕迥木鼠年，顿月多吉把自己的一个妹妹嫁给阿旺扎西扎巴为妻，过了4年，顿月多吉之妹生了一个儿子即后来的帕竹第悉卓微衮波。从此以后帕竹家族虽然还出过几个有帕竹第悉名义的继承者，但实际上是仁蚌巴掌握了前后藏的统治权，帕竹第悉政权仅剩下了一个名义。

仁蚌巴顿月多吉和噶玛噶举红帽系却扎意希结为施主与福田关系后，在羊八井兴建了一座寺院供红帽活佛驻锡。

顿月多吉还按照噶玛巴黑帽系却扎嘉措的意愿于公元1503年即第八绕迥水猪年在拉萨附近的萨纳玛地方兴建了一座号称压伏色拉、哲蚌、甘丹三大寺的噶玛新寺图丹曲科尔寺。后来色拉寺和哲蚌寺的僧众捣毁了这座寺庙。

由于仁蚌巴顿月多吉在噶举和格鲁两派中支持一方，打击一方，因而多次出兵前藏，造成动乱。

仁蚌巴措杰多吉的儿子阿旺南杰在帕竹第悉阿旺扎西扎巴手下担任宗本职务。据说他精通小五明，擅长各种技艺。不过由于他领兵攻打山南的艾、列等地方，引起帕竹第悉阿旺扎西扎巴不满，使仁蚌巴丢失了对内邬等宗的控制权，在前藏地区的抛力有所减弱。

阿旺南杰有3个儿子，长子幼年时去世，次子顿珠才旦多吉占据了其父祖时期未能控制的白朗伦珠孜的城堡，并按噶玛巴黑帽系第八世活佛弥觉多吉的指示兴建了白朗桑热林寺。第三子仁蚌巴阿旺济扎依止许多上师学者努力学习，成为精通小五明的学者。他仿照国王班智达的事迹服事教法，用上等蒙古缎建造了形制殊胜的佛像，撰写了《诗镜论·旦志诗律庄严·无畏狮子吼声》、《藻词论·智者耳饰》等许多论著，对藏族文化特别是文学创作的发展有重大贡献。

但是，他在政务方面却处置失当，在萨迦巴和拉堆绛发生矛盾时，阿旺济扎支持萨迦巴，并在公元1563年即藏历第九绕迥水猪年派兵攻打叶如拉堆绛地区。后来阿旺济扎亲自到拉堆绛地区作战时，当时的桑珠孜（日喀则）的宗本辛厦巴才旦多吉发动反乱，杀死了阿旺济扎的儿子白玛噶波。

此后，在多次战争中，仁蚌巴一方接连遭到失败，最后阿旺济扎的行政权力大部分丧失。随着辛厦巴的兴起，仁蚌巴的统治宣告结束。

第六节　第悉藏巴的历史

按照民间传说的说法，第悉藏巴家族的世系最先是在赞普赤松德赞时期出现吕氏家族的意希宣努。在其后裔中有一个叫辛厦巴才旦多吉的人，是仁蚌巴的亲戚。他在仁蚌巴、乃东巴两家充当侍从，他有九个儿子，其中著名的有噶玛图多南杰、衮邦拉旺多杰、噶玛丹松旺波三人。辛厦巴才旦多吉在仁蚌巴阿旺南杰的时期担任仁蚌巴的掌管出行马匹乘具的官员，以后逐步提升，曾多年担任襄和年楚河下游地区的地方官员。

公元1548年即藏历第九绕迥土猴年，辛厦巴才旦多吉被仁蚌巴任命为谿卡桑珠孜（日喀则）的宗本。

辛厦巴才旦多吉是一个有心计和办事干练的人，他逐渐富贵并掌握了大权，最后到仁蚌巴阿旺济扎的时期，他起来反对仁蚌巴，杀死了阿旺济扎的儿子白玛噶波，因此这一年被称为"仁蚌巴的血仇年"。

仁蚌巴阿旺济扎竭尽全力来为儿子报仇，但是辛厦巴才旦多吉击退了仁蚌巴的进攻，没有被仁蚌巴攻灭。到公元1557年即第九绕迥火蛇年，仁蚌巴和辛厦巴双方因为襄·顿热巴的土地和属民问题又发生剧烈冲突，主巴噶举派的调解，也只是保全了顿热巴的生命，其属民土地等还是被迫交给辛厦巴。由此可以看出辛厦巴已经拥有可以和仁蚌巴抗衡的力量。

公元1565年，辛厦巴才旦多吉亲自率兵围攻白朗伦珠孜，又派兵攻取了帕日宗。在伦珠孜即将陷落、年楚河上游归属难定、仁蚌宗本身也有危险的时刻，仁蚌巴再次请求主巴噶举出面调停，最后不得不将白朗宗全部交给辛厦巴。

辛厦巴才旦多吉死后，其儿子辛夏巴衮邦拉旺多杰又将拉堆绛、拉堆洛地区归属于自己的治下，他自己住在桑珠孜（日喀则），丹松旺波住在白朗，他们统治了后藏的大部分地区。

丹松旺波的儿子噶玛彭措南杰在他14岁的公元1611年即藏历第十绕迥铁猪年就任后藏第悉职务，从此被称为第悉藏巴。

此后在公元1612年水鸡年至1613年水牛年第悉藏巴彭措南杰进兵前藏，攻占了澎波和内邬宗等地，史称"鸡牛年战乱"，由此第悉藏巴基本上统治了前后藏地区。如前所述，第四世达赖喇嘛云丹嘉措对第悉藏巴支持噶玛巴行为心中不满，针对第悉藏巴做了威猛诅咒法事，使第悉藏巴大怒，在四世达赖圆寂后，下令禁止寻找四世达赖喇嘛云丹嘉措的转世。

在当时，前后藏正是雅郊、古尔、第悉藏巴权势兴盛的时期，其中又以第悉藏巴无人能比。第悉藏巴逐步将拉萨附近的领地纳入自己治下，因此格鲁派的施主吉雪第巴索南南杰便以布达拉山上的观世音像帕巴洛格夏日作为礼品，请蒙古喀尔喀部的首领曲科尔兄弟发兵攻打第悉藏巴。

公元1617年"火蛇年年底，喀尔喀曲科尔等香客和大批军队到达，格鲁派和蒙古民众都趁此发动反击战斗，甘丹颇章的强佐索南饶丹、色拉寺杰扎仓洛本、帕邦喀巴等人尽力劝阻，但是由于教法及众生灾难深重，不顾分辨久暂利害关系，因少数人竭力喧嚷，众人也受其感染，蒙古军兵和色拉寺、哲蚌寺的僧兵一起攻打了驻在拉萨的后藏的贵族、将领、驻守前藏的后藏军队，造成极大失策，第悉藏巴随调集前后藏的大军，前来攻打。

此时蒙古军队因受到离间，返回自己家乡，（格鲁派军队战败）强佐索南饶丹、第巴吉雪巴宇杰等人也只得放弃德庆、扎嘎、喀达等拉萨河上游南北两岸的宗，准备随蒙古人逃远方。

哲蚌寺和色拉寺僧人也弃寺逃跑，在北面的达隆寺停留了四五个月。

色拉寺、哲蚌寺受到战火破坏，因达隆巴代为求情，才被允许整修，当时两寺大经堂的门、窗都严重破损，一个时期中挡不住狗和小偷进入。

格鲁派的教法危难发生在这个羊年（当代的历史学家把这时间定为土马年即公元 1618 年，并把这年算作第悉藏巴统治西藏的开始）的七月。

此后第悉藏巴在鸡年和猴年又进兵雅隆、达波等地，击败各地贵族首领。这样，第悉藏巴成为从西部岗底斯山到东部工布额拉山（在朗县境内）之间的前后藏各地包括北方牧场和止贡、达隆、拉嘉里、浪卡子等自管贵族和大小首领的主宰，其权势及于上天，被康区和前后藏的人称为"藏堆杰波"，声名远播。

后来第悉藏巴彭措南杰到前藏点集兵丁时，于猴年（公元 1620 年铁猴年）十月中在桑域的门冬噶托得天花死去，因怕时局动乱，臣下暂时保密，装作第悉藏巴返回了后藏，到鸡年（1621 年铁鸡年）才为彭措南杰发丧，由其子噶玛丹迥旺波就任第悉。当时第悉藏巴噶玛丹迥旺波年仅 17 岁，不过他下面有英勇贤明的大臣岗苏肅和卓尼尔崩贡哇等许多大仲科尔扶持，整理内部，使得第悉藏巴的政权逐步发展，不致衰落。

第悉藏巴噶玛丹迥旺波统治整个西藏整整 20 年，最后被蒙古卫拉特固始汗在水马年即公元 1642 年击败，固始汗将西藏献给达赖喇嘛手中，将在后面讲到。"①

总之，由于噶玛噶举和格鲁派之间的矛盾冲突中，格鲁派的一方

---

① 《王统世系水晶鉴》手抄本，第 47 — 48 页。

暂时遭到巨大失败，被噶玛噶举派倚为靠山的第悉藏巴在1618年即藏历第十绕迥的土马年建立了统治前后藏的政权。第一任第悉藏巴彭措南杰从公元1618年到公元1620年执政两年，第二任第悉藏巴噶玛丹迥旺波从公元1621年到公元1642年执政22年。

第悉藏巴的政治中心在豁卡桑珠孜（今日喀则），除了在前后藏的关键地方的13个大宗的城堡外，其他各宗及险要地方的堡塞，为防止有人据以作乱都被第悉藏巴下令拆毁，拆除堡塞所得的木料等物资，被用来兴建寺院和造船造桥。

第悉藏巴能够这样实现对前后藏地区的统治，一是由于他逐渐增强的军事力量，更为重要的是，噶玛巴得银协巴之时，明朝景泰皇帝因汉藏之间距离遥远，曾颁给得银协巴诏书，规定噶玛巴可以委任适合的人员担任僧俗官职，依据这一诏书，噶玛巴却英多吉（黑帽系第十世活佛）指定第悉藏巴彭措南杰为前后藏的统治者，并赠给一方红色玉印，以及旗幡、唢呐等贵人的仪仗，承认第悉藏巴为前后藏之主宰。①

第悉巴噶玛丹迥旺波也得到了这样的文书和印章。这在当时，是无人能比的政治优势，而且第悉藏巴治理政权上也有一套比较完整的办法。

在法律方面，他在以前帕竹的《十五法》的基础上增加了"边地蛮荒法"（即管理边远地区的法律）成为《十六法》；他还根据当地计量粮食等物品单位不统一的情况，制定了统一的度量衡标准。

此外史书上还给他总结了5个方面的政绩。一、第悉不接受出家人敬礼叩拜，礼敬供养出家人，每年都给僧人提供口粮和衣物；二、恢复西藏一度废弛的法律，制定了巨册法律，使所有属民象酸奶凝结

---

① 《藏堆杰波传》油印本，第9页。

的奶皮一样安宁，白天黑夜都可以没有惊恐地入睡；三、发布文书，规定每年轮流免除一部分人家的力役租税；四、规定每年从神变法会（正月）到十月之间封山封河，禁止渔猎；五、保证金桥（商道）的畅通，在"白云上立标准、雪山上设路标、黑土上量远近，从汉地的北门经过蒙古直到前后藏，老妇可以背负黄金平安通过。"

然而在另一方面，由于噶玛噶举派和格鲁派之间的矛盾越来越尖锐，第悉藏巴站在噶玛噶举派的一边，对格鲁派由仇视到进行迫害，最后格鲁派为了自己的生存而向外谋求援助，公元1642年蒙古固始汗率兵进入西藏，彻底消灭第悉藏巴的力量，固始汗迎请五世达赖喇嘛到日喀则，把西藏地方的全部政权、从第悉藏巴的宫殿豁卡桑珠孜取得的各种财富献给五世达赖喇嘛，建立起甘丹颇章政权。这方面的详细情况，我们将在下一章甘丹颇章统治时期中加以叙述。

在第悉藏巴的政权结束时，为了拯救第悉藏巴的性命，萨迦夏仲、四世班禅洛桑却吉坚赞向固始汗求情，结果第悉藏巴噶玛丹迥旺波等人被蒙古军押送到内邬宗监禁，没有伤害他们的生命。

但是后来噶玛巴师徒等第悉藏巴一派的僧俗人士在前后藏和工布地区掀起反乱，固始汗下令处死"毒根黑乌头（比喻罪魁祸首）"第悉藏巴及其在内邬的几位臣下，结果第悉藏巴噶玛丹迥旺波被抛入拉萨河淹死，这个政权从此烟消云散。

第七章
甘丹颇章政权统治时期

第一节　五世达赖喇嘛阿旺洛桑嘉措的事迹

一、被认定为第五世达赖喇嘛掌握西藏地方政权

第五世达赖喇嘛阿旺洛桑嘉措在历代达赖喇嘛中，声誉遍及全国，在西藏的政教事务中，尤其在巩固祖国统一方面，立下了不朽的功勋，根敦珠巴大师、根敦嘉措、索南嘉措被追认为一、二、三世达赖喇嘛，第四世达赖喇嘛是云丹嘉措。由于洛桑嘉措是第四世达赖喇嘛的转世灵童，所以按辈份算，便是第五世达赖喇嘛了。

第五世达赖喇嘛之父是琼结地方头人霍尔·顿都热丹，母名贡噶拉则。第五世达赖喇嘛于公元1617年（藏历第十绕迥的火蛇年）诞生在青瓦达孜宫，即琼结宗堡之内。当时，正值藏巴第悉统治前后藏地区之际，噶玛噶举派与格鲁派之间，因教派感情而严重对立，加之藏巴第悉时常患病，他怀疑是第四世达赖喇嘛云丹嘉措对自己施放咒术魔法所致，从一开始便严令禁止寻觅达赖转世灵童。班禅洛桑曲坚做法事禳解，才得其痊愈。班禅大师便趁机再三恳请他准许寻觅第四世达赖喇嘛的转世灵童，得到了他的应允。公元1622年（藏历水狗年），当灵童长到6岁时，以第四世班禅洛桑曲坚为首，率三大寺僧众，将灵童迎至哲蚌寺。根据其年龄，循序渐进，教授其显密经典。1625年（藏历木牛年），班禅大师为其剃度，授其最初出家的关键戒律沙弥戒，取法名为阿旺洛桑嘉措。

第五世达赖喇嘛的施主固始汗，是北方新疆地区厄鲁特四部之一的和硕特部王哈尼诺颜与王妃阿海哈吞之子。他生于1582年（藏历第十绕迥水马年）。当时，正值藏巴第悉统治前后藏之际，噶玛噶举派与格鲁派之间矛盾日深。但是，黄帽派在上部的阿里、中部的前后藏、下部的多康、青海、蒙古等地都已形成牢固的基础。

特别是第三世达赖喇嘛索南嘉措与内蒙古的俺答汗结为福田施主关系之后，俺答汗向达赖喇嘛进尊号曰："金刚持达赖喇嘛"，并赠了刻有蒙、汉文印文的"金刚持"金印。从此，达赖喇嘛的名声便远播于内外蒙古和祖国内地。但是，一段时间以来，蒙古49大部落之内的喀尔喀部首领却图汗率领部众离开本土，占据了青海，实施其统治。他与甘孜地区的白利土司二人又都是本教的施主，故而互相配合呼应，对所有的佛教派别，尤其是格鲁派，深加仇视。在这种形势下，第五世达赖喇嘛遣臣向固始汗求助，固始汗应请，派人进藏调处有关事务。公元1637年（藏历火牛年），厄鲁特部首领固始汗首先对青海的却图汗用兵，消灭了却图汗的近3万人的军队。① 于是，固始汗部全体从天山南麓迁入青海。当年秋天，固始汗率领部分随从，乔装成商旅，潜入拉萨，侦察前后藏等地形势，向达赖喇嘛和班禅大师献白银数万两，皈依佛法，受了居士戒。

公元1639年（藏历土兔年），固始汗自青海调动大军，进攻藏巴第悉在甘孜境内的盟友白利土司。经过近1年的战争，以武力占领了德格、甘孜、芒康、邓柯、白玉等地，消灭了白利土司顿月多吉及其追随者。以后，固始汗表面上佯装带兵自芒康撤回青海。藏巴第悉听说这一情况后，不知是计，便未加防范。固始汗则趁机突然从北路率兵去后藏重地，进攻藏巴第悉。

此后，司库索南群培又在前后藏地区到处进行动员，大量征集士兵。在后藏地区，由于遭到对方猛烈抵抗，所以没有取得重大进展。当时，"藏巴第悉及其属下官员还发出盖印的书信，请求达隆沙布隆、班禅大师和杰策仲巴前来帮助说和"，"为了试探藏巴第悉及其属下官

---

① 《五世达赖喇嘛自传》第一部，第168页。

员是否会投降,班禅大师根据(固始汗)王与司库(索南群培)福田施主二人的请求,于冬末前往乌郁。"这表明,班禅大师与藏巴第悉虽是同乡,彼此交厚,但是藏巴第悉对班禅大师所抱的希望与怀疑参半。"这次议和未能成功,蒙军进攻越发激烈,而藏巴第悉的军队力量则日见消弱。三月,藏地木门者皆被持教法王收于治下,色拉寺、哲蚌寺、大昭寺等处也都煨桑、张幡挂旗,大加庆贺。""初到孜地(即日喀桑珠孜),大经堂内有无数藏蒙人员列坐聚会,宣示将现存于江孜的薛禅皇帝向八思巴大师奉献的诸多所依供养佛像和以日喀桑珠孜为主的藏地13万户全部奉献(给第五世达赖喇嘛)。"①这足以证明固始汗以佛舍利为先导,将前后藏地区赠予第五世达赖喇嘛,作为佛法属民。其做法是根据元朝薛禅皇帝把西藏13万户赐给救主萨迦派的八思巴大师的先例行事,是符合历史传统的,是完全合法的。而且,我们也可以了解到,达赖喇嘛认为此事至关重要,所以才写入自传之中,这决非偶然之事。

这样,固始汗将第五世达赖喇嘛从拉萨请至豁卡桑珠孜,把西藏三区的全部政教大权,以及自己的族系人等,尽皆效与第五世达赖喇嘛,作为佛法属民。于公元1642年(藏历水马年),以达赖喇嘛驻锡地甘丹颇章宫为名字,正式建立了甘丹颇章地方政府。

固始汗虽然一举打垮了藏巴第悉政权,但是前后藏的形势并未统一。达赖喇嘛、固始汗以及随从人员等返回拉萨以后不久,以红帽系噶玛巴和黑帽系噶玛巴为首的藏巴第悉一派的势力便发动了叛乱。班禅大师面临险境,便派人前来求援,(固始汗)王与司库索南群培等率军经塔布地方征剿敌军,于举巴浦大败工布地区的8000人的军队。将噶玛巴手下确英关入监牢,从其护身符内搜出一份贴有噶玛巴

---

① 《五世达赖喇嘛自传》木刻版第一部,第108页。

命令的计划备忘录:"将固始汗及司库索南群培处死。将班禅大师及我师徒二人带往工布地区关押。捣毁格鲁派寺院。按照铁猴年起事时的规矩,划给古热巴的宗和豁卡。……将日喀则、南木林、白朗三宗交付他掌管。此文件落入固始汗王及司库索南群培之手以后,固始汗大怒,噶举派逐面临覆灭的厄运。"① 最初,班禅大师与萨迦派达钦等显贵人物曾向固始汗为藏巴第悉丹迥旺布恳切求情,不要伤害他的性命,因而他被关押在吉雪内邬宗。由于西藏全面发生了规模如此之大的叛乱,所以固始汗下令将其从内邬宗附近投入河中。

甘丹颇章政权的政务要员们意识到巩固政权比夺取政权更加困难,因此进行了多方思考,诸如,在与哲蚌、色拉二大寺附近的视野开阔处且不与其它山脉相联属的红山之巅建筑坚固、巍峨的宫殿,向新即位的清皇帝进贡并建立联系等。

在拉萨红山上修建布达拉白宫之事,最初是在公元1643年(藏历水羊年),由林麦夏仲·贡觉群培建议的,他在政治及宗教方面都见多识广。由于林麦夏仲·贡觉群培所言正合达赖喇嘛之意,所以达赖喇嘛便与第巴索南群培议定,于公元1645年(藏历第十一绕迥的木鸡年)开始为布达拉宫的白宫奠基。

二、朝见清朝皇帝及获得金册、金印等封赏

甘丹颇章地方政权刚刚建立时,不但没有得到藏巴第悉的军队和噶玛噶举派属下势力的承认,相反他们还在塔工地区公然掀起叛乱。因此,仅靠军事力量还不足以巩固局势,尚需辅以政治措施进行配合。当时,祖国内地的明朝已经衰落,濒于崩溃,清朝政府已在东北成立。达赖喇嘛和班禅大师与固始汗商议,最后决定任命赛钦曲结为

---

① 《五世达赖喇嘛自传》第一部,第230—231页。

使者，派他前去与清朝皇帝联络。公元1642年（藏历水马年），赛钦曲结从西藏出发，第二年抵达沈阳。清太宗亲率诸王、贝勒、大臣出怀远门迎接。

清朝政府与达赖喇嘛建立联系，对清中央政府和西藏地方政府都具有现实及长远的利益。对于西藏而言，失败的藏巴第悉的残存势力不甘屈服，为了巩固新成立不久的西藏地方政权，尚需一种有效的政治力量的支持。对于清政府而言，若要统治各少数民族地区，特别是蒙藏地区，一个重要的条件就是得利用当时在群众中备受尊崇且享有很高声望的佛教，因而十分需要依靠第五世达赖喇嘛和第四世班禅大师二人。

赛钦曲结返藏时，清太宗令其带回致达赖喇嘛、班禅大师和萨迦达钦的书信及所赐礼品。

顺治皇帝入关登极以后，专门派遣人员到西藏对达赖喇嘛和班禅大师进行慰问。并给西藏各大寺熬茶、放布施。同样，达赖喇嘛和班禅大师亦派专人为贡使，祝贺皇帝登极，表贡方物。公元1651年（藏历铁兔年），顺治皇帝专门派遣察干上师和席喇布上师前往西藏，敦请达赖喇嘛赴京。

第二年，即1652年（藏历水龙年）三月，第五世达赖喇嘛率领西藏的僧俗官员及随从，共3000多人，出发前往北京。当达赖喇嘛一行抵达青海时，顺治帝命内务府大臣协古达礼康来迎。并从府库内赏给路途上所需食物。抵达甘肃时，皇帝又赐给达赖喇嘛金顶黄轿，达赖喇嘛乘轿于（藏历）十二月十六日到达北京。顺治帝根据双方意见，以畋猎之名，在南苑与达赖喇嘛相遇于路途的方式，进行了迎接。"皇帝对我格外施恩。我献上珊瑚、琥珀、兽皮千张等贡物。皇帝回赐物品十分丰厚。"①

---

① 《五世达赖喇嘛自传》木刻版，第一部，第197页。

此后，在都城居留 2 个月后，达赖喇嘛上奏顺治帝曰："此地水土不服，身既病，从人亦病，请告归。"谕允。上赏赐极为丰厚。达赖喇嘛抵达代噶后，顺治帝又遣礼部尚书觉罗郎球和理藩院侍郎席达礼等，将皇帝册封达赖喇嘛的金册、金印送到代噶，印文为"西天大善自在佛所领天下释教普通瓦赤喇怛喇达赖喇嘛之印"。这些表明，达赖喇嘛的名号已经确定下来。在历代所颁赐的金册、金印中，最主要的还是上述清朝顺治皇帝所赐的金册及"大金印"。达赖喇嘛自传说，"将皇上所赐金印中的汉文择要化简，仿制新印，以便于在长效土地文书上钤用。撰写新印赞诗，献给洛格肖日菩萨及欲界自在战胜天母。"①由此可以看到，第五世达赖喇嘛是如何将清帝所赐金印作为他执掌西藏政权的主要标志而十分重视，并加以使用的。

达赖喇嘛赴祖国内地时，固始汗正苦患疾病，留于西藏，未能进京。但是，"清世祖对于当时实际上控制着西藏局势的固始汗并没有忽视。清世祖仍然以金印、金册封赏固始汗。金印的全文是'遵行文义敏慧固始汗之印'"②达赖喇嘛自祖国内地返回藏以后，逐步在前后藏地区修建了 13 座格鲁派寺庙，被称为"十三林"。

公元 1654 年（藏历木马年），达赖喇嘛前往后藏，他与班禅大师二人同心同德，广泛举行佛法仪式。但是，第悉索南群培与班禅大师之间，一段时间以来，关系不睦。当时（公元 1621 年藏历第十绕迥铁鸡年），"蒙古军于江圹岗击败藏巴第悉军队，藏巴第悉军队逃上加布日山，蒙军复将该山团团围住。其时，班禅大师等人出面调停，拯救了近十万人的生命。由于藏巴第悉惧怕班禅大师密咒瑜伽的法力和格鲁派施主蒙古人的巨大军事力量，所以不得不以礼敬的形式把抢

---

① 《五世达赖喇嘛自传》木刻版，第一部，第 275 页。
② 《达赖喇嘛传》藏文版，第 84—86 页。

占去的格鲁派寺院、百姓及桑阿卡寺退还出来"。① 此前数年,拉萨大昭寺由藏巴第悉管理,如今交由班禅大师掌管,直到达赖喇嘛灵童长大成人为止。班禅大师则从扎什伦布寺派出代表到大昭寺,经办管理事务。在班禅大师管理大昭寺约11年之后,于公元1632年(藏历第十一绕迥的水猴年)底交还给了甘丹颇章首领。从表面看,双方的意见是一致的,但实际上班禅大师对第悉·索南群培十分不满,这是格鲁派内部的一件大事,所以当时第五世达赖喇想出这一良策加以化解。

三、五世达赖喇嘛的若干施政举措

正如达赖喇嘛的传记所说,公元1659年,藏历土猪年,"与往昔不同,执黄帽教派之安危,皆系于北方施主,尤其是青海湖周围的蒙古人之手。当时,格鲁派的教法,尤其是甘丹颇章政权首领的军事活动,要依靠蒙古人的力量。蒙古众头领按照宗教的规矩立下重誓,做到内部互不同室操戈,全都听命于达赖喇嘛,得到达赖喇嘛的认可。这不但对于蒙古人内部争斗得到平息,甘丹颇章政权的统治得到巩固有利,而且对于未来阻止中央王朝与蒙古人的战争也大有裨益。总之,采取这一方针,对于祖国的统一,民族的团结和延续格鲁派教法等项事业,都作出了伟大的贡献。

顺治帝于1661年(藏历铁牛年)驾崩,第二年班禅大师洛桑曲坚亦圆寂。1663年(藏历水兔年)康熙皇帝登基。四年后,第五世班禅洛桑益西被认定,并被迎到扎什伦布寺。

1668年(藏历土猴年),第悉赤列嘉措及丹增达延汗二人先后去世。按照蒙古人习惯,然那(固始汗次子)是适宜接班人人选,达赖

---

① 《宗教源流·如意宝树》木刻版,第106页。

喇嘛决定还是立即派人去迎接至布达拉宫为上。该年，南方的不丹人发兵进攻西藏属民门巴人，达赖喇嘛遂下令兵分四路，进行反击，亲自为政教事务操劳。不久，这次藏不事件在萨迦派、扎什伦布寺和吉雪台吉等方面的调停下，得以和平协商结束。

关于原西藏地方政府官员的最隆盛的官服"珍宝服饰"的来源，达赖喇嘛自传说，"自薛禅皇帝将藏地三区赐给八思巴大师起，藏地便兴起戴5种'周'或官帽，使用内地刑律及以13种官位为代表之重大制度。大员须穿戴外罩官服、官帽、饰品。尤其至天命王帕木竹巴、国公大元帝师圣谕高位之世家强巴、冲·格萨尔王之婿江卡孜巴、王族仁钦蚌巴等有来历之地方首领时期，玉镶大金嘎乌、右耳饰、耳饰下摆、长耳饰、琥珀、珊瑚、外罩官服、黄绒小帽等精妙饰品十分流行……"①甘丹颇章政权举行大典时，由"珍宝服饰"者列队的做法，是自公元1672年，即藏历第十一绕迥的水鼠年新年初二日开始的。

此外，地方政府举行典礼时，对于坐垫高低亦进行了具体规定。萨迦派和帕木竹巴派两派的后裔被列在首席，获得殊荣。这表明了他们得到我国元、明两朝历代皇帝赐给的封文、印信，曾经执掌过统治西藏地方的权力。此时格鲁派虽已登上统治全藏的历史舞台，但是在详细的座垫文书中规定，噶举派的大喇嘛，如达隆寺活佛、红帽噶玛巴活佛的座垫高于甘丹寺法座的座垫。主巴、岗布、楚布仲巴、康地类乌齐法王、止贡寺上师等的座垫与甘丹寺法座的座垫等高。由此可以看出，第五世达赖喇嘛并未像仁蚌巴和藏巴第悉在统治前后藏部分地区时所表现得那样心胸狭窄，而是名副其实的"所领天下释教"，采取了宽宏大度的办法。特别写明对清朝皇帝所遣一般人员亦给予

---

① 《五世达赖喇嘛自传》第二部，第129页。

"五层薄垫"的厚待,得到皇帝赏赐印信的内官员给予适当高度的座椅。这充分反映了第五世达赖喇嘛不但一切显密经教以达化境,而且对于世间政务方面的典籍亦有广泛、细致入微的研究。

众所周知,甘丹颇章政权建立以后,在西藏内部遇到的最大的敌对势力是以红、黑帽噶玛巴为首的噶举派。该派以往虽曾连年于后藏及塔工地区,向格鲁派发动过进攻,但都被蒙古人的武装力量镇压下去。以后,第五世达赖喇嘛不但下令对红帽噶玛巴既往不咎,而且对其给予了出乎人们意料之外的优待。这些情况,在达赖喇嘛的自传中皆有记载。总之,在清朝皇帝的支持下,达赖喇嘛以其具有远见卓识的策略,从此逐步化解了噶玛噶举派与格鲁派之间的矛盾,使西藏内部形势趋于安定,甘丹颇章政权向着巩固的方向发展。

公元 1674 年(藏历木虎年),平西王吴三桂发动了叛乱,康熙帝遣人赍旨入藏,命藏方出兵配合作战。达赖喇嘛敦促皇帝与臣下罢兵言和。为使国内战乱平息,天下太平,达赖喇嘛命色拉、哲蚌、甘丹三寺做了大量免战法事。"自天子顺治王登基至今,对我恩宠有加,我亲揭皇宫,瞻仰圣颜,皇帝赐我封号与职位,我亦竭忠心,为皇帝江山稳固,国家太平而做法事。即使倾全藏之兵至内地及霍尔地区助战,亦于事毫无补益。厄鲁特蒙古之兵虽善战,但桀骜不驯。且天气火热,痘疫流行,令人望而生畏。"[①]同样,平西王派人入藏请求军事援助,达赖喇嘛说:"贵君臣失和,黎庶涂炭,甚为不美。满族皇帝和以前二朝(清太宗和顺治),即三朝之间,与藏地福田施主关系极为密切。我去晋谒皇上,皇上对我宠命优渥,王当知之。我做梦亦未敢违背皇上,若有违背皇上,不但上天不容,即您亦不了耻于我。祈王切勿触怒上天。望给予回信及回话,并遣返派去之使人。"[②] 这些话

---

① 《五世达赖喇嘛自传》木刻版,第二部,第 204 页。
② 《五世达赖喇嘛自传》木刻版,第二部,第 211 页。

表明了第五世达赖喇嘛为国家的太平而持有的精明与善良的用心，以及对清朝皇帝的满怀忠诚。

四、将阿里三围纳入治下 五世达赖喇嘛圆寂

一般而言，第五世达赖喇嘛的后半生，尤其是公元1679年（藏历第十一绕迥土羊年），任命仲麦巴·桑结嘉措为第悉以后，便不再过多地过问政务，而全力进行宗教方面的修持，在这方面的成就是说不完，欲知详情，请见《第五世达赖喇嘛自传》第四部等书。其重要著述繁多，如隆堆大师所编目录所言，他在西藏文化史上留下了不可磨灭的业绩。

阿里三围地区，自吐蕃赞普后裔统治以来，已有悠久的历史。但是，一段时期以来，却被拉达克王所占据。到第五世达赖喇嘛圆寂之前，拉达克土司僧格朗杰对当地的格鲁派十分仇视，并且竭力加以迫害。因而，西藏地方政府不得不对阿里地方用兵。第五世达赖喇嘛专门派人去召一位名叫甘丹次旺的蒙古王族成员。该人笃信格鲁派，极有胆略，他从藏北的纳木湖畔带去250名骑兵，迤逦进抵萨噶，他又在此外接收了许多援兵一同上路。渐次来到与三围相近之处，藏蒙军队信心百倍地冲向拉达克军营，将气焰嚣张的拉达克军打的大败。随后乘胜进军，最终藏方军队夺占了拉达克国都列城，拉达克方面发誓保证今后不再危害而要敬奉格鲁派，并要善待众属民。把生活在阿里地区的吐蕃赞普后裔洛桑白玛封为王、给其1000户百姓。此外，还令阿里地区的达布噶举派和宁玛派各寺，仍照前尊奉本派教法，不得对其扰害。至于格鲁派的各寺院，已破败者进行修葺，未破败者加以扩展。① 总之，自此始，阿里三围重新归属西藏，西藏地方政府向该

---

① 《颇罗鼐传》第25—51页。

地区派驻总管、噶本及各县县官，形成定制，直至民主改革时为止。

达赖喇嘛66岁时，即公元1682年（藏历第十一绕迥水狗年），自2月10日起闭关念修，直至17日仍继续念修。后来腿部疾患略有增加。25日，达赖喇嘛的医生塔布瓦来到第悉面前，禀告说，"大师脉象不佳，下令说若是第悉能来，命人前去唤来。"第悉与司膳堪布二人商议，为达赖喇嘛做了一场祈福禳灾法事。后来，众人走后，达赖喇嘛用手抚摸着第悉的头，详细教导他关于政、教二种事务的处理方法，对待以汉、蒙为主的施主做法等。达赖喇嘛道："一切法皆无常。故哪有定数？无妨，勿短视，脉象亦无一定。我若有不测，则需暂时守密。我的转世亦不会久滞，很容易。转世地点及父母须前世机缘凑聚，你能再次认定我。即使出现复杂情况，也不会识别错误，不必担忧。……"① 第悉闻言以后，泪如雨下。于公元1682年（藏历第十一绕迥水狗年）二月二十五日中午马时意趣隐入法界。祭祀法体及举行追荐法事等皆秘密进行。以后，密不发丧时间达12年之久，这一情况容在以下关于第悉·桑结嘉措一节里叙述。

五、固始汗父子及历任第悉

1. 固始汗父子

固始丹增法王将全藏收服以后，献给第五世达赖喇嘛，作为教民。在此后的12年中，他与第悉共同担负军政重任。后来，清朝顺治皇帝又将其册封为西藏地方小邦之王。公元1654年（藏历第十一绕迥木马年），固始丹增法王逝世于拉萨的甘丹康萨府邸。第五世达赖喇嘛对他赞扬备至，并对他的逝世深感惋惜。

公元1658年（藏历土狗年），固始汗之子丹增达延汗继其父位。

---

① 《五世达赖喇嘛自传》木刻版，第4部，第216—217页。

正式举行登位典礼时，察干诺门罕、白居寺堪布等与第悉商量后建议，在达延汗名号中加进封号为"丹增多吉王"，并赠送了珊瑚、琥珀、茶叶、绸缎、氆氇等大量礼品。自此以后，固始汗子孙便成为西藏地方政府的靠山、被称为"政府蒙古汗王父子"，由地方政府为其拨发粮饷，对其甚为恭谨。凡遇军事、武力等重大事件，皆与地方政府会商，并予以支持。但对地方政府的日常事务，则不担责任与权力。

2．历任第悉

甘丹颇章政权建立之初，第五世达赖喇嘛主要负责管理宗教事务，政治事务则由先后任命的第悉去管理。首任第悉是原司库索南群培，自公元1642年（藏历水马年）至公元1658年（藏历土狗年），在位17年。直到固始汗逝世的12年间，索南群培与固始汗共同处理事务。需要在文件上用印时，在固始汗的红色印（该印的印文由一圈相连的万形花纹环绕）旁，加盖第悉·索南群培的方形黑色印。此期，按照第五世达赖喇嘛的意思，于1645年（藏历木鸡年）四月一日在布达拉山东面山上为白宫奠基，历经4年，至土鼠年竣工。对于以前的乃东首领及藏巴第悉的法律条文进行了增删，制定出"十三条律例"，其成就十分巨大。公元1654年（藏历木马年），固始汗于73岁时逝世以后，至土狗年的4年期间，由第悉·索南群培单独执政。他一共执政17年，后来在拉萨大昭寺的楼上去世。此后两年的时间里，由第五世达赖喇嘛属理政务。

1660年（藏历铁鼠年）七月十三日，任命仲麦巴·赤列嘉措（第悉·桑结嘉措父亲之兄）为第二任第悉。

公元1669年（藏历土鸡年）八月一日，达赖喇嘛任命自己的司供堪布洛桑图多为第三任第悉。此位第悉时期，挖掘、整理、使用了"珍宝服饰"，扩建、维修了拉萨小昭寺，雕版印刷了殊胜《甘珠尔》

经。公元 1674 年（藏历木虎年）三月，因他与萨迦派法嗣之妻扎西有染，被达赖喇嘛撤职。

公元 1675 年（藏历木兔年），布达拉宫郎杰扎仓的管家洛桑金巴被任命为第四任第悉。正如写在布达拉宫德阳厦三联梯口门庭墙壁上，并印有达赖喇嘛手印的文告所褒扬的那样，他为人清心寡欲，对政、教事业忠心耿耿。到公元 1679 年（藏历土羊年）5 月，在位 4 年后，提出辞职，得到达赖喇嘛批准。

六、第悉·桑结嘉措

第五任第悉·桑结嘉措于公元 1653 年（藏历第十一绕迥水蛇年），生于吉雪娘程地方的仲麦村。父名阿苏，母名普赤杰姆。第五世达赖喇嘛为其取名叫桑结嘉措。

他 8 岁时初次晋见达赖喇嘛，以后便随第五世达赖喇嘛、其伯父第悉·赤列嘉措等诸多贤哲彻底修习各类学问。他从 27 岁（公元 1679 年）至 53 岁（公元 1705 年）担任第悉。

公元 1694 年（藏历第十二绕迥木狗年），清朝康熙皇帝曾赐给其镌有藏、汉、蒙 3 种文字的金册和金印，用以褒扬他。关于此事，从第悉·桑结嘉措的言语中可以看出，历史上统一治理过西藏地方的萨迦派和帕木竹巴派两政权，所以能够有力地、毫无争议地行使统治权，是因为得到了元朝的封册与印绶。此外，止贡与蔡巴等特殊地方的万户长等管理人员，亦得到了皇帝的谕旨及封文。总之，是在得到历代皇帝的封赏文书以后，各位喇嘛才成为大喇嘛，各位官员才成为大官员。在西藏，历来就存在着是否准许钤用朱印，主要看是否得到皇帝封文的成规。

桑结嘉措先后撰著了西藏《四部医典》的注疏《四部医典蓝琉璃》，以及该书《补遗》、藏医史《医学概论》、藏历星算学格言总汇《白琉璃》等医药、历算著作。公元 1696 年（藏历火鼠年）创建了药王山藏医学校，制作了 80 幅医药唐卡，一直流传至今。第悉·桑结嘉措还著有《第五世达赖喇嘛自传》、《传记精要》、布达拉宫《第五世达赖喇嘛大金灵塔志》、《第五世达赖喇嘛火炼布尔擦录》等著作近 20 部，主持修建了布达拉宫红宫主辅建筑。为此，清康熙皇帝还专门派遣了前来帮助建设的汉族工匠 114 人，并下拨大量金银。

第悉·桑结嘉措担任行政职务 3 年以后，藏历第十一绕迥水狗年（公元 1682 年），第五世达赖喇嘛圆寂。达赖喇嘛圆寂的当天晚上，第悉便召集格隆·江央扎巴等人在班丹拉姆像前占卜，结果是，要保密至转世灵童诞生，并迎请到拉萨时为止。于是，第悉密不发丧，对外声言五世达赖喇嘛在严格闭关修行。对康熙皇帝也隐瞒不报。有时遇到皇帝派来人员或是蒙古的重要施主前来，而达赖喇嘛不得不予以接见的情况，他便令长相与第五世达赖喇嘛相似的布达拉宫朗杰扎仓的僧头翟热出面接见，手谕等文字东西，则由第悉·桑结嘉措亲自动手撰写。在保密期间，再暗中设法多方寻访转世灵童。

关于这方面的情况，牙含章在他的著作中说，"1696 年（康熙三十五年），康熙率大军亲征准噶尔，在外蒙古克鲁伦河打败了准噶尔军队，噶尔丹服毒死，全军覆灭。康熙帝从俘虏的西藏人的口中，得悉五世达赖喇嘛已死多年的消息，乃致书第巴桑结嘉措严厉责问。第悉·桑结嘉措接到信后，非常惶恐，次年（1697 年）向康熙帝写了一封密信，内称第五世达赖喇嘛已于水狗年示寂，转世静体今 15 岁矣，前恐唐古特人民生变，故未发丧，今当于牛年十二月二十五日出定坐床求大皇帝勿宣泄！康熙帝同意了来信所提出的请求。"① 西藏的

---

① 《达赖喇嘛传》藏文版，第 93—96 页。

史料中记载，1696年（藏历火鼠年）五月十日，首先向转世灵童的父母解除了秘密，向他们说明他们的儿子已被认定为达赖喇嘛的转世灵童。当年即特遣人进京禀告保密始末根由，还禀明如今灵童已经长大成人，不久即将其迎至布达拉宫，举行坐床典礼。皇帝已经知道，云云。[①]没有清楚的记述，故引牙含章书内容以为补充。

---

① 《极明金穗》木刻版，第287页。

第二节　六世达赖喇嘛仓央嘉措的事迹

一、被认定为五世达赖喇嘛的转世及坐床

第六世达赖喇嘛洛桑仁钦仓央嘉措之父扎西丹增，原居错那宗。其母为赞普后裔，名叫次旺拉姆。仓央嘉措诞生于1683年（藏历第十一绕迥水猪年）三月一日。据说，诞生时出现过多种异兆，从3岁起便表现出与一般小儿不同的行为。在错那的13年中，仓央嘉措备尝艰辛。详细情况在仓央嘉措传《金穗》一书有记载。后世有一种流行的说法是，仓央嘉措在故乡生活时，随母亲一起劳动，并和年轻姑娘谈情说爱。这种说法有什么根据，尚待考证。

公元1697年（藏历第十二绕迥火牛年）燃灯节之际，第六世达赖喇嘛仓央嘉措在布达拉宫的司喜平措大殿，在丹增达赖汗和第悉·桑结嘉措等藏蒙僧俗官员的参加下，举行了坐床典礼。清朝康熙皇帝陛下从大局考虑，派出章嘉呼图克图等天使参加了典礼，并赏赐了无数珍宝。

1698年（藏历土虎年），仓央嘉措至哲蚌寺，建立最初的法缘，从《菩提道次第广论》的开首处，进行了经文传承，开始听取法相经典。第悉教授其梵文声韵知识。另外，还从班禅大师及甘丹寺主持、萨迦、格鲁、宁玛等派有道上师学习大量显密经典。第悉对于仓央嘉措的学习，管理得非常严格。

仓央嘉措成长的时代，恰值西藏政治动荡，内外各种矛盾接连不断地开始出现之际。1700年（藏历铁龙年），丹增达赖汗在西藏去世。其次子拉藏鲁白遂来至前藏，承袭了乃父职位。蒙古施主当中对此也产生了赞同与反对的两种意见。另外，第悉对第五世达赖喇嘛的圆寂

进行了长期保密，这引起了清朝康熙帝的不满。在西藏内部，由于第悉独断专行，长期"匿丧"，身穿袈裟而又公开蓄养"主母"等行为，招致哲蚌寺、色拉寺部分首脑表现出不满情绪等等。各种矛盾错综复杂，仓央嘉措感到"失望，学习也无益处"，遂变得懒散起来，且喜好游乐，放荡不羁。

1702年（藏历水马年六月），仓央嘉措20岁时，第悉劝其受比丘戒。他听从劝告。前往扎什伦布寺与班禅大师洛桑益西相见。第五世班禅的传记里说，"休说他受比丘戒，就连原先受的出家戒也无法阻挡地抛弃了。最后，以我为首的众人皆请求其不要换穿俗人服装，以近事男戒而受比丘戒，再转法轮。但是，终无效应，只得将经过情形详细呈报第悉。仓央嘉措在扎什伦布寺居17日后返回拉萨。"[①] 自那以后，仓央嘉措便穿起俗人衣服，任意而为。白天在龙王潭内射箭、饮酒、唱歌，恣意嬉戏。还到拉萨近郊去游玩，与年轻女子寻欢作乐，放弃了戒行。

二、拉藏汗杀害第悉执掌西藏大权

拉藏汗利用第六世达赖喇嘛仓央嘉措与第悉·桑结嘉措之间的矛盾，制造越来越多的麻烦。第悉企图投毒杀害拉藏汗的说法传开以后，藏蒙福田、施主之间的矛盾更加尖锐。公元1705年（藏历木鸡年）一月，第六世达赖喇嘛、吉雪第巴、拉木降神人、色拉、哲蚌二寺堪布、政府各要员、班禅大师的代表、蒙古诸施主等，集议如何解决矛盾。最后议决，第悉·桑结嘉措辞去地方政府的职务，将贡嘎宗拨给他作为食邑；拉藏汗保留"地方政府蒙古王"的称号，返回青海驻牧。但是，实际上双方都没有打算执行决议。拉藏汗从拉萨出发以

---

① 《五世班禅洛桑益西自传·明晰品行月亮》第209页。

后，在羊八井、当雄等地驻留多日，缓缓抵达那曲。在那曲集结了藏北各地的蒙古军队，准备打仗。他借口第悉未遵守决议，仍然呆在布达拉宫内干预政府的一切事务，从那里折返拉萨。当年5月，拉藏汗在当雄将蒙古军队分为两路，一路由他亲自率领，从澎波而来；另一路由其妻次仁扎西及部分军官率领，从堆龙德庆而来。当时，色拉、哲蚌二寺的上师、密宗院的轨范师以及班禅大师的代表等人闻讯后，急忙先后赶去劝阻。请求汗王罢兵。但是，遭到拒绝。公元1705年（藏历第十二绕迥木鸡年）七月第悉·桑结嘉措被抓获，押至堆龙德庆的朗孜村立刻斩首。从此以后，蒙古人拉藏汗统治前后藏达12年。

三、拉藏汗控制下的六世达赖喇嘛的最后命运

拉藏汗掌握大权以后，对第六世达赖喇嘛多方责难。还特派人员赴京师，谗言桑结嘉措勾结准噶尔人，准备反叛朝廷。还说，第悉·桑结嘉措在布达拉宫立的仓央嘉措不是第五世达赖喇嘛真正的转世灵童，他终日沉湎于酒色，不守清规，请予废立。康熙帝即派侍郎赫寿等人赴藏，敕封拉藏汗为"翊法恭顺汗"，赐金印一颗。命将仓央嘉措从布达拉宫的职位上废除，"执献京师"。遵照谕旨，废掉仓央嘉措以后，不久即"解送"北京。在哲蚌寺前的参尼林卡为其送行时，哲蚌寺僧人将其强行抢至该寺的甘丹颇章宫中。拉藏汗闻报后，立即派兵包围了哲蚌寺，寺僧们亦准备武力抵抗，双方即将发生流血冲突。仓央嘉措见此情形于心不忍，便自动走到蒙古军中，立地平息了这场一触即发的战斗。然后，从北路进京，抵达青海的贡噶诺尔时圆寂，时年25岁。

其后，拉藏汗将生于公元1686年（藏历火虎年）的活佛阿旺益西嘉措认定为第六世达赖喇嘛，将其迎至布达拉宫坐床，他在位11年。但是，西藏僧俗群众皆不承认他是达赖喇嘛的转世灵童。白噶尔

增巴·益西嘉措坐床以后，拉藏汗便上奏康熙皇帝，请求皇帝承认他是达赖喇嘛，并赐金印。皇帝依奏，赐金印一颗，印文为："敕封第六世达赖喇嘛之印"，被修改为"敕赐第六世达赖喇嘛之印"。[①]

为了稳定西藏当时的混乱局面，康熙帝于公元1713年（藏历第十二绕迥水 蛇年）册封第五世班禅洛桑益西为"班禅额尔德尼"，赐金册、金印。命他协助拉藏汗管理好西藏地方事务。从此，历代班禅的"额尔德尼"名号便确定下来。

四、准噶尔蒙古军偷袭西藏

公元1716年（藏历火猴年），准噶尔的策妄阿拉布坦遣其大将策零敦多布，率领6000名精锐部队"绕戈壁，逾和田大山，昼伏夜行"，新辟闻所未闻之路，于公元1717年（藏历火鸡年）孟夏，经藏北纳木湖突入西藏。

那时，拉藏汗驻于当雄。其次子苏尔扎从青海迎娶妻子回来抵达当雄后，正在设喜宴庆贺。有人来报告拉藏汗说，大批军队正从纳木湖滨驰来。拉藏汗立即采取集结前后藏、塔工等地的军队以拒敌的多项措施。在当雄地区，双方交战数阵，著名的猛将代本欧荣巴及绷唐巴二人牺牲，颇罗鼐负伤。终未能阻住敌人。后来，得知准噶尔军队企图进军拉萨，拉藏汗与军队急忙驰返拉萨，命藏蒙军队在拉萨城四周扎营拒守。准噶尔军随后将拉萨团团围住，伪言："我们不是为攻打拉藏汗而来，而是青海戴青和硕齐率军护送达赖喇嘛转世灵童格桑嘉措进藏，为了西藏黎庶和圣教而来。"这种舆论一传十，十传百，使得藏军中厌战情绪蔓延开来，再无斗志。数日后，准噶尔军队发起全面进攻。东面来犯之敌暂时被颇罗鼐率领的军队

---

① 《印鉴清册》第11页。

击退。但是，从北面进攻的准军冲入市内。拉藏汗闻讯后立即带领少量侍从进驻布达拉宫。当年 11 月 1 日，拉藏汗不听从亲属们的劝阻，在其臣属蒙古人洛桑群培的追随下，出布达拉山下城墙东门，直奔鲁古枘第而去。路上杀死了几名准噶尔士兵，最后被大批准军包围乱刃杀死。

此后，准噶尔人暂时掌握了西藏的大权。在整整 3 年之内，他们对前后藏地区实行了残酷的统治。

第三节　七世达赖喇嘛格桑嘉措时期

一、认定和进藏

第十二绕迥阳土鼠年（公元1708年）七月十九日，达赖喇嘛洛桑格桑嘉措生在多康下部理塘图钦强巴林（简称理塘寺）所属的洛雪村，父亲名叫索朗达吉，母名洛桑曲措，舅父阿盖扎西为他取名叫"格桑嘉措"。

木羊年（1715年），诺门罕和墨尔根岱青等头人前后迎请灵童。此时，文殊大皇帝出兵讨伐入侵西藏的准噶尔部，青海各大头人齐集协商，决定奉皇帝旨意送灵童去塔尔寺。

土猪年（公元1719年），康熙的第十四子大将军允禵由几位大臣和3000余名士兵簇拥，从西宁来塔尔寺，部署汉蒙大军，做好了迎请转世灵童的一切准备。翌年（公元1720年），"皇子大将军派七人送来为进藏准备的白银一万两，达赖喇嘛授长寿灌顶。"①

是年，"阴历三月二十日，将军带来了奉天承运文殊大皇帝诚赐达赖喇嘛的用百两黄金制成的金印，上刻着'宏法觉众第六世达赖喇嘛之印'（当时，未承认仓央嘉措为六世达赖），用满、蒙、藏三种文字写成，并用一百五十两黄金制成的金册，诰命曰：尔自幼继承前业，恪勤戒律，钻研经典，深得各部落信赖，是以特降慈旨，颁给册印，封尔为宏法觉众第六辈达赖喇嘛。著尔阐扬佛教，辅朕大业，勤于训导，恪遵勿怠。"

---

① 《七世达赖喇嘛传》上卷，第66页。

二、驱逐准噶尔势力出西藏

准噶尔兵占据西藏期间，大肆烧杀劫掠，无恶不作，激起了西藏大多数僧俗群众的仇恨。这时侯，大皇帝的军队难计其数，迎请达赖喇嘛转世灵童进藏的消息传播开来，西藏的一部分官员动用各种不同的方式，努力协助大皇帝的军队驱逐准噶尔兵。当准噶尔台吉和吉桑等贵族劫掠各种珠宝装饰品及大批物品等，经阿里准备逃回准噶尔部时，被噶本（营官）康济鼐·索朗杰波骗进营帐作为贵宾相待，然后使营帐塌陷，除了在营帐外面的62名仆从逃脱外，多数头人被捕获。① 另有准噶尔的一部分官兵经上部阿里地区逃跑时，被阿里三围总管康济鼐消灭。消息传到聂拉木，颇罗鼐十分高兴。由于阿里等牧区缺少铁料，于是，颇罗鼐打制了千多副马蹄铁，派人迅速送往阿里。在致康济鼐的信中赞扬说："你的英勇值得称赞，聂拉木已作好了反击准噶尔的准备，等待机会配合。"康济鼐也很高兴。从此他俩建立了志同道合的朋友关系。

清朝皇帝的军队到达西藏时，阿里三围总管康济鼐的军队已到卓雪地区，颇罗鼐从聂拉木发兵和江孜宗本热丹夏尔巴带领的军队、以及洛贡的队伍会师拉孜，以其特有的能力平息内讧后，派兵占据了甘巴拉以上后藏所属的全部地方，反击准噶尔兵。

另外，阿尔布巴·多吉杰波借口阻挡清朝军队而移师多康，其实他去迎接达赖喇嘛和皇帝的军队，为大军带路，详细报告了准噶尔兵占据西藏的情况。

此时，康熙帝为了把准噶尔兵全部逐出西藏，分兵南、北、中三路，南路是由定西将军噶尔弼率领的云南、四川、湖楚、浙江等地

---

① 《噶锡哇世系传》第25—26页。

兵,出打箭炉和昌都,于十二绕迥铁鼠年(公元1720年)夏季抵达拉萨,拘禁了准噶尔的可疑僧人,并致信德钦巴图尔和颇罗鼐,告知已抵拉萨的消息。中路是平逆将军延信率领的陕、甘兵,他们于这年三月从青海出发,护送达赖喇嘛进藏,其先遣兵途中消灭了准噶尔兵的袭击拦截,保持道路畅通。达赖喇嘛及其随从经过那曲(黑河),秋天平安到达拉萨。

三、七世达赖喇嘛坐床、任命西藏地方政府首领

铁鼠年(公元1720年)九月十五日,达赖喇嘛身着比丘的殊胜法衣,在文殊大皇帝的大臣阿达哈达、科秋艾增等诸多活佛高僧簇拥下,从甘丹曲果出发前往布达拉宫,拉萨四如和布达拉宫附近的居民载歌载舞相迎。文殊康熙大皇帝为祝贺达赖喇嘛坐床,赏赐上等哈达一条、白银万两等,并颁发诏书:"为利益佛教、众生,莲足永固,法轮常转。"皇帝所派官员和王族头领们各自献了丰厚礼品。①

是年十一月初五日,在布达拉宫日光寝殿,班禅大师向达赖喇嘛授沙弥戒,在原名前增加"洛桑"二字,全称为"洛桑格桑嘉措"。②

其后,康熙皇帝派遣的将军们开始依法处置第悉达孜哇等人。达赖喇嘛、班禅大师、颇罗鼐等人请求允许第悉达孜哇等人活命。但是,大皇帝的圣旨难违,没有准请,第悉达孜哇、拉加热丹和噶伦扎西孜巴、噶伦阿曲等人被带到拉萨河堤岸背后处死,第悉达孜哇之子和准噶尔僧人等部分有罪者解赴内地问罪。铁牛年(公元1721年),皇帝降旨:敕封德钦巴图尔康济鼐·索朗杰波为贝子,委任为总理西藏事务的首席噶伦;敕封阿尔布巴·多吉杰波为贝子,晋升为噶伦;敕封隆布鼐·扎西杰波为公爵;敕封颇罗鼐·索朗道吉和扎尔鼐·洛

---

① 《七世达赖喇嘛传》上卷,第73—76页。
② 《班禅洛桑益西传》第294页。

追杰波为台吉，晋升为噶伦。成立了总理西藏地方政府事务的机构。

其前，参加拉萨祈愿大法会的除了色拉、哲蚌两寺为主的附近一些寺院、禅院的僧人外，甘丹寺僧人没有参加的惯例。从水兔年（公元 1723 年）开始，决定甘丹寺僧人参加一年一度的祈愿大法会，而且规定达赖喇嘛莅临每年的法会。

清康熙六十一年，大皇帝驾崩。为超度康熙大帝亡灵，达赖喇嘛亲临大昭寺，并与僧众一起为文殊皇帝大法王和皇后诵回向文，诚心祷告。此后，派仲尼岱达尔罕进京祝贺皇四子继皇位。"此后不久，皇帝差派一等侍卫萨罕阿木巴到藏，宣读诏书，皇帝诏谕新委任两名噶伦管理西藏 13 万户地方的事务。"① 新委任的两名噶伦中一名为颇罗鼐，另一名是扎尔鼐·洛追杰波。据《七世达赖喇嘛传》中详细记载，首先委任康济鼐和阿尔布巴、隆布鼐为噶伦，两年后，敕封颇罗鼐和扎尔鼐两人为台吉的同时，晋升为噶伦。

水兔年，青海发生叛乱，达赖喇嘛不忍无数生灵遭受灾难恐怖，立即大发慈悲，勒令甘丹赤仁波且贝丹扎西务必前往调解说合。青海湖边的王族罗卜藏丹津知恩不报，倒行逆施，违抗圣旨，发动战乱，拘禁了当地头人额尔德尼济农和诺颜囊索、迈德钦加藏等；占领了蒙古卡西部落，抢掠武器、马匹。据载，噶伦颇罗鼐台吉和指挥官洛桑达结以及蒙藏士兵 500 人从拉萨出发行至那雪地方，颇罗鼐运用文武办法召来许多头人平民，他们俯首施礼，抓获抗衡额尔德尼济农和皇帝钦差的人，带到拉萨问罪，将那雪、玉树、霍尔回部、上下仲巴、白黑黄三穷波等地两万余户置入属民，然后胜利班师。

第十二绕迥木龙年（1724 年），雍正帝向达赖喇嘛颁赐诏书、金册、金印，授于政教权力。圣旨要求七世达赖喇嘛如五世达赖喇嘛

---

① 《颇罗鼐传》铅印本，第 453 页。

那样护持一切政教，颁赐每页厚如牛皮的金册16页，以及用满、汉、蒙、藏四种文体写成的大金印，上写："西天大善自在佛所领天下释教普通瓦赤喇怛喇达赖喇嘛"。从此，开始了历代达赖喇嘛年满18岁关心政教事务（亲政）的规定。

四、噶伦内讧，卫藏骚乱

首席噶伦德钦巴图尔和阿尔布巴、隆布鼐、扎尔鼐、颇罗鼐等人联合统治西藏的6年时间里，从一开始就出现了不合作的态度。根据《颇罗鼐传》所说，导致这种现象的主要原因似乎是公隆布鼐·扎西杰波所为，他不满意官位安排，玩弄阴谋，挑拨离间。其他4位噶伦根本没有与他合作的想法，因此播下了相互嫉妒的病根。其中德钦巴图尔和颇罗鼐两位噶伦，从反击准噶尔兵开始统治着后藏上部地区的雄兵，基础牢靠，作战经验丰富。阿尔布巴、隆布鼐和扎尔鼐三人占据着以拉萨为主的前藏地区，是甘丹颇章政权的中心地。所以，前藏地区的多数主要官员几乎都支持他们，他们也认为政治基础牢靠、条件已经成熟。

西藏方面曾派人进京，秘密向大清皇帝呈献了反映诸位噶伦相互不和睦的情况和全体藏民愿望的几封书信。这件事情的起因，和达赖喇嘛的父亲也有一定关系。雍正帝接到密信后，悄悄派钦差鄂齐赴西藏调查。

第十绕迥火羊年（公元1727年），卫藏噶伦之间的矛盾非常尖锐，就拉萨的势力来说，对阿尔布巴、隆布鼐、扎尔鼐三位噶伦有利。颇罗鼐台吉多次向德钦巴图尔发出警告，注意提防。然而，德钦巴图尔心性豁达，并不把事情放在心上。颇罗鼐是位精明的人，他的夫人驻锡颇鼐庄园，他曾几次向达赖喇嘛和德钦巴图尔告病假，同意暂时回庄园居住疗养。

这时，大皇帝降旨，以功赏赐德钦巴图尔，并赐水晶印玺等。同时，处理西藏事务的两位大人及其随员不久来藏。消息传到拉萨，阿尔布巴、隆布鼐、扎尔鼐获悉后，商量提前暗杀两位后藏噶伦，议定了动手时间，他们商定后征求其他朋友的意见，大家一致表示同意。[①]

是年六月十八日，德钦巴图尔、贝子阿尔布巴、公隆布鼐、扎尔鼐台吉等噶伦在大昭寺殿门抱厦上面的康松寝开会时，仲尼洛桑顿月走到德钦巴图尔身后，突然抓住他的头发，阿尔布巴洛桑、贝子阿尔布巴、公隆布鼐，台吉扎尔鼐等人蜂拥而上，举刀乱砍，德钦巴图尔最终因流血过多死亡。紧接着德钦巴图尔的几名随从人员也被杀死在大昭寺回廊中，拉萨大昭寺拉章寝殿内外血流成河。同时，三噶伦派人带兵去后藏捕杀噶伦颇罗鼐台吉。颇罗鼐的心腹吉布巴·旺堆从拉萨来日喀则庄园途中，听到德钦巴图尔被杀的消息，立即派随从向颇罗鼐送去秘信。颇罗鼐经过认真思考，将三条意见写在纸上卷入糌粑团中，带到佛像前选定，结果抽准第二条意见，调集阿里三围和后藏地区的所有兵力立刻反击。颇罗鼐决定亲自领兵出击，他留下得力者防守私人庄园后，急忙带兵出发，前藏兵未能追赶上他，撤兵返回。是年七月十七日，颇罗鼐带兵集结萨嘎、卓雪、桑桑、绛昂仁、拉孜、平措林等地兵力慢慢向拉萨进发。

当颇罗鼐获悉前藏兵到江孜的消息，立即调拨大军在日喀则附近扎营。之后，颇罗鼐率领大军走年楚河北道，逐渐向江孜方向前进，在仲孜和前藏的一部分兵交锋。这时，班禅仁波且派代表劝说双方停战，却没有收效，双方继续交战，颇罗鼐的弟弟丹增·囊嘎尔瓦，前藏军的翼官饶丹夏尔巴等几名官员以及几名士兵战死。最后，颇罗鼐带兵暂时撤退到萨嘎方向，前藏追至昂仁，双方没有发生冲突。

---

① 《颇罗鼐传》第525页。

火羊年十月二十五日，颇罗鼐抵达江孜宗。从这天起，双方每天交战，没有胜负。时间久了，前藏兵的干粮、马料等用尽，到附近抢掠，与群众为敌，多次遭到后藏兵的殴打、逮捕，难以度日，没有别的办法。在这种情况下，隆布鼐等人向扎什伦布寺和萨迦寺代表敬礼，请求敦促颇罗鼐接受和谈。

土猴年（公元1728年）五月二十六日，颇罗鼐兵占领了拉萨全城。阿尔布巴、隆布鼐、扎尔鼐和前藏工布的少数残兵钻进布达拉宫，紧闭大门，颇罗鼐的兵包围了布达拉宫以及附近地方。达赖喇嘛赏赐颇罗鼐上等锦缎3匹，白银500两，要求保证3位噶伦及其亲属的性命。王公颇罗鼐说："按照达赖喇嘛指示，我不害他们的性命，让他们的亲友、随从安全住到各自的住地，平安生活。将来，如果文殊怙主大皇帝的主力部队来此地，如果我反映3位公伦颠倒是非所做的一切坏事，其后果倘若我错了，处治我；若公伦们错了，便处治他们。在此期间，决不违背通知达赖喇嘛的旨意。"① 就这样，颇罗鼐把阿尔布巴、隆布鼐、扎尔鼐拘禁在各自的家中，为了防止逃往他乡，每家周围特派300兵把守。

五、皇帝派人查办藏事

是年秋季九月一日，首席钦差查朗阿和迈禄率大军到拉萨，他们在军营召见阿尔布巴、隆布鼐、扎布鼐，让他们屈膝跪地，严词审讯。颇罗鼐引证据驳，根据以前阿尔布巴、隆布鼐、扎尔鼐3人上书雍正帝，挑拨离间，列举的德钦巴图尔的罪状70余条，一一详细核查，揭穿了他们编造的谎言。

不久，圣旨到，斥责了阿尔布巴、隆布鼐、扎尔鼐3位噶伦及他

---

① 《颇罗鼐传》第641页。

们的党羽。大皇帝颁发诏书，指出颇罗鼐所说的句句确实，一次赏赐白银3万两。之后，将阿尔布巴、隆布鼐、扎尔鼐、觉隆喇嘛、南杰扎仓的管家、阿尔布巴洛桑和其他有罪之人共17人等带到巴玛日山前的草坪上处死，他们的一部分亲属解赴内地问罪。

土猴年（公元1728年），清朝皇帝"于是年降旨：康区东部之打箭炉、理塘、巴塘等地划归四川管辖；康区南部之中甸、德钦、巴龙（维西）等地划归云南管辖。"① 同时，规定后藏的拉孜、昂仁、平措林3个重要宗划归班禅五世洛桑益西管辖。1727年，清政府决定任命两名驻藏大臣，首席驻藏大臣为副都统马腊，帮办大臣为大学士僧格，他2人于土猴年到藏，总理西藏事务。

六、七世达赖喇嘛移居康区

此后，卫藏极为混乱，人们也被罪恶的魔鬼所缠，相互争斗，自然进入一些祸根之因，达赖喇嘛圣心不安。东方文殊大皇帝特派的大人护送并具办大批顺缘，敕令达赖喇嘛暂时迁居理塘。

火猴年（公元1728年）十一月二十三日，达赖喇嘛、父尊索朗达结及其随从200人从布达拉宫起程，拉萨的数千名僧俗群众依恋送行到拉洞渡口，西藏地方政府官员和三大寺上师、执事等多数人送到德庆桑阿卡寺。达赖喇嘛返回前，委托温嘉赛活佛晋迈益西扎巴为事业的代表，主持拉萨祈愿大法会。

这一年，奉圣旨，钦差查郎阿等人撤回内地。为使西藏再不发生以前那样的内外突然事变，以迈（禄）大人，僧（格）大人带着2000名清兵驻守西藏，这种情况下必须备齐西藏驻军的军饷和马匹等。

达赖喇嘛及其随员经过长途跋涉，于土鸡年（公元1729年）二

---

① 《七世达赖喇嘛传》上卷，第114页。

月八日抵达他的降生地理塘，理塘第巴阿本扎西和达尔果南杰等僧俗群众隆重迎接到理塘强巴林寺。谕鼐格（迈仁藏格）和马大人（马腊）留驻照看达赖喇嘛。谕著任（国荣）总兵官领兵 2000 名防护。①

铁狗年（公元 1730 年）一月，"二十一日，达赖喇嘛从理塘寺起程去嘎达。"藏历二月三日，"诸瑞相中，达赖喇嘛来到嘎达惠远寺拉章顶层寝殿，宴待以下密院金刚持为首的随从堪布和皇帝派来的官员鼐格、阿尔波二头人，以及总爷，共同饮茶，食用果品、面点，鼐格呈献了皇帝赏赐的白银几千两。达赖喇嘛感谢大皇帝的深重恩德。"②此后几年，达赖喇嘛一直驻锡惠远寺，弘扬佛法，满足了多康地区数万名僧俗信徒的心愿。

七、授封颇罗鼐总理西藏事务

达赖喇嘛去理塘后，西藏的一切政治事务都由颇罗鼐总理，清朝皇帝赐印册，印面写着"办理卫藏噶伦事务多罗贝勒之印"。铁猴年（公元 1740 年），又赐"办理卫藏噶伦事务多罗郡王之印"。

颇罗鼐是一位智慧深广，精力充沛，干事精练的人。土猴年（1728 年），宣布免除过去的一切征税。社会安定，人民生活有保证，整治了骚乱造成的各种危害，努力在全藏创造幸福。由此可以窥见，这些调动人心的做法是巩固其统治的最有效的办法。

颇罗鼐台吉对当时西藏地方政治和文化古迹方面做出了伟大贡献，他主持雕刻了全套《甘珠尔》经板，严令："如果希望将来西藏布满有雕刻技术的人，凡是对政教方面有利，必须让所有宗豁中有雕刻技术的属民立即进行练习，差不多时马上派去协嘎尔雕刻工场。"不久，有雕刻技术的达到 1000 人，规定了工作细则和奖惩办法，大

---

① 《七世达赖喇嘛传》上卷，第 142—143 页。
② 《七世达赖喇嘛传》上卷，第 145 页。

家全力以赴，非常勤奋，进度很快。按照以前的速度，快者1个月能雕刻五六块印版，较慢者能完成三四块，大多数人只能完成一两块。而现在技术熟练者每月能雕刻16至23块，次者能刻10到15块，技术一般者也能 雕刻8至10块经板，大多数人能刻5至7块，最少者不下3块，用了1年半的时间雕刻完了全套《甘珠尔》经板。

另外，颇罗鼐修缮了拉萨大昭寺和小昭寺，新建佛像塔，并且修缮了以三大寺院为主的几所寺院，建塔立像。

八、平息不丹内乱

过去，不丹和西藏地方政府之间有过多次纠纷，相互为敌。不丹救怙主去世后，出现了两位灵童人选，由于双方争执，导致内乱。不丹首领要求西藏地方政府出面调停，致书请兵支援。颇罗鼐从附近宗谿派出一部分援兵，结果被不丹兵打败。颇罗鼐再次派卫藏3名军官率领藏兵和若干蒙古兵增援，用力反攻，打散了不丹兵，终使不丹两派达成协议，以后不再相互攻击并交换了战俘。新年时，不丹"派使者向文殊怙主世间主人大皇帝和吉祥大地之自在主人大法王（颇罗鼐）进贡呈书。"[①] 当时的不丹国王仁青程勒饶结将自己的叔父次仁旺钦作为人质派到西藏。岗当喇嘛主仆和迦贝喇嘛顿珠等人来藏拜会颇罗鼐，献大批礼物，建立了不丹向清朝皇帝和西藏地方政府逢年进贡的制度。

九、缩减驻藏清兵七世达赖喇嘛返藏

水牛年（公元1733年），颇罗鼐奏请大皇帝："驻藏清兵2000人，皇库不断支付费用，虽未增加赋税，然而，西藏可利用面积小，属户

---

① 《颇罗鼐传》第756页。

不多，难以提供驿吏和燃料，以后只需二三名将军和500名兵驻藏即可，他们不必占拉萨居民房舍，可移居北郊扎协塘新建军营，其余军兵撤退。"不久，大皇帝颁赐诏书："贝勒颇罗鼐输诚效力，唐古特之兵亦较前气壮，今北京极多兵力驻扎拉萨，未见多用。因此，留兵500名，两名官员，另两名官员等返回，军营在附近扎协塘新建。"①驻扎西藏的军官迈（禄）大人、僧格大人、蒋兴天大人等和1500名兵奉旨撤回内地。驻守拉萨的总兵官周起凤大老爷等500名兵移居新建的扎协塘军营。

达赖喇嘛驻锡嘎达惠远寺期间，大皇帝多次派金书使臣和人员慰问，达赖喇嘛也派代表进京请问圣安，献礼表谢。水牛年（公元1733年），文殊大皇帝鉴于全藏幸福和弘扬释迦牟尼圣教皆仰仗达赖喇嘛，且西藏动乱已经平息，令达赖喇嘛起程回藏。不日，清朝官员当众宣布来自理藩院的信，称大皇帝诏谕皇十七子果亲王和大国师章嘉呼图克图代表皇帝赠礼品。②

"木兔年，藏历新年一月初一日，福田施主在大经堂受茶后，皇子果亲王说：'皇帝旨谕：达赖喇嘛回雪域西藏后，使佛陀圣教，尤其是宗喀巴洛桑扎巴的教法若白昼般明亮，将西藏一切属民置于快乐幸福，务使功业广布。'达赖喇嘛答谢道：'我虽无如此之能力，愿能三宝之慈悲，我弘扬一切佛教，为使一切边中众生享受幸福，勤于讲辩著和闻思修。'达赖喇嘛委任洛桑格勒为惠远寺堪布，让他今后管理该寺。"③

木兔年（公元1735年）七月十一日，星曜和合吉日上午，达赖喇嘛抵达拉萨。驻藏大臣马腊等皇帝使臣、贝勒颇罗鼐、诸位噶伦、

---

① 《颇罗鼐传》第831页。
② 《七世达赖喇嘛传》上卷，第172页。
③ 《七世达赖喇嘛传》上卷，第177页。

众活佛高僧、迦湿弥罗（克什米尔）、尼泊尔、不丹等地代表，按照各自不同的习惯迎接叩谒。

火蛇年（公元 1737 年），第五世班禅洛桑益西圆寂。

土马年（公元 1738 年），达赖喇嘛向金书使臣大喇嘛等人讲授四臂大悲观音随许法，奖赏驻藏大臣杭奕禄等官员，并且通过驿站上书皇帝，感谢皇恩浩荡……"给返回驻藏清兵 500 人，赏赐送行。"[①] 表明了清朝中央政府关心补偿西藏地方政府的财政开支，规定驻藏清兵三年一换。

铁猴年（公元 1740 年），"大皇帝授封噶锡班智达为'公'，晋升为噶伦。噶锡班智达献礼物表谢。达赖喇嘛赏赐礼品。"[②] 这年，封贝勒颇罗鼐为"多罗郡王"。

铁鸡年（1741 年），后藏绛达章扎西则的贝丹益西被选定为五世班禅的转世灵童，奏报皇帝，降旨照准。第二年，按照以前的成规，第六世班禅贝丹益西在扎什伦布寺坐床。

十、达赖喇嘛与颇罗鼐之间产生隔阂，颇罗鼐去世

颇罗鼐是一位始终拥护祖国统一，为卫藏地区的安宁和人民幸福有特殊历史贡献的人物，这些从其传记中可以清楚地看到。然而，由于卫藏战乱，他对七世达赖喇嘛一度失去信仰。尤其他去世前，他的私人秘书仓结亲近达赖喇嘛，作近前侍从，引起他的不快。另外，派扎巴塔耶为达赖喇嘛的司膳，由于身边服务人员的挑拨离间，搬弄是非，达赖喇嘛本人也很苦恼。福田和施主失去相互信任和尊重。

第十三绕迥火兔年（公元 1747 年）新年宴会结束后，颇罗鼐的脖颈患热疖病，用尽各种办法治疗都未奏效，于二月二日病逝于卧榻上。

---

① 《七世达赖喇嘛传》上卷，第 293 页。
② 《七世达赖喇嘛传》上卷，第 295 页。

十一、敕封珠尔墨特那木扎勒袭郡王位总理西藏政务

颇罗鼐有二子，长子阿里公珠尔墨特策布登（有些文献称"益西次丹"），总管上部阿里地方事务。第十三绕迥火兔年（1747年），其父去世后，清朝乾隆皇帝敕封次子达赖巴图珠尔墨特那木扎勒袭位为郡王，掌管西藏地方政权。最近国外出版的《西藏政事王统》一书中这样写道："……颇罗鼐死后，达赖喇嘛立即敕封其子郡王珠尔墨特那木扎勒为达赖巴图尔之名号，按照父亲在世时，管理西藏事务。"提出了一个不符合历史事实的新观点。为了使人们了解真实历史，在此引证这方面一些比较重要的文献。关于颇罗鼐父子统治时期，噶伦《多卡哇·夏仲次仁旺杰传》中说："此后不久，奉天承运大皇帝敕谕达赖巴图尔继承颇罗鼐的遗业，赐郡王号、印章，总理藏务。"[①]特别是《七世达赖喇嘛传》中说："这时，大皇帝敕谕达赖巴图尔承袭郡王位。"[②]《西藏地方政府印册》中说："乾隆十二年，火兔年四月，颇罗鼐之子珠尔墨特那木扎勒被大皇帝封为'多罗郡王'。"[③]这里，我们的任务是介绍历史事实，不作任何推理争辩，对于其他重大事情也持这种态度，进行评比，力求真实。

从火兔年任命珠尔墨特那木扎勒为藏王到铁马年，他统治西藏四年。其间，他完成了从其父时开始进行的如意宝树卷轴画和80幅宗喀巴画、十六罗汉等卷轴画版，敬献六世班禅；扩建了甘丹寺和桑普寺的经堂，在甘丹寺设立了达孜修供法会。

"郡王不能控制自己的一切行动，鬼使神差，不能自理安静，时常勃然大怒，性格狂暴，犹如摩羯（巨鳌），凡事不加考虑，妄自尊

---

① 《多卡哇·次仁旺杰传》第58页。
② 《七世达赖喇嘛传》上卷，第376页。
③ 《印鉴清册》第15页。

大，残害百姓，使人无所适从。正如谚语所说：凡见者杀，凡闻者惧，人皆恐惧，毛骨悚然。对直言劝者，怒目相视，仇恨在心，严厉惩处；凡对坏事说好，谎言相告，欺骗之言，则洗耳恭听，笑脸相待，显露出喜爱的姿态。这时，我们若冬季的杜鹃，无话可说，就是这样也不行，他用各种办法损害，不断设置障碍。"[1] 总而言之，这里揭示了珠尔墨特那木扎勒的人品、知识水平和生活作风。珠尔墨特那木扎勒对于其父亲的密友、担任了近20年噶伦职务、具有渊博知识的大学者多卡哇·次仁旺杰行为十分粗暴。

珠尔墨特那木扎勒和兄长阿里公相互争夺政权而发生内讧，他是一位搬弄是非，专搞阴谋诡计的人。达赖喇嘛大发慈悲，心怀西藏民众，劝说二人讲和，指出如果争端继续，会危害众生，且对二人不利。然而，珠尔墨特那木扎勒犹如业咒所蔽，不听劝解，使战乱升级，阿里的军兵结集于萨嘎备战，据说从前藏派往阿里的军队，在吉隆宗抢掠3次，给当地人民带来了灾难。

十二、珠尔墨特那木扎勒谋叛遭驻藏大臣诱杀

土龙年（1749年）底，珠尔墨特那木扎勒派人去阿里，暗杀兄长阿里公珠尔墨特策布登，革除其子，将阿里置入管辖。驻藏大臣傅清和拉布敦，对珠尔墨特相机行事，铁马年（1750年）十月十三日，将珠尔墨特那木扎勒诱到冲赛康后正法。此时，达赖喇嘛获悉洛桑扎西等部分人纠集一些不法分子，准备去杀两位驻藏大臣的消息，立即派人设法保护两位驻藏大臣的性命。然而，那些恶行者不听敕令，杀死了两名驻藏大臣，杀伤一些士兵。达赖喇嘛难以忍受此暴行，遂命令各地方的所有宗豁，不得追随珠尔墨特那木扎勒，任何人不准传谣。

---

[1] 《多卡哇·次仁旺杰传》第57—61页。

同时安抚幸免军兵、商贾共计200人汇集布达拉宫,并通过驿站火速上奏事件详情。

珠尔墨特那木扎勒事件发生时,多卡哇·夏仲次仁旺杰面见达赖喇嘛,分析事件的起因。他说:"西藏全体人民未找到机会,魔鬼威力大。由于大皇帝的慈爱,两位驻藏大臣以极大的勇气拯救了西藏人民。"① 这里所反映的情况也是当时西藏大多数人的想法,几部历史文献中均有反映。现在有的人怀疑《七世达赖喇嘛传》、《多卡哇·次仁旺杰传》和《噶锡哇世系传》中历史资料的真实性,认为狂妄之徒珠尔墨特那木扎勒是"国家之豪杰,无可怀疑。"② 这真是睁着眼睛说瞎话。

十三、达赖喇嘛奉旨亲政设立噶厦机构

第十三绕迥铁羊年(公元1751年)年初,乾隆帝所派处理西藏事务的四川总督策楞、阿萨罕大臣兆惠、驻藏大臣纳穆扎尔等拜会达赖喇嘛。呈献大皇帝诏书谕旨:"往昔,西藏诸官员执掌政权,不能效力持金刚达赖喇嘛,行使政令,多有不当,亦不利所有番民。自此一切政教重任皆由达赖喇嘛办理,定会大利于黄教和西藏大政。"③ 这在当时西藏地方政府的一些有价值的文献中都有记载,现在尚无任何争议。但是,近代出版的《西藏政事王统》中说:"根据西藏全体僧俗大众的要求,达赖喇嘛于铁羊年(1751年)开始管理政教事务。"④ 这和历史文献所说不同。

另外,西藏地方政府公文记载:"乾隆十六年,达赖喇嘛44岁,大皇帝敕谕,达赖喇嘛执掌政教权力,委任侍从4名噶伦。是年,第

---

① 《多卡哇·次仁旺杰传》第67页。
② 《西藏政事王统》第572页。
③ 《七世达赖喇嘛传》下卷,第5—6页。
④ 《西藏政事王统》上册,第572页。

七世达赖喇嘛格桑嘉措领旨执掌西藏政教权力。"大皇帝所赐金印到，按照册封五世达赖喇嘛之例，印面刻着："西天大善自在佛所领天下释教普通瓦赤喇怛喇达赖喇嘛之印"。①

新建西藏地方政府的主要机构——噶厦时，向每位噶伦宣读皇帝的委任状。按照各自的能力和年龄，分别委任，三俗一僧为噶伦。从此到 1959 年，噶厦组织和一切职权持续 200 余年。

十四、钦定藏内善后章程十三条

奉大皇帝怜爱西藏民众之旨意，拟订十三条章程，谕告全藏僧俗人等遵行。

第一条：查照旧例，添放噶伦。

第二条：噶伦办理事务，应在公所。具折奏事重务，务须遵旨请示达赖喇嘛并驻藏大臣酌定办理，钤用达赖喇嘛印信，钦差大臣关防遵行。

第三条：不得任意补放碟巴头目等官，公同禀报达赖喇嘛并驻藏大臣酌定。

第四条：官员革除治罪，应酌定章程，请示达赖喇嘛并驻藏大臣指示遵行。

第五条：派选堪布喇嘛，应照旧例遵行。

第六条：冗员宜行沙汰。

第七条：代本应添设一员。

第八条：噶伦、代本应请颁给诏书。

第九条：藏属人民，应禁止私占。

第十条：乌拉牌票，应禀请达赖喇嘛颁给。

---

① 《印鉴清册》手抄本，第 16 页。

第十一条：禁止私动达赖喇嘛仓库存储物件。

第十二条：阿里、哈拉乌苏（那曲）等处地方，甚关紧要，应请达赖喇嘛选官遣派，赏给号纸，以资弹压。

第十三条：达木（当雄）蒙古八旗，应遵旨安插，归驻藏钦差大臣管辖。

上面13条的内容是奏请乾隆皇帝，处于对卫藏僧俗群众的幸福着想，由诸位大臣和达赖喇嘛协议，查析旧例，顺应民心。因此，制定此长久制度，在西藏实施，让全体属民知晓，绝不准违犯。

十五、成立译仓和僧官学校

水猴年（1752年），六世班禅贝丹益西来到拉萨。这之前，土蛇年，班禅莅临拉萨，从达赖喇嘛受出家戒，学习显密教法。师徒热情畅谈，情投意合。

牙含章编著的《达赖喇嘛传》中记载，总督策楞和班第两位大臣等人酌定善后章程十三条时，"向达赖喇嘛建议成立译仓，内设四大仲译，均为僧官。噶厦之一切政务公文，非经译仓审核方可上情下达，以削弱和牵制噶厦的权力。又在布达拉宫设立僧官学校，培训各寺僧人，派出各宗谿担任宗本谿本，或在噶厦所属各勒空（机关）中任职。"[①] 十分清楚，布达拉宫的译仓机构建于当时，但是，噶厦的一切政务公文，非经译仓审核不可，否则不得上情下达，这只是大臣们商定的，根本不符合权限范围，也没有听说直接实施的情况。达赖喇嘛在布达拉宫设立僧官学校是在第十三绕迥木狗年（公元1754年）。开始学校不在布达拉宫，土猴年（1788年）五月，八世达赖时期，决定迁进布达拉宫的分支殿中。藏内善后章程13条颁布3年后，才建

---

① 《达赖喇嘛传》汉文版，第55页，藏文版，第141—142页。

立了僧官学校，实际上把大批僧官派往噶厦政府和各宗谿任职是从七世达赖时期开始的。学校除开设书法（字形）、语法课外，针对每个学员的知识水平增设了声明、诗词、历算以及乌尔都和蓝杂文课程。总之，七世达赖喇嘛的一生不仅弘扬发展了佛教，而且为发展藏民族的古代文化付出了心血，做出了伟大的贡献。

十六、达赖喇嘛圆寂 第穆呼图克图摄政

七世达赖喇嘛从水鸡年开始身患病疾，用各种办法治疗仍不见好，大皇帝闻奏达赖喇嘛病尚未愈，甚为担忧，著以章嘉呼图克图为首的北京喇嘛、僧人做法事，为达赖喇嘛祈祷，差派侍卫护送两名医生进藏治病。达赖喇嘛依靠药物和凉水调治，最终还是未能治愈。第十三绕迥火牛年（公元1757年）二月初三日圆寂。

七世达赖喇嘛圆寂后，两位驻藏大臣和几位噶伦立即表奏皇帝。皇帝几次降旨表示哀悼，并安排后事。按照皇帝的谕旨，委任第穆呼图克图为代理摄政。

火牛年（公元1757年），从第一次委任第穆德勒嘉措为代理摄政，到火狗年（公元1886年）任命第穆洛桑程勒为摄政，中间100多年，西藏的代理摄政共有10人，这些人都是由清朝皇帝亲自委任的。

第四节　八世达赖喇嘛强白嘉措时期

一、寻访灵童迎请坐床

八世达赖杰增洛桑丹贝旺秋强白嘉措贝桑波，第十三绕迥土虎年（公元1758年）六月初八日，生于后藏夭如地区的托杰拉日岗，父亲名叫索朗达结，母亲名叫平措旺姆。

对于寻找达赖喇嘛转世，乾隆皇帝非常关心、慎重。据载，铁龙年（公元1760年），章嘉呼图克图把选认达赖喇嘛转世化身的所有情况上奏皇上。敕谕："已确定后藏孩童为达赖喇嘛的转世，可请到布达拉宫附近，不准打扰，应谨慎行施，迎请坐床。"

铁蛇年（公元1761年）一月，迎请化身到扎什伦布寺，由班禅大师剃度，赠名"洛桑丹贝旺秋强白嘉措"。翌年七月十日，班禅大师和摄政第穆活佛、驻藏大臣、公、噶伦等多人聚会，宣读奉天承运文殊大皇帝金字诏书，呈献皇帝恩赐物，迎请达赖喇嘛化身到布达拉宫坐床。

从此以后，随着达赖喇嘛逐渐长大，两位经师抓紧时间授教，年复一年，摄政第穆呼图克图、驻藏大臣、噶伦联合掌管政权。木鸡年（公元1765年），班禅贝丹益西莅临拉萨，为达赖喇嘛授沙弥戒。

火鸡年（公元1777年），新年宴后，达赖喇嘛年已20岁，派人去后藏迎请班禅大师授比丘戒。

二、第穆活佛圆寂，策墨林继任摄政

火鸡年（公元1777年）一月二十二日，代理摄政第穆诺门罕圆寂。经章嘉呼图克图禀奏，特派夏尔孜堪布卓尼诺门罕阿旺次程办理

政教事务，他是皇帝亲自委派的第二位摄政喇嘛。

此后，七月十四日，敕封为沙布勒图额尔德尼诺门罕，赏赐礼品。从此，诺门罕摄理政务，驻锡甘丹康萨宫，后迁居策墨林私邸，这就是第一世策墨林活佛。

关于策墨林摄政，史籍记载，他生于多麦卓尼，年轻时背着背架经巴康来藏，进入色拉寺曼扎仓钻研佛典，后入上密院深造，成为掌握显密两种教法的善知识。曾奉诏进京担任雍和宫堪布，8年后又奉旨进藏理事。策墨林活佛对涉及当时城市贫困僧俗生存的关键问题、即拉萨商场的食品、糌粑价格和行销白银作了严格的法律规定，做了利民的好事。

三、班禅贝丹益西进京平定三岩之乱

土狗年（公元1779年），六世班禅贝丹益西奉旨进京陛见。达赖喇嘛来到羊八井扎西托曼送行。

是年十月，康区发生了三岩（贡觉县境内）人抢掠皇上赏赐达赖喇嘛的礼品事件。两位驻藏大臣上奏皇帝，派将军率兵进剿。清兵火烧了布尔摩碉堡，公班智达诱捕了三岩地方头目德惹阿措，交给四川将军处置。清兵撤回后，木嘉如巴率领藏兵，活捉盗匪头子达果强巴及其家眷，处死了达果强巴及亲眷多人，恢复了三岩人向政府纳税的义务，并且规定以后用白银替代，不准进行无法无天的盗窃活动。

六世班禅于铁鼠年从多麦起程进京，经蒙古地区，继续前行。七月二十二日，班禅大师抵达热河。于大园林行宫和文殊人主皇帝会晤。第二天，天子大皇帝驾临须弥福寿寺看望班禅大师，祝愿他长寿。皇帝向班禅大师恩赐了佛经、佛像、佛塔等无数礼品。用茶点时，谕曰："朕七十寿辰大庆之际，班禅额尔德尼前来祝寿，对此方

的佛法、众生很有利，如今我们福田施主直接相会，可谓以前的誓愿和发心之良缘，定能如愿以偿。"八月三日，皇帝给班禅大师赐刻有汉字"宝贝"的宝印，班禅大师接印时，章嘉喇嘛献哈达祝贺。六日，在须弥福寿寺举行祈愿大法会，福田施主和章嘉喇嘛莅临法会，班禅仁波且讲说祈愿太平佛法盛行等。八月七日，遍知班禅大师为奉天承运的皇帝七旬寿辰的万盛典献礼祝福。十三日，皇帝寿辰，章嘉喇嘛和班禅大师一同叩谒大皇帝，在行宫，念诵长寿仪轨经祝寿。此后，班禅大师前往北京。

九月九日，班禅大师和皇帝在谐趣园相见。从十二日开始的几天中，班禅大师参观了皇宫内的皇帝御殿和旃檀释迦牟尼佛寺等。然后来到万寿山乘坐大船，由章嘉喇嘛陪同参观了香山寺，介绍了寺院的历史和园林的奇异布置。二十一日，在黄寺，章嘉喇嘛从遍知班禅大师听讲觉域派上师传承祈祷、教戒等。十月三日，大皇帝在历代皇帝举行登基大典的保和殿会见遍知班禅大师，设宴相待。八日，在旃檀木释迦牟尼佛像前，大皇帝和班禅仁波且、章嘉喇嘛等人共同举行盛大的迎佛活动。二十二日，在雍和宫举行祈愿大法会。

不久，班禅大师回到黄寺驻锡地，病势逐渐加重，请来章嘉喇嘛、侍从为他诊脉。第二天，大皇帝来看望班禅大师。阴历十一月一日傍晚，有寂顶饰佛教众生的吉祥怙主班禅大师示寂。

四、八世达赖掌政，摄政策墨林活佛回京

第十三绕迥铁牛年（公元1781年）六月一日，达赖喇嘛登上德希大经堂吉祥妙善相饰的宝座。上嘉封达赖喇嘛为政教之主，赐金印及衣服、项饰、佛经、佛像、佛塔，以及金银、多种珠宝器皿、内库锦缎等。水虎年（公元1782年），首席噶伦多仁诺云班智达因坠马受伤。次年二月初二日，在桑珠康萨保大臣衙门宣读圣旨，敕封丹增班

觉接替班智达的噶伦职务，并袭'扎萨克'名号。

六世班禅贝丹益西的转世、第七世洛桑丹贝尼玛生于白朗吉雄地方，达赖喇嘛将有关寻找事宜上奏，皇帝颁发诏书照准。赏给达赖喇嘛哈达和羊脂玉器具、上等锦缎、缎袋等，同时也赏赐了班禅仁波且的殊胜化身和额尔德尼诺门罕（摄政策墨林）二人。

这年，达赖喇嘛、摄政诺门罕，保泰大臣等人去后藏，在扎什伦布寺为班禅化身剃度，授居士戒，赠名"洛桑丹贝尼玛秀勒南杰贝桑波"，举行了盛大的政教仪式。

火马年（公元1786年）三月，谕旨：掌印喇嘛章嘉呼图克图不幸圆寂，升往佛土，赤诺门罕必须回京替代掌印喇嘛。次月，赤诺门罕师徒从甘丹康萨出发进京。

五、廓尔喀军第一次入侵西藏

关于廓尔喀兵入侵西藏的原因，木蛇年（公元1785年），廓尔喀王和大臣挑衅，多次上书西藏地方政府禁止流通过去掺假的章卡，西藏地方政府却置之不理，现在西藏却禁止纯银新章卡流通；西藏所辖的聂拉木、绒辖、吉隆3个地方过去是阳布城属地。火羊年（公元1787年）六月，红帽喇嘛的仆人噶玛却金为向导，带领廓尔喀兵突然入侵西藏管辖的聂拉木、绒辖、吉隆等边界地区，几位宗本奋力抵抗，终因装备和人数悬寡未能阻止，吉隆代理宗本热布隆巴被敌人抓去。两位驻藏大臣火速将廓尔喀入侵西藏的事上奏皇帝，大皇帝心怀西藏佛教及众生，立即派遣四川成都将军鄂辉、副都统佛智、四川提督成德等率领满汉土屯各营官兵3000名，出兵西藏。不久，成德奉旨率领一支官兵由噶伦噶锡丹增班觉协助赴日喀则时，侵入协嘎尔的廓尔喀兵撤退。以后，廓尔喀又提出议和。鄂将军和穆、张两位大臣、侍郎巴忠大人等清朝官员协商，派人分别召来班禅的父亲巴丹顿

珠和仲译议定条约。由于冬季降临，聂拉木道路被雪封盖，冬春两季暂按兵不动。

六、西藏和廓尔喀在吉隆议和

土鸡年（公元 1789 年），双方商量议约的地点定在吉隆。西藏方面参加议和的有噶伦噶锡丹增班觉、孜本德布巴等。廓尔喀方面参加议和的人员有廓尔喀王族巴穆萨野等，证人为红帽喇嘛等人。在吉隆附近林间布帐篷内昼夜商谈。廓尔喀一方指责西藏一段时间支持锡金人，诅咒我王；认为所占据聂拉木、绒辖、宗嘎、吉隆等地，若要归还，每个宗谿赎金各 300 秤白银（1 秤 50 两），3 年还清，凡是开采金矿和盐矿的人必须向廓尔喀缴纳成十之税，西藏不准向廓尔喀管辖的人征派工艺税和商业税。西藏议和代表回答说：锡金属于西藏，廓尔喀想出兵占有，还诬赖西藏。关于新旧章卡的比价，根据环境，每个商人都有自己的意愿。除此之外，对于奉天承运大皇帝的纯净库银，也不能强行规定一概等价。金矿和盐矿出于西藏本土，不准魔爪伸向天堂。最后的议和内容是：新旧章卡的比价和藏尼集市的商品价格、以及领取过境税的量额，要求进行适当的增减，尽量平衡，相互满意。和谈的主要问题是边界几个宗谿的赎金，西藏方面要求减少，由于差距较大，未得到议和者的同意，没有决定下来。因此，请示钦差大臣巴忠和鄂辉将军、成德提督等人，他们只说了"不久必须决定"的话外，赎金方面没给明确指示。最后，"条约正本上根本没改动，新写的副本上说：这年，西藏向廓尔喀交黄金白银 300 秤后，立即将廓尔喀占领的边界宗聂拉木、吉隆等最好归还西藏。"①

---

① 《噶锡哇世系传》第 640—641 页。

综而言之，关于这次廓尔喀入侵西藏，乾隆皇帝没有顾忌军兵军饷，降旨继续抗廓。然而，派来西藏的官员们却畏缩不前，没有进行一次较有力的作战，最后却私自采取了议和的办法，使廓尔喀和红帽喇嘛等作恶多端的贼匪获胜，准备第二次入侵西藏。

七、达察活佛代理摄政

铁猪年（公元1791年）三月二十七日，摄政诺门罕阿旺次程因病在布达拉宫圆寂。这时，西藏的形势极不稳定，乾隆帝委派达察活佛益西洛桑丹贝贡波（即功德林——济咙呼图克图）协助达赖喇嘛摄政。土鸡年（1789年），达察活佛在哲蚌寺闻思佛法时，乾隆帝诏谕，调他去内蒙古多伦诺尔寺任掌印喇嘛，济咙呼图克图奉旨回藏。几天后，西宁大臣主仆200余人赍旨到来，诺门罕希望表奏皇帝，渴望觐见。大臣说："不必上奏，复又回藏。"（《白晶石镜》手抄本）据此记载，似乎达察活佛两进内地，两回西藏，后一次来拉萨时，如《印册》所说："……达察济咙博勒图去内地途中折回，铁猪年八月初八日至拉萨。是年，担任达赖喇嘛事业的施事者。"[①]

八、廓尔喀毁约第二次入侵西藏

铁猪年六月二十二日，廓尔喀人突然袭击后藏我军驻地，噶伦和代本的随从立即和廓尔喀兵展开搏斗，火枪声猛烈响起。噶厦政府的侍卫、协噶尔地区的顶江布巴3人，以及噶伦、代本的侍卫数十人拼命拼杀，大批廓尔喀士兵伤亡，聂拉木雪康内外血流成河，尸体遍地。最后，噶伦2人、代本3人、少数随从和汉族弁官（小官）王刚、陈大浦被廓尔喀兵捆绑掳往聂拉木边境。此后，廓尔喀兵出兵协噶尔

---

① 《印鉴清册》第19页。

和定日并再次占领吉隆宗。班禅仁波且为了避难莅临前藏，廓尔喀兵立即抵达日喀则，钻进扎什伦布寺，掠走了各种金银珠宝和锦缎等，毁劫佛像、佛经、佛塔，盗窃璎珞等，肆意践踏，对后藏地区的僧俗人民进行了残酷的蹂躏。

九、福康安奉命率大军进藏击退廓尔喀

乾隆皇帝接到报告后，于公元1791年（乾隆五十六年）冬，立即向西藏派嘉勇公福康安为大将军，从全国各地调兵前后共约17000余人，开往前线。当时入藏部队的军火供给完全从内地运送，给养部分仰赖四川接济，在西藏就地也采购了青稞7万石，牛羊2万余。这次战争共由国库支付军费1052万两，占当时全国税收总数的四分之一。①

水鼠年（公元1791年）十月，福康安率领大军抵达拉萨，会见达赖喇嘛。双方敬献哈达问安落坐后，达赖喇嘛道："首先，土猴年发生骚乱，廓尔喀人做恶思胜，重新发起这次事变。现在，天命大皇帝心系我西藏太平，派遣大臣率领万余天兵进藏，赐给所需费用，实为无限慈爱佛教与番民。现在，诰命大臣你顺应大皇帝之心，将此蔽日外道贼兵彻底驱逐，我小喇嘛亦将此事当作佛教之大事，从库中支付所需军粮、白银等。"②

十、汉藏两军联合作战，廓尔喀俯首投降

水鼠年（公元1792年），鄂辉将军和成德提督率领西藏的清兵和嘉绒的少数民族兵丁，用火轰烧毙侵占聂拉木的全部廓尔喀兵。同时，总兵嘉勇公大学士福康安和骁勇内侍郎巴图尔超勇公海兰察、

---

① 牙含章著《达赖喇嘛传》汉文版，第58—59页；藏文本，第150—152页。
② 《八世达赖喇嘛传》第203—204页。

四川总督惠龄等带领汉、蒙、满等族的主力从日喀则经宗喀、济咙（吉隆）直向廓尔喀腹地进攻，派成德带兵一直向聂拉木进攻，作为配合。公元1792年4月，福康安率大军自定日进兵，五月初七日攻春擦木，接着收复济咙、聂拉木，攻克木萨桥，并捉到廓尔喀大头目咱玛达阿尔曾萨野。至此廓尔喀人所占领的西藏地方全部收复，侵入西藏的廓尔喀人被全部驱逐出境，清军已抵廓尔喀边界。于是廓尔喀王拉纳·巴哈都尔放回了从前俘虏过去的汉兵王刚、宗本塘迈，并带回了一封要求讲和的信，福康安回信拒绝讲和，并下令大军乘胜前进。①

清军攻抵加德满都附近时，已届深秋，乾隆帝指示福康安：即可趁其畏惧哀恳，传旨允准，将其紧要头人带回进京瞻觐，具表纳贡，虽系下策，但为气候所限，亦不得不如此办理。公元1792年（清乾隆五十七年）八月二十八日，福康安接受了廓尔喀国王的投降，停止进兵。九月初四日，清军全部由廓尔喀境内撤出，退回济咙。

十一、福康安胜利班师

福康安胜利回到拉萨时，八世达赖喇嘛亲自迎接。紧着，首先惩办祸首，废止沙玛尔巴转世，其金银、田庄、牛羊、百姓完全充公，每年收入作为藏军兵饷，寺院房屋赏给掌办商上事务的济咙呼图克图，寺中原有红帽喇嘛103人，一律强迫改奉黄教，拨给三大寺管制。六世班禅之兄仲巴呼图克图"不思率兵保护庙宇，先期逃遁其罪甚重"，乾隆帝下令将其解赴北京治罪。济仲喇嘛托词占卜，不可抵抗，即令将其拿到前藏，当众剥黄正法。②（羊八井）寺院僧舍划归济咙呼图克图，僧人归三大寺管理，红帽巴的羊八井寺改宗格鲁派。

---

① 《达赖喇嘛传》汉文本，第59页；藏文本，第152—154页。
② 牙含章《达赖喇嘛传》汉文本，第60页；藏文本，第157—158页。

十二、清朝政府制定《钦定藏内善后章程》二十九条

廓尔喀战争后，乾隆帝指示福康安等人"将来撤兵后，必当妥立章程，以期永远遵循。"①八世达赖强白嘉措也表示："将来立定章程，惟有同驻藏大臣督率噶伦及番众等敬谨遵照，事事实力奉行，自必于藏地大有裨益，我亦受益无穷。"②下面是我们从原西藏地方政府档案册《水牛年奏折》中引出的《钦定藏内善后章程》29条内容：

（一）大皇帝特赐一金瓶，今后遇到寻认灵童时用满、汉、藏三种文字写于签牌上，放进瓶内，由呼图克图和驻藏大臣在大昭寺释迦佛像前正式掣签认定。

（二）今后邻近各国来西藏的旅客和商人，或达赖喇嘛派往域外人员，须由该管主脑呈报驻藏大臣衙门签发路证，并在江孜和定日两地方新派官兵检验。

（三）铸造"乾隆宝藏"字样金币，边缘铸年号，背面铸藏文。驻藏大臣派汉官会同噶伦对所铸造之章卡进行检查，以求质量纯真。

（四）设3000名正规军队：前后藏各驻1000名，江孜驻500名，定日驻500名，前藏代本由驻拉萨游击统辖，日喀则、江孜、定日各地代本，由日喀则都司统辖。

（五）关于军队编制，代本下设甲本、如本和定本等，由驻藏大臣和达赖喇嘛挑选年轻有为者充任，并发给执照。

（六）今后征调兵丁，每年每人应发粮食2石5斗，总共为7500石。受征调的兵员，由达赖喇嘛发给减免差役的执照。

（七）关于军队装备，十分之五用火枪，十分之三用弓箭，十分之二用刀矛。各兵丁要经常操演。

---

① 牙含章《达赖喇嘛传》汉文本，第61页，藏文本，第158页。
② 牙含章《达赖喇嘛传》汉文本，第62页。

（八）达赖喇嘛和班禅额尔德尼的收入及开支，驻藏大臣每年春秋两次进行审核。

（九）吉隆、绒夏、聂拉木等地方免去两年一切大小差徭，宗喀、定日、喀达、从堆等地方各免去一年的差徭。免去前后藏所有人民铁猪年以前所欠的一切税收。

（十）驻藏大臣督办藏内事务，应与达赖喇嘛、班禅额尔德尼平等，共同协商处理政事，所有噶伦以下的首脑及办事人员以至活佛，皆是隶属关系，无论大小都得服从驻藏大臣。

（十一）噶伦缺补时，从代本、孜本、强佐中考察个人政绩，由驻藏大臣和达赖喇嘛共同提出两个名单，呈报大皇帝选择任命。其余人员可由驻藏大臣和达赖喇嘛委任，并发给满、汉、藏三种文字的执照。札什伦布的工作人员，由班禅额尔德尼和驻藏大臣协商委任。

（十二）达赖喇嘛和班禅额尔德尼在世时，其亲属人员不准参预政事。

（十三）驻藏大臣每年分春秋两季出巡前后藏各地和检阅军队。各地汉官和宗本等，如有欺压和剥削人民事情，予以查究。

（十四）今后廓尔喀、不丹、锡金等藩属之回文，必须按照驻藏大臣指示缮写。关于边界的重大事务，更要根据驻藏大臣的指示处理。外方所献的贡物，也须请驻藏大臣查阅。所有噶伦都不得私自向外方藩属通信。

（十五）西藏的吉隆、聂拉木等地区和廓尔喀疆土相连，又为交通要道，须树立界碑，限制互相出入。

（十六）今后边宗谿宗本均由小宗谿宗本及军队头目中选派，任满三年后考查成绩，如果办理妥善升用，否则革退。

（十七）普通士兵有战斗能力者，虽非贵族亦得升任定本甚至逐级升至代本。

（十八）堪布应选学问渊博、品德良好者充任之。其人选由达赖喇嘛、驻藏大臣及济咙呼图克图等协商决定，并发给加盖以上3人印章的执照。

（十九）政府税收，照所定新旧章卡兑换之数折收。公平采买各物。

（二十）吉隆、聂拉木两地方抽收大米、食盐等税，除非请示驻藏大臣同意，不得私自增加税额。

（二十一）今后所有免役执照一律收回，所有差役平均负担。其因实有劳绩，需要优待者，由达赖喇嘛和驻藏大臣协商发给免役执照。

（二十二）达赖喇嘛所辖寺庙之活佛及喇嘛，一律详造名册，于驻藏大臣衙门和达赖喇嘛处各存一份，以便检查。

（二十三）青海蒙古王公前来迎请西藏活佛，须由西宁大臣行文驻藏大臣，由驻藏大臣发给通行护照，并行文西宁大臣，以便查访。

（二十四）各活佛头目等因私外出时，一律不得派用乌拉；因公外出时，由驻藏大臣和达赖喇嘛发给执票派用乌拉。

（二十五）对犯人所罚款项、没收财产，必须登记，呈缴驻藏大臣衙门。无论公私人员如有诉讼事务，均须依法公平处理。

（二十六）每年操演军队所需用之弹药，由噶厦派妥员携带驻藏大臣衙门之公文，前去工布地方制造。

（二十七）所有卸任之噶伦及代本，应将公馆及庄园移交新任，不得据为私有。

（二十八）不得提前发给活佛及喇嘛之俸银。

（二十九）派人催缴赋税，应按规定期限办理。各村逃亡户之赋税负担应予减免。

十三、《钦定藏内善后章程》二十九条实施范例

关于如何实施 29 条章程的问题，以最为重要的如何实施寻访达赖、班禅为主的各活佛转世灵童的条例为例，接到皇帝关于必须实行金瓶掣签的诏书后不久，八世达赖喇嘛颁布全藏《水牛年公文》，[①] 从此开始实施金瓶掣签法。如：第十世达赖楚臣嘉措、十一世达赖克珠嘉措和十二世达赖赤列嘉措等，均由驻藏大臣亲自金瓶掣签，决定灵童。九世达赖隆朵嘉措和十三世达赖土登嘉措因生相奇特，没有出现有争执的其他人选，经过驻藏大臣的认真研究表奏大皇帝，免于金瓶掣定。八世班禅额尔德尼丹贝旺秋和九世班禅曲杰尼玛等大喇嘛也是通过金瓶抽签确定的。

在建立藏军、外联事务、委任辞退官员、职权等重大制度方面，从第十五绕迥铁猪年（公元 1911 年），基本上实施 29 条章程，这些在原西藏地方政府的历次档案中均有依据。

关于印制藏币问题，廓尔喀诬蔑西藏流通的尼泊尔旧章卡和廓尔喀新章卡差价很大。因此，开始铸造银币。水牛年（公元 1793 年），铸造刻有"乾隆宝藏"章卡银。从此，历代清朝皇帝时期，逐渐铸造发行了有"嘉庆宝藏"、"道光宝藏"、"宣统宝藏"等字样的藏币，和白银相同。[②]

"噶厦印册"中经常有关于顶子、职位等级和升迁、年限、替换、名册的记载，由于原本破损，公元 1842 年，新编册子，内言：根据其成绩，额外奖赏。驻藏大臣共同传令，全部接受，认真分析，不失任何所需词义。

---

① 《水牛年奏折》第 08—10 页。
② 《西藏地方货币简史》第 14—20 页。

十四、建功德林寺和关羽庙，乾隆皇帝肖像供于布达拉宫

酌定西藏章程方面，最早的倡导者是福康安，他在拉萨只待了三、四个月。

福康安回内地前，参加这次战争的汉、满、蒙等民族官兵捐资准备在拉萨的磨盘山建汉藏式庙宇，于水鼠年动工兴建，建造了位于山上的三庄严文殊庙和汉地战神关羽（公）庙以及山下的功德林寺。土马年（公元1798年），八世达赖喇嘛在布达拉宫三界殊胜寝殿特设室供奉乾隆肖像。次年，乾隆帝驾崩。达赖喇嘛莅临肖像前叩拜，然后至法会。两位驻藏大臣、加果齐、噶伦、代本等汉藏官员身着白衣至肖像前叩拜。一切仪式结束后，上表嘉庆皇帝，安慰不要过度悲伤，表奏了诵经超荐情况，请求允准堪布进京吊唁。

十五、八世达赖喇嘛圆寂，达察奉旨代理摄政

木鼠年七月十八日亥时，达赖喇嘛圆寂。木牛年（1805年），"皇帝法王授权贡波（达察丹贝贡波）为达赖代表，摄理政教事务，颁发诏书，特派黄大人赍送。谕旨曰：达赖喇嘛是一切佛教之主宰。现其庄严身于法界示寂，朕甚惋惜。你应依达赖喇嘛在世时的规矩办理，凡事与大臣协商，依法办理。据载，这次，皇帝将由驻藏大臣或理藩院收存的大银印从北京授赐达察活佛，成为历任西藏代理摄政权力的象征。

第五节　九世达赖喇嘛隆朵嘉措

一、寻访和坐床

第九世达赖喇嘛隆朵嘉措，第十三绕迥木牛年（公元 1805 年）十二月初二日，生于四川省甘孜金沙江边的邓柯地方，系西康邓柯地方图丹群科寺附近土司之子，父名丹增曲窘，母名顿珠卓玛。

幼年经班禅大师、摄政达察诺门罕、两位驻藏大臣、第穆活佛等大小呼图克图和噶伦查验灵童，辨认无误后，驻藏大臣当着全体喇嘛和官员的面缮写折子，从布达拉宫上奏皇帝。

第十四绕迥土龙年（公元 1808 年）一月十九日，皇帝颁旨：无须于金瓶掣签，令其作为达赖喇嘛呼毕勒罕。不久，班禅丹贝尼玛为灵童剃度，赠名：洛桑丹贝窘乃阿旺隆朵嘉措。

是年九月，达赖喇嘛离开蔡贡塘寺，照例来到布达拉宫日光殿。二十二日，在布达拉宫坐床。

二、第穆活佛代理摄政，达赖喇嘛圆寂

达察诺门罕丹贝贡波因病于铁马年（公元 1810 年）十二月三十日，在功德林邸所示寂，即奏皇帝。铁羊年三月（公元 1811 年）颁旨，委任第穆呼图克图图旦晋迈嘉措为代理摄政。

第穆活佛摄政后，积极处理地方政府事务。他认为甘丹颇章的政教事务是佛教的根基，只能日臻发展兴旺，诚心服务于福田施主。因此在私邸和政府之间经济关系方面做了调整。

在此前后，和西藏毗邻的廓尔喀、锡金（哲孟雄）两国发生争端，各向驻藏大臣致信求援，未被允诺，两国即而转变倾向英帝国，

请求英人帮助。所以，英帝国主义开始了侵略扩张，据此可以窥见西藏的外事是由清朝中央政府和驻藏大臣管理的。

木狗年（公元1814年），根据水牛年《钦定藏内善后章程》二十九条中第二十二条规定的"大小寺院的喇嘛、僧人须登记造册"的条例，完成了西藏、康区和内蒙的喇嘛活佛的名册登记，再次和驻藏大臣的汉文名册详加对照，增补抄写名册。

九世达赖喇嘛虽然年幼，却勤奋好学，掌握了大部分主要法行。于第十四绕迥木猪年（公元1815年）一月，突患食道疾病，二月十四日圆寂。

第六节　十世达赖喇嘛楚臣嘉措时期

一、认定转世灵童，第穆和策墨林相继摄政

十世达赖喇嘛楚臣嘉措，藏历第十四绕迥的火鼠年（公元 1816 年）三月二十九日出生在理塘，父名罗桑年扎，母名南杰布赤。其身、语、意的若干奇特灵异，事如太阳，向众人显示出来，色拉、哲蚌、甘丹三大寺、拉萨上下密院的堪布一致同意请求按以前火兔年（1807 年）认定九世达赖喇嘛之例，免予金瓶掣签。通过两位驻藏大臣向文殊皇帝法王上奏，特请恩准。第穆诺门罕土兔年三月三日在丹吉林法苑去世，因当时达赖喇嘛的转世尚未认定，安班玉（麟）、珂（什克）二人即将（摄政）印封存，收取钥匙。在接到圣旨后，当年的八月十二日，萨玛第巴克什活佛阿旺坚白楚臣嘉措就任摄政之职。旨：今理塘所报幼孩，其所述灵异何足征信？若遽听其言，与从前指定一人者何异？玉麟等不严行驳饬，实为错误，著传旨中饬。此幼孩作为入瓶掣签之一。俟续有报者，再得其二，方可将 3 人之名一同缄封入瓶，照定制当众讽经掣签。

藏历第十四绕迥水马年（1822 年）正月十五日，班禅大师及两位驻藏大臣等藏汉官员、喇嘛会齐后，掣出确定理塘出生幼儿为灵童。由于金瓶掣签的结果与大众的愿望相符，真实无欺地完成了掣签认定，所以众人都极为欢乐和崇信。

接着，在当月（1822 年正月）的十八日，由班禅大师为灵童剃度，并传授了近事戒，为他起名为阿旺洛桑坚白楚臣嘉措。二月十三日，班禅大师又为灵童传授了出家戒。

二、铁虎清册的编写，用兵波密，十世达赖喇嘛圆寂

藏历第十四绕迥铁虎年（公元 1830 年）九月二十日，按照以前由汉藏官员会同发布的命令，为平均属下差民的差税负担进行清查户口、土地。在以前西藏地方政府的管辖区域内，除了少数地区后来重新进行过清查，重写清册外，其他广大地区的土地的占有、差税乌拉的支应、减免或维持原状，都是以《铁虎清册》的登记作为根本依据。因此，这次是最大的一次普遍的清查。西藏民主改革前的 129 年间，政府、贵族和寺院三大领主都以它作为占有土地和农奴、派差收租的基础，因此它是研究旧西藏生产资料占有制度的重要史料文献。这份还盖有当时的驻藏大臣印章的铁虎清册原本，至今仍完整地收藏在西藏自治区的档案馆里。

藏历第十四绕迥火猴年（公元 1836 年），因波窝（波密）的噶朗第巴不照以前的例规按时向西藏地方政府交纳差税，且凭藉地势险要，倚势称雄，因此西藏地方政府派噶伦夏扎·顿珠多吉领兵前去征讨。很快平息了事端。

藏历第十四绕迥火鸡年（公元 1837 年）七月二十日起，达赖喇嘛楚臣嘉措身体略感不适，九月一日，在布达拉宫寝殿的坐椅上，以弥勒佛的坐姿，面带微笑圆寂。

第七节　十一世达赖喇嘛克珠嘉措时期

一、认定转世灵童，阿里森巴战争

十一世达赖喇嘛克珠嘉措于公元 1838 年即藏历第十四绕迥的土狗年九月一日出生在康区木雅泰宁寺附近。当时找到的 3 名灵童，以他出生时的征兆最为灵异，故而名声最大。因此寻找灵童的官员在向拉萨报告的同时，也向皇帝做了奏报，并把他作为灵童之一，迎请到泰宁南杰林（即泰宁寺）暂居住。

公元 1841 年即藏历第十四绕迥的铁牛年，3 名幼童被迎请到拉萨。泰宁灵童在二月里动身，并于当年五月到了拉萨附近的德庆桑阿喀寺。班禅大师、摄政诺们罕、驻藏大臣、三大寺高僧以及噶伦等官员贵族都前往会见，并将历辈达赖喇嘛供奉过的本尊佛像和用过的物品与相似的物件混杂在一起让灵童辨认，进行仔细考察，灵童都准确无误地认出了前辈的物品。

当年五月二十日，按清朝皇帝的旨在布达拉宫举行了金瓶掣签。结果泰宁出生的灵童被抽中。六月四日，班禅大师为灵童剃发，起名为阿旺格桑丹贝准美克珠嘉措贝桑布。皇帝特颁给灵童的诏书、长寿法衣、全套金刚铃杵、珊瑚串珠等。在宣读皇帝的圣旨时，灵童沉静大方，表现出喜悦的神态。

公元 1842 年即藏历第十四绕迥的水虎年四月十四日，十一世达赖喇嘛动身前往布达拉宫。清廷特派钦差为代表，与僧俗官员等按例排列仪仗马队为前导，仪式颇为隆重。次日上午，达赖喇嘛抵达布达拉宫，举行坐床典礼。当时，"达赖喇嘛到达司喜平措殿，并于坐垫上面向东方下跪，行礼掬受皇帝所赐礼品并聆听宣读诏书，接着与驻

藏大臣等互献哈达。然后达赖喇嘛登上黄金宝座……"①

早在公元1834年即藏历第十四绕迥的木马年，森巴军就大举进攻拉达克。当时负责守护拉达克边界的噶本萨普扎西旺秋父子等与森巴军队进行了英勇的战斗，但是由于武器装备差而失败，结果拉达克全境都被森巴军占领，每年需向古拉屋森交纳9000个银币。

5年后，森巴将军哇阿尔苏罗瓦尔又领兵到拉达克，另立拉达克王，组成森巴和拉达克联军进犯阿里。联军从北路首先攻破日土，当时阿里仅有士兵500名，授兵未能赶到，而告失守。在森巴和拉达克联军开始进攻阿里时，阿里噶本就派人向拉萨方面报告，西藏地方政府即派后藏代本壁喜哇和前藏代本索康巴·塔林才旦率兵驰援。在普兰达拉咯，他们杀死了据守城堡的50名森巴军后，占领了城堡。但是，由于武器装备差，藏军未能扩大战果。西藏再次征调兵员，并任命噶伦才旦多吉为统帅，尽快开赴阿里。此时哇杂尔苏罗瓦尔集中优势兵力向普兰达拉咯城堡发起了进攻。城堡中的西藏军凭险固守，寸土不让。时值寒冬，天降大雪，森巴军不耐严寒，行动困难。西藏军队乘机反攻，取得了较大胜利。一日，藏军冲出城堡，杀入森巴军营。在双方混战中，哇杂尔垂死挣扎，十分凶狠，藏军将领米玛认出他就是匪酋，于是舍生忘死，冲向前去，一矛刺中其胸膛，森巴军失去指挥，大败而去。

此后，公元1842年即藏历第十四绕迥水虎年，克什米尔国王古拉屋森又派出8000兵马进犯西藏。藏军进行了英勇的抵抗。一次，藏军扎营于低洼处，被森巴乘机引水灌淹。西藏将领壁喜哇、索康及兵士50余人被俘。最后西藏和森巴之间进行了谈判，规定西藏和拉达克间仍维持旧有边各守本土，并按照旧例西藏每年派政府商队到拉达克。拉达克每年派人到藏献供经商，拉达克商人可到噶尔、日土等

---

① 《十一世达赖喇嘛传—天界乐声》第19页。

地贸易。同样，西藏的商人也可以到拉达克贸易，双方维持以往的信任关系。

战后，达赖喇嘛设宴款待了在反击森巴侵略中的有功将领，清廷也给予他们奖励，一些人还被提升。

十一世达赖喇嘛时期，由于八世达赖喇嘛时期写成的有关西藏职官的文书已经过大约半个世纪，破损严重，又无旁注说明等，因此公元1842年即藏历第十四绕迥水虎年，噶厦以旧本为基础重新编写了一份文书。这份文书记载了西藏地方政府的机构、职官及其品级等。一些官员的品级等后来有一些增减，但是主要的机构、宗豀官员品级等经过160余年一直保持到西藏民主改革之时。布达拉宫内部的机构和僧官品级等的"噶厦文书"中虽然没有记载，但是从1845年即藏历第十四绕迥的木蛇年起就写造成了清岫。当时，西藏地方政府的内外机构、各级僧俗官员的官职、职权、品级等都是按清王朝批准确定的制度执行。这期间，西藏地方政府的噶伦、基巧堪布、代本等高级官员的任免都是由驻藏大臣与达赖喇嘛商议后，向皇帝奏报，请求批准的。这是经过核查官员的功绩后，奏请提升官阶或赐给爵位。布达拉宫的仲译钦莫等官员须将拟任者引见驻藏大臣看验后才能任命，这些都可以从文书中清楚地看到。但是夏格巴却说："那个时期，满州安班的主要工作是对西藏的官员和寺庙进行颂扬表彰和赠送匾额，并向中国报告西藏的情况此外没有别的任何工作。"[①]这显然是违背历史事实的。

二、摄政策墨林撤职，七世班禅和热振活佛相继摄政

公元1844年即藏历第十四绕迥木龙年七月，摄政策墨林诺门罕在任摄政25年后被道光皇帝免去摄政职务，将他解送内地，并查抄

---

① 夏格巴·旺秋德丹：《西藏政治史》，藏文版，上册，第679页。

没收其拉章的财产。

当时,清朝皇帝允准驻藏大臣琦善的奏请,令班禅额尔德尼提任摄政。他从当年(木龙年)的八月六日起,到木蛇年四月二十六日提任摄政8个半月,摄政的印章一并交付给他。班禅额尔德尼到拉萨后,在布达拉宫大殿为皇帝的生辰举行祈祷法事。在布达拉宫会见达赖喇嘛时,班禅大师一再表示自己教证功德很低,又年老有病,难以承担政教事务和重任,只是大皇帝的诏命不能违背,因此愿尽力任职数月,希望不久能返回后藏。

当时,卸任摄政策墨林活佛被监禁在法苑。一日,他所在的色拉寺麦扎仓僧人涌入策墨林拉章,殴打噶伦索康等官员,并将策墨林活佛带回色拉寺。"当年十二月,驻藏大臣调集汉藏官兵,准备攻打色拉寺麦扎仓。驻藏大臣到班禅大师处请求说:'皇上的臣民如此抗旨不遵,任意妄为,若放任不管,不符合教法及朝廷王法,因此我要动员军兵,攻破色拉寺麦扎仓。驻藏大臣印章,请班禅大师暂时收执。'班禅大师不忍伤及生灵,立即召集基巧堪布等主要官员和色拉、哲蚌、甘丹三大寺的上师的执事僧人等,以善巧方便劝说中堂不要用兵,中堂听从了班禅大师等人的意见,使局势保持了平静。"① 由于班禅大师只愿专心从事佛法修习,遂由驻藏大臣向皇帝上奏,皇帝降旨准予班禅额尔德尼将摄政关防交给热振呼图克图,返回后藏。《十一世达赖喇嘛传》中也记载说,公元1845年木蛇年四月二十六日,热振活佛遵旨接受摄政官印,掌管西藏事务。② 但是夏格巴在其书中却硬说班禅大师和热振活佛先后提任摄政是西藏大会自行任命的。

公元1846年即藏历第十四绕迥的火马年,由班禅大师丹贝尼玛任亲教师(堪布),于藏历四月七日在拉萨大昭寺的觉卧释迦牟尼像

---

① 《印鉴记——盲人响导》第25页。
② 《十一世达赖喇嘛传—天界乐声》,第62页。

前按照惯例给达赖喇嘛克珠嘉措传授了出家戒。

当时，江孜白朗一带的政府差民，因为受差税、乌拉、高利贷的重压，大多数人陷于贫困悲惨的境地，无力承担差税，因此西藏地方政府专门派遣官员到该地区进行清查，对贫苦的政府差民实行由贵族、寺院属民"牛项带犊"的办法，平均搭配差税负担，对豪强隐瞒的土地，也征收差税，使差税不均的问题基本得到解决，次年新编了被称为"火羊年清册"的该地区派差征税的文书，直到西藏民主改革时（1959年）该文书仍被作为土地人口差税底册。

1846年前后，康区察雅寺院的大小活佛之间发生矛盾，爆发战乱。西藏地方政府先后派人到察雅好言劝解，几经周折，双方始同意商谈。最终规定没有明确分界之处维持原状，事情才暂时得到解决。到1852年即藏历水鼠年，西藏察雅地区再次发生冲突，据说，"乍丫小喇嘛因挟夙嫌，纠众多人将诺门罕属下大小头目毙人，并抢焚敕书印信，寺庙财物，抢劫驿站塘兵马匹，致使西藏与内地交通断绝，邮路不通。与此同时，中瞻对（在西康东部）地区也发生类似事件，驻藏大臣和噶厦委派噶伦才丹、昌都仓储巴、乍丫守备等人前往乍丫'剿办'，中瞻对由四川方面出兵'痛剿'，经过一年多时间，才把两处冲突暂时镇压下去。"① 公元1855年即藏历水牛年八月八日，清皇帝对处理察雅事件有功人员给予了奖励，并加官晋级。

公元1848年藏历土猴年八月"十三日，大皇帝加恩赐给达赖喇嘛之父宝石顶戴和双眼花翎。传旨时，驻藏大臣向达赖喇嘛献了哈达，达赖喇嘛对驻藏大臣致谢问好并赠给礼品。"② 公元1849年即藏历土鸡年，达赖喇嘛为任命新的基巧堪布，"写成文书给驻藏大臣，驻藏大臣向大皇帝作了奏报，在批准的圣旨于四月一日送到后，驻藏大

---

① 牙含章：《达赖喇嘛传》，藏文版。青海人民出版社，第206-207页。
② 《十一世纪达赖喇嘛传—天界乐声》，第109页。

臣专门派遣通事来说明情形，达赖喇嘛命人问候驻藏大臣并对通事给予赏赐。"① 这事说明达赖喇嘛任命基巧布等官员，要经过驻藏大臣向皇帝奏请，允准后方能任职。

公元1850年即藏历铁狗年，清朝道光皇帝去世。次年，咸丰皇帝即位。道光咸丰年间，内地接连发生了鸦片战争和太平天国革命战争，清王朝的统治在全国范围发生了动摇，西藏不用说也受到了时局变化的影响。当时，西藏一些边远地区由于英国人的挑唆，先后发生了大小不等的动乱。西藏地方政府较为妥善地处理了这些事件，有功人员受到了清廷的赏赐。

三、十一世达赖喇嘛亲政和圆寂，廓尔喀入侵西藏的战争

公元1853年即藏历水牛年，七世班禅丹贝尼玛圆寂，享年70岁。西藏举行了盛大的超荐祈愿法事。公元1854年即藏历木虎年八月。"由驻藏大臣谆（龄）验看准备升任基巧堪布的候选人近侍索本堪本、近侍甲拉堪布二人"。接着"十七日宣布任命近侍索本堪本阿旺丹达继任基巧堪布"。② 按这段记载，当时布达拉宫重要官员的任命，是先由达赖喇嘛提出两名候选人，由驻藏大臣验看候选人后，再与达赖喇嘛商议确定任命的人员。随后，才由驻藏大臣向皇帝奏报，获得允准后始举行就职仪式。当年"整修桑耶寺佛殿的工程竣工，天命大皇帝颁赐了御书庙额'宗乘不二'4个大字。"③ 镏金铜字的匾额是在西藏制造成的。

公元1855年即藏历第十四绕迥的木兔年，十一世纪达赖喇嘛承担起西藏政教事业的重任。《十一世纪达赖喇嘛传》中记载说："文殊

---

① 同上，第117页。
② 《十一世纪达赖喇嘛传—天界乐声》，第245页。
③ 同第246页。

大皇帝降旨赐给天人导师达赖喇嘛执掌起雪域政教事业的黄金千福轮，成为三界众生的上师的珍宝的诏书和印鉴，并准许为政教事务使用以前的达赖喇嘛的印鉴，将皇帝所赐的诏书和印章、金册、金印迎请其上，并陈列各种供品，预先布置好宴席。当太阳出山之时，奏响第三遍乐，此时布达拉宫、大昭寺、雪村各寺庙、拉萨各家居民都一齐敲鼓吹法螺、挥旗幡、煨桑熏香，并在布达拉宫德阳厦表演歌舞。此时达赖喇嘛来到日光殿，登上大法座。"①僧俗官员等向他敬献了哈达和礼品。尽管有这样清楚的记载，但是，夏格巴却说："达赖喇嘛圆满完成闻思，又年届十七，根据西藏全体天人的愿望，于木兔年（公元1855年）一月十三日亲政。"②把年届17岁说成是达赖喇嘛亲政的原因，实际上以前的达赖喇嘛谁也没有在17岁时亲政。本年，八世班禅丹贝旺秋诞生。

同年，廓尔喀人再次入侵西藏。当时，英帝国主义利用中国内地正值内外战乱，清王朝力量衰落之机，挑唆廓尔喀国王，从公元1842年起多次致函驻藏大臣，提出无理要求，均遭拒绝。于是，木兔年年初，廓尔喀派人到吉隆，煽动百姓，企图强占该地。西藏即派藏汉官员以到定日查办案件为名进行镇摄和准备。随后，廓尔喀人又借口西藏官员在边界地区多收廓尔喀商人税米，阻挡其商人，并有杀伤抢劫等案件，违背水鼠年时立下的"永不侵藏"的誓约，派兵侵入西藏，先后占据了吉隆、聂拉木、宗噶等地。驻藏大臣赫特贺亲自到协噶尔会见了廓尔喀的官员，提出由西藏方面赔偿廓尔喀汉银15000两后，双方罢兵。廓尔喀方面拒不接受，并继续增兵，又占据阿里地区的普兰宗和后藏地区的绒辖地方。噶伦才旦奉命率军反击廓尔喀人，杀死廓尔喀军数百人，将帕嘉岭的廓营平毁。接着又收复聂拉木，兵围宗

---

① 同上，第252页。
② 夏格巴·旺秋德丹：《西藏政治史》，藏文版，下册第2页。

噶。接着，他又亲自率兵攻打绒辖，使战事稍有好转。

廓尔喀军遭到这次失败后，又调集7000军队增援，再次占据聂拉木。当时，太平天国革命正在进行，清朝政府无暇西顾，只是由驻藏大臣从前藏抽调汉藏兵2000人前往增援，一面向皇帝奏请，请四川总督派兵入藏支援，终因相距遥远，未能奏效。不过廓尔喀人听说前后藏和康区正在抽调成千上万的民兵，三大寺的大批僧兵也将前来，心有余悸；加之时值深秋，寒冬将至，因此同意会谈。

是年，达赖喇嘛身体感到不适。驻藏大臣曾专门前去探望达赖喇嘛的病情。达赖喇嘛单独会见了驻藏大臣，并详细讲了自己的病情。

公元1855年即藏历木兔年十二月二十五日，达赖喇嘛圆寂，年仅18岁。二十六日起，热振呼图克图继续承担摄政的职责，为达赖喇嘛进行了超度和献祭的法事活动，并祈祷其尽快转世。

这期间，西藏方面派到尼泊尔去的代表与廓尔喀王室进行了连日的和谈，最后不得不与廓尔喀订立了一个不平等的条约，条约的主要内容是：

（一）西藏方面每年付给廓尔喀王室1万卢比。

（二）廓尔喀与西藏均尊奉大皇帝，西藏为佛教圣地，若有外国攻击之时，廓尔喀政府应予援助。

（三）此后对廓尔喀人，不准征收贸易、过境等税。

（四）西藏方面将俘获之廓尔喀官兵、妇女及枪炮等交还廓尔喀王室。廓尔喀王室亦将俘虏的西藏的士兵及武器、牦牛等全部交还西藏。和约签订后，廓尔喀军即从所占之地撤回。

（五）以后由廓尔喀王室任命拉萨的廓尔喀人的头人和官员。

（六）廓尔喀商人得在拉萨开设商店，并自由交易。

（七）西藏政府不得审讯寓居拉萨的廓尔喀百姓商人之案件。若廓尔喀和西藏的百姓间发生纠纷，由双方的官员会同审理，西藏百姓的罚款由西藏官员收取，廓尔喀人的罚款由廓尔喀代表收取。

（八）廓尔喀犯人逃入西藏，西藏应引渡于廓尔喀，西藏犯人逃入廓尔喀，由廓尔喀引渡给西藏。

（九）若西藏百姓抢劫廓尔喀百姓的财物，由西藏官员查清百姓财物的主人，或限定期退还。若廓尔喀人抢劫西藏百姓，由廓尔喀官员查清退还或限定日期退还。

（十）此次战争中西藏百姓帮助廓尔喀王室及廓尔喀百姓帮助西藏方面者，在和约订立后，对彼等的财产等均不得加以损害。[①]

和约签订后，这场战争始告结束。从此，拉萨多了个被称为"格乌丹"的尼泊尔代表处，西藏地方政府也设立了称为"廓细勒空"的机构办理对尼泊尔事务。这个条约是完全不合理的，但是直到和平解放前的百余年间，西藏一直吞咽着这一苦果。

---

① 牙含章：《达赖喇嘛传》，青海人民出版社，藏文版，第 210—212 页。

第八节　十二世达赖喇嘛赤列嘉措时期

一、寻访、认定和坐床

十二世达赖喇嘛赤烈嘉措于公元 1856 年即藏历第十四绕迥的火龙年十二月初出生于西藏山南地方。当时，摄政热振向藏区各地发出通知，要求立即把近来出生的灵异儿童报来。山南、达布、北方蒙古地区、云南中甸等处都呈报了有灵儿出生的情形，结果桑日、沃喀、达布拉索三地的灵儿获得吉兆。派去的官员经实地观察，将 3 个幼儿的情况向摄政热振活佛做了汇报。摄政和噶伦、基巧堪布等人商议后，再次请经师洛桑钦饶旺秋（德柱活佛）等进行占卜，并向护法神请求授记，都一致认为灵儿姓名入金瓶掣签最为适合。摄政在各大寺院的堪布、执事僧和地方政府的各级僧俗官员大会上，介绍了派人寻访和考察灵儿的情形以及占卜和降神所得到的回答。"僧俗代表等议定将这 3 个灵儿迎请到拉萨，由汉藏官员、喇嘛等进行观察，若众人信服，则可进行金瓶掣签。若将此 3 个灵儿请到拉萨进行观察时众人不能信服，那就只好再寻访其他的灵儿。众人在议定的文书上盖章后呈报给摄政。摄政热振呼图克图遂按大会议定，将详细情形写成文书，递交给驻藏大臣。"请驻藏大臣将此情形以及依往昔文书择定吉日进行金瓶掣签之事上奏大皇帝请求恩准。驻藏大臣复函说定将此事上奏。"[①]

公元 1857 年即藏历第十四绕迥火蛇年十月七日，三灵儿被迎请到罗布林卡的格桑颇章。其后，在辨认前世遗物时，只有沃卡出生的

---

① 《十二世达赖喇嘛传——水日明鉴》，木刻本，第 27 — 28 页。

灵儿正确无误地认出了前辈用过的所有物品,"十三日,热振呼图克图和驻藏大臣等汉藏官员喇嘛等在罗布林卡格桑颇章的日光寝殿会集,迎请3个灵儿前来,由驻藏大臣亲自看验。于是由驻藏大臣向大皇帝上奏,请允许择吉日将这3个灵儿的姓名牌放入金瓶中掣签。"①在接到皇帝允准的批复后,1858年即藏历第十四绕迥的土马年正月十三日,当热振呼图克图、驻藏大臣等人会齐后,由满文书吏等在签牌的一面分别写上各灵儿的名字,经摄政和驻藏大臣核查无误,由驻藏大臣向皇帝画像唐卡磕头,将签牌放入金奔巴瓶中。此后,在场众人齐声念诵请求圣者大悲菩萨和三宝慈悲护佑的真言和祈愿偈颂3遍,然后由驻藏大臣向皇帝的画像唐卡行三跪九叩首大礼并摇动金奔巴瓶,最后从瓶中掣出一个签牌,由呼图克图和驻藏大臣等人共同查看,随即向众人宣读沃卡洛桑丹增居美的名字。当时,众人由于对三宝的敬信和抑制不住的兴奋,高声呼喊"拉嘉洛"(神胜利了)。驻藏大臣即向沃卡灵童的父亲平措次旺说:"你的儿子洛桑丹增居美经金瓶掣定为达赖喇嘛的转世,你向大皇帝磕头谢恩。"于是平措次旺向皇帝的画像唐卡磕头谢恩,并向驻藏大臣和大呼图克图献了哈达。②掣签后,热振呼图克图立即派噶伦前去官萨日楚,报告转世灵童。

当月十五日,摄政热振呼图克图为灵童剃发,起名为阿旺洛桑丹贝坚赞赤列嘉措。不久,清朝的皇帝降旨说,经金瓶掣签认定达赖喇嘛真身,心中无比高兴,特赐敕书和礼品。四月十五日,从驻藏大臣衙门到罗布林卡间,各寺僧人排列成队,僧俗官员及大小寺院的代表也列队恭迎诏书,当达赖喇嘛的转世灵童到伦珠噶蔡寝殿时,刚好诏书抵达,即设供案将其供于案上。驻藏大臣随后将诏书迎请到大殿中,以热振呼图克图为首的地方政府高级官员均面朝东方跪下,由仲

---

① 同上,第32页。
② 同上,第33—34页。

译堪布宣读诏书，读毕后汉藏众人全都行三跪九叩礼，接着向灵童献了哈达。① 九月七日，大皇帝又封达赖喇嘛的父亲为公爵，并赐给一品顶戴。

公元1860年即藏历第十四绕迥铁猴年七月三日，十二世达赖喇嘛在布达拉宫坐床，其传记说："达赖喇嘛在众多侍从的簇拥下缓步来到布达拉宫司喜平措大殿，钦差大喧着皇帝诏书来到，将大皇帝所赐的众多物品陈列在事先准备好的桌子上。此时达赖喇嘛和摄政呼图克图二人在坐垫上面朝东方下跪，公爵、噶伦等人也都恭敬下跪，由满文仲译和堪仲用满语和藏语朗声宣读大皇帝褒奖，达赖喇嘛和摄政呼图克图等人都行三跪九叩大礼。接着两位驻藏大臣向达赖喇嘛和摄政献了礼品和哈达，达赖喇嘛和摄政向他们回赠了哈达。当达赖喇嘛首次登上由八只狮子托起的大宝座时，驻藏大臣将皇帝所赐物品请达赖喇嘛过目。"②

二、地方政府的掌权者发生内争，摄政热振活佛逃往内地，夏扎·旺秋杰布掌权

这期间，清朝皇帝的统治力量逐步衰弱，达赖喇嘛又很幼小，西藏的主要掌权者也渐无视规章，从而酿成内部矛盾。据说矛盾公开化的原因是，当时摄政热振活佛随便为请求封文、减税凭照、批示、证明文书的人加盖官印，个人恩赏过滥，对噶厦等机构的职权不够重视，也妨碍了地方政府的公务。噶伦夏扎a·旺秋杰布对此不满，先与噶伦扎西康萨私下商议，然后公开提出，摄政的做法使政府公务难以进行。他的说法得到其他噶伦的赞同。他们决定直接向摄政陈述利害关系，并说按照惯例达赖喇嘛的印章是由基巧堪布保管，加盖印章

---

① 同上，第42—44页。
② 《十二世达赖喇嘛传——水晶明鉴》，木刻本，第57页。

时需要5位仲译钦莫会齐才能使用，今后摄政公章也应这样使用，这对摄政的声望也有利。热振活佛答应说："这样做也很好，由谁来管印，可由噶厦提出办法，我来任命。"不过热振活佛是想任命1名僧人掌管摄政官印，没有想到噶伦要插手。噶伦们认为除了夏扎外无人适合担任掌管摄政官印者，于是就拟定方案并盖章呈报给摄政。摄政顿起疑心，于当夜召请基巧堪布到官邸商量问计。基巧堪布认为，这是一个想夺取摄政权力的阴谋，应当追查谁是首先提出这一计划的人。摄政接受了这一意见，没有批准噶夏的报告免去夏扎的职务，让他回自己的尼木恰郭庄园去闲居。当夏扎在尼木闲居时，廓尔喀王室的大臣写来一封问候夏扎的信函，夏扎回了一封亲笔信，夏扎夫人即将此信悄悄拿出，经过襄佐旺堆杰布报告摄政热振活佛。摄政闻讯，即以夏扎违制与外藩通信之罪名，要噶厦派人查办。他虽然没有明确说处死厦扎，但言下之意是要斩除恶根。不过，执行命令的代本吞巴没敢杀死这位连清朝皇帝都知道的官员，只是将他囚禁起来。后来，与夏扎有特别的供施关系的甘丹寺僧人设法与他取得了联系，并开始策划新的举措。

富有经验的夏扎认为光靠甘丹寺僧人反对热振活佛是不行的，应和哲蚌寺联手，并在政府官员中寻求支持。公元1862年即藏历第十四绕迥水狗年年初，地方政府对参加哲蚌寺法会的僧人从发放粮物为发钱，得布施的数量有所减少。甘丹寺僧人遂利用这一机会支持哲蚌寺反对热振活佛。两寺挑选年轻力壮的僧人救出夏扎，隆重迎入拉萨。当夏扎所来到布达拉宫下的外石碑处时，下轿朝布达拉宫跪拜祈祷，并让人带去敬献给达赖喇嘛的哈达，在百姓中造成他是奉达赖喇嘛之命返回拉萨的印象。当晚，夏扎发出通知，要拉萨所有僧俗官员和与甘丹、哲蚌寺有联系的康巴商人次日到大昭寺集会。由于通知没有说是夏扎召集的，因此有许多不明真相的公职人员前来参加。会

上，夏扎详细讲述了他被安上罪名的经过，以及热振活佛等人如何违反法规欺压百姓，希望大家齐心合力反对摄政，并就此作了详细安排。他临时成立了一个叫做"甘哲仲基"的组织，并召集甘丹寺和哲蚌寺的僧人等攻打摄政热振活佛的住所喜德林拉章。哲蚌寺僧众因对本寺堪布被革职一事不服，聚众至摄政府吵闹，驻藏大臣满庆派粮务委员李玉圃、游击唐怀武等人率汉兵前去"弹压"，李玉圃又偏袒哲蚌寺，以致事态扩大，哲蚌寺僧人又联络甘丹寺喇嘛，并打开布达拉宫的武器库，取出火炮向摄政府轰击。"事件发生后，热振一面向驻藏大臣报告，一面也聚众开枪还击，坚持了一天，终因寡不敌众，热振于夜间携带了摄政的印信潜逃。"①

关于这方面的说法很多。如有的说藏军不仅参加了围攻热振活佛，而且四方都有代本把守。谁放走热振活佛，就要按军法处置。当时，夏扎指示将大炮安在喀阿东地方，向喜德拉章开炮。喜德拉章也向那里开枪，于是，这就成了热振活佛向布达拉宫开枪的罪名。

"热振呼图克图从拉萨逃出后，取道青海前往北京，向清朝政府控诉。清朝政府一方面派福济为查办大臣，前往西藏查办此事，因当时西康瞻对地方发生部落纠纷，道路梗塞，未能前往；一面又调粮务委员李玉圃赴京对质，但驻藏大臣袒护李玉圃，'卒不遣去'，后来热振死在北京，此案不了了之。"②

当年年底，夏扎·旺秋杰布被任命为西藏摄政，经奏请封给诺门罕名号。"在这位执政的期间，传令用达赖喇嘛的印章和噶厦的印章，没有自己专门的印。"③ 这充分说明，夏扎由于没有皇帝赐给摄政的印章，就不能自行使用自己的印，但是夏格巴却说"当时因甘哲仲

---

① 牙含章：《达赖喇嘛传》，青海人民出版社，藏文版，第216页。
② 同上，第216页。
③ 《印鉴清册》，第26页。

基为代表的西藏全体僧俗公众的请求，年仅17岁的依怙达赖喇嘛在三月十二日表面上亲政，担负起政教两方面的重任，实际上由卸任噶伦夏扎·旺秋杰布担任助手管事，赐给他诺门罕的名号，并委任为摄政。"① 按其描述，似乎此事与清朝政府毫无关系。

实际上，"当时摄政热振呼图克图和甘丹、哲蚌寺的代表之间因鬼魔作祟，发生不和，进而酿成大乱，虽由萨迦达钦和扎什伦布寺的代表索本、仲尼尔、阿钦等人努力进行了调解，但是并未和好，因此热振呼图克图不能护持政务，于是人天导师达赖喇嘛需要担负起政教两方面的重任，所以在三月十二日，达赖喇嘛接受了珍贵的诏敕和印章，护持政务。"这也就是说，在当时西藏没有政教首领可以委任的情况下，达赖喇嘛依靠历代清朝皇帝赐给历辈达赖喇嘛的诏书、金印在名义上掌管政权，而后来的夏格巴力图将此事与夏扎得到摄政的职务和诺门罕的名号混为一谈。关于夏扎被任命第悉和得到诺门罕名号，《十二世达赖喇嘛传》中清楚地记载说，当年六月里，"人天导师达赖喇嘛担负起政教两方面的重任但是由于当时年龄幼小，需要任命一个服事和办理的为首之人，甘丹寺、哲蚌寺和仲科尔们商议，一致认为卸任噶伦夏扎与达赖喇嘛心思一致，可以担任。经过向皇帝奏请，得到批准之后，两位驻藏大臣立即要求夏扎承担办理政务之责，因此在六月二十一日卸任噶伦夏扎从拉章前往布达拉宫。"② 当年九月"七日，因为皇帝命人天导师达赖喇嘛为政教之主及命卸任噶伦夏扎·旺秋杰布协助掌政赐给诺门罕名号的诏书到达，举行盛大喜宴，前往布达拉宫司喜平措大殿会见了驻藏大臣。达赖喇嘛、诺门罕、各大呼图克图、公、噶伦、基巧堪布等人全都跪下，由满文仲译和堪仲宣读诏书，宣读完毕，众人全都向皇帝恭敬地行三跪九叩之礼。"以

---

① 夏格巴·旺秋德丹：《西藏政治史》，下册，（第40—41页）。
② 《十二世达赖喇嘛传—水晶明鉴》，木刻版，第90页。

上这些才是当时真实的历史过程。

夏扎·旺秋杰布掌握第悉的权力之后，不久即委其心腹夏孜堪布的襄佐贝丹顿珠以重任，这成为他后来权势显赫的开端。

三、用兵瞻对，第悉夏扎去世，德珠出任摄政

当时，瞻对（今四川新龙）地区的部落之间常发生一些纠纷和战乱，后愈演愈烈。瞻对贡布朗杰父子等人趁内地和西藏地区时局动荡不定之机，用武力统治了上下瞻对，抢占霍尔章谷（今四川炉霍）等土司的土地和属民，还准备吞并明正土司管辖的打箭炉（今四川康定）地区。公元1863年即藏历第十四绕迥的水猪年新年时，其子贡布次丹纠合人马包围理塘土司官寨，劫夺西藏地方政府官员在四川采买的茶叶，阻断了汉藏之间的交通。贡布朗杰等人还抢夺拆阅来往的公文折报，破坏法纪达到登峰造极的地步。驻藏大臣等决定派兵前去征讨瞻对匪乱首之人贡布朗杰父子。藏军在公元1863年即藏历第十四绕迥水猪年于九月间到达瞻对。由于当地山高谷深，路狭隘险，而匪盗又拼死抵抗，所以藏军进展缓慢，不过由于盗匪多年来在康区各地抢掠烧杀、欺压群众，所以广大百姓对其育恨，尽力支援藏军的进攻。

公元1864年即藏历第十四绕迥木鼠年四月十三日，十二世达赖喇嘛按例受出家戒。藏历八月二十五日，第悉诺门罕夏扎·旺秋杰布因病在罗布林卡去世。由于达赖喇嘛还年幼，即向护法神交了一份询问拟任掌办政务的一些人选各自福运大小的名单，并为任命摄政事给驻藏大臣写了一封信。这两份文件上都加盖了达赖喇嘛的印章。史料记载，在当月二十九日，达赖喇嘛指示经师德柱钦饶旺秋要担负起政教的主要职责。但是夏格巴却说："西藏会议恳请经师卸任甘丹赤巴德柱洛桑钦饶旺秋出任摄政，经德柱同意后，于二十九日颁布任命，

互敬哈达，随即负起政教重任。"① 实际上并不是这样，而是由达赖喇嘛向驻藏大臣呈报后才得以任命的，而且驻藏大臣关于任命经师卸任甘丹赤巴为协助办理政教事务的摄政的事向大皇帝写了奏章，接到皇帝批准的诏书后，两位驻藏大臣即发来文书，要摄政迅即视事。于是在（九月）二十三日在仲科尔早饭之前举行了博学的经师卸任甘丹赤巴（即德柱钦饶旺秋）就任摄政的仪式。② 当时达赖喇嘛的年龄还不到九岁，而且瞻对地区的战乱还没有完全结束，为了使西藏的政务不致废弛，钦差驻藏大臣先行任命德柱为摄政，当时还没有赐给德柱以摄政的正式名号（诺门罕）。

公元1865年即藏历木牛年二月"七日，大皇帝赐给摄政卸任甘丹赤巴以诺门罕名号令其协助办理政务的诏书送达，因此按例规从驻藏大臣衙门迎请诏书，在太阳出山之时将诏书迎至日光寝殿，达赖喇嘛、摄政及大小呼图克图俱无比恭敬地跪听宣读皇帝诏书。"③ 从此，德柱才有了摄政诺门罕的名号。

1865年平定瞻对之乱的军事行动进展顺利，驻藏大臣又派李玉圃率西藏军兵前往进攻，西康土司也奉命出兵协助，分路环攻。藏军全面进击，次第攻下多宗、恰郭敌寨和雅江的敌寨，兵围贡布朗杰的首邑日囊宗。由于贡布朗杰等负隅顽抗，拼死抵御，藏军于八月一日采用火攻，贡布朗杰父子等数十人被烧死。长期的战乱始告平息，西藏和内地之间的交通得以恢复。公元1866年即藏历第十四绕迥火虎年"十月一日，大皇帝对达赖喇嘛和摄政进行褒奖，赐给内库黄哈达、赐给摄政诺门罕以呼图克图名号的诏书抵达。"④ 平息瞻对之乱的汉藏官兵也均获清廷奖励。

公元1867年即藏历第十五绕迥火兔年正月十三日，因瞻对战事

---

① 夏格巴·旺秋德丹：《西藏政事王统》，下册，第45页。
② 《十二世达赖喇嘛传—水晶明鉴》，木刻版，第122页。
③ 《十二世达赖喇嘛传—水晶明鉴》，木刻版，第217页。
④ 同上，第135—136页。

顺利解决，清朝皇帝还赐给达赖喇嘛"振锡绥疆"的匾额。这块匾额安置于布达拉宫司喜平措大殿正中历辈达赖喇嘛的大宝座的上方，至今仍可见到。

当年"七月十二日，因天命大皇帝所颁诏书和历任摄政使用的公章银印送抵驻藏大臣衙门，……由驻藏大臣将银印交到达赖喇嘛手中，然后驻藏大臣等汉官向达赖喇嘛敬献哈达，达赖喇嘛将摄政的银印颁给摄政德柱钦饶旺秋，摄政向达赖喇嘛行礼受印并献哈达及礼品请求护持，并按照古昔传下的例规举行盛大宴会庆贺。"①这里所说的银印，即是乾隆二十二年（公元1757年）藏历第十三绕迥火牛年赐给西藏第一任摄政喇嘛第穆·德勒嘉措的印，印文为"承办藏务掌管黄教额尔德蒙额诺门罕印"，以后为历任摄政使用。热振活佛携印逃往内地后，西藏主要用达赖喇嘛的金印在公文上盖章，没有摄政的官印，一直到1867年摄政的印才又赐给德柱呼图克图。

四、贝丹顿珠之乱，摄政德柱去世，十二世达赖掌政不久圆寂

公元1868年即藏历土龙年，贝丹顿珠被委任为基巧堪布。他野心勃勃，培植了不少心腹，并以"甘哲仲基"这一组织为基础，建立他的个人专制。对于当时一些有知识的干练官员，特别是对不愿听从他的人，则设法一一翦除。噶伦普隆巴在平定瞻对之乱后，奉命在康区镇压劫路盗匪，于是便有人前来拉萨向贝丹顿珠鸣冤叫屈，请求救助。贝丹顿珠既为帮助同乡，又担心普隆巴以后会成为他的障碍，于是设法除掉了他。噶伦中博学精明的崔科哇也是被贝丹顿珠派人抛入河中暗害致死的。此外，当时还有一些官员突然失踪。后来，摄政德柱察觉后即连夜

---

① 同上，第141页。

派人把贝丹顿珠的几名心腹抓了起来，与此同时，摄政通知噶伦和基巧堪布等，次日晨到摄政官议事，以便逮捕贝丹顿珠。贝丹顿珠察觉后，不愿悔罪，领着几名心腹于半夜时分出逃，跑到甘丹寺。

摄政德柱经过与驻藏大臣商议，立即调动汉藏官兵，攻打甘丹寺。贝丹顿珠眼看在甘丹寺无法久留，便和心腹乘夜出逃。藏军发现后紧追不舍。在走投无路的情况下，贝丹顿珠等人各自拿枪对准对方，同时开枪。贝丹顿珠死后，"甘哲仲基"的组织彻底解散。拉萨的局势很快恢复平静。由于贝丹顿珠被当作敌视佛教的教敌，因此乱事发生期间，驻藏大臣恩麟亲自指挥汉藏军兵和色拉、哲蚌寺的僧人在罗布林卡严密保卫达赖喇嘛的安全。

公元1872年即藏历第十五绕迥水猴年九月十八日，摄政德柱呼图克图洛桑钦饶旺秋在罗布林卡的格桑颇章去世。

公元1873年水鸡年二月十二日，"当达赖喇嘛登上宝座时作为殊胜的缘起由地方政府代表敬献象征土地和大海的哈达、佛经、佛像等礼品，笔者（经师）荣增堪布和公爵、噶伦以下仲译钦莫以上的官员、南杰扎仓的执事僧人等也敬献了哈达，……然后由噶伦和孜恰（布达拉宫襄佐）等人捧香炉等迎请达赖喇嘛到布达拉宫红宫的司喜平措大殿之中，当驻藏大臣等人来到后，汉官们也向达赖喇嘛献哈达，达赖喇嘛随即还赐给他们。僧人们齐声念诵吉祥偈颂并向达赖喇嘛献国政七宝，撒花祝福……庆贺宴会结束后，达赖喇嘛返回日光寝殿，掌印堪布向他献了哈达礼品，4名仲译钦莫也分别献了哈达，然后排列一旁，达赖喇嘛撒了祝福麦粒等后，在题词敬神哈达上加盖印章，作为启用印的荐新。"[①] 这段记载确切地表明十二世达赖喇嘛是这时才肯正式开始掌管政务，而且他的亲政是按皇帝的诏书和规定的时

---

① 《十二世达赖喇嘛传——水晶明鉴》，木刻本，第191—192页。

间登上宝座，开始掌管西藏政务。

1875年三月四日起，达赖喇嘛身患寒病，虽服药治疗，并举行了祈祷健康长寿的法事，但病情不见好转。三月二十日，十二世达赖喇嘛在布达拉宫圆寂，年仅20岁。驻藏大臣、主要侍从官员等人皆身着丧服，前去向达赖喇嘛的遗体行礼，并按例规为达赖喇嘛举行超荐法事，呈献供品，诵经祈祷。

五、达察被任命为摄政，反对英人入藏考察

十二世达赖喇嘛去世后，清廷准驻藏大臣松溎奏请皇帝，得旨由达察呼图克图阿旺贝丹却吉坚赞执掌摄政职，被称为通善呼图克图。

十二世达赖喇嘛家族后来与八世达赖喇嘛家的庄园拉鲁噶蔡哇合并，加上新赐的工布噶洽庄园等，形成领地超过其他贵族的亚豁拉鲁家族。

英帝国主义很早就对中国的西藏地方怀有野心，在十二世达赖喇嘛执政期间，英国进兵锡金，逼签了英锡之间的不平等条约，条约规定锡金需为英国与西藏的交通提供方便。然而由于西藏方面始终宣布禁止英国人进入西藏，因此他们又对腐败的清朝中央政府施加压力，以达到进入西藏的罪恶目的。公元1876年（清光绪二年），英帝国主义者藉口云南町玉人民杀死英人马嘉理的事件，恐吓清朝政府。清政府派李鸿章为代表与英驻华大使威妥玛在山东烟台订立《烟台条约》，乘机写进允许英国人入藏的要求。

公元1879年（清光绪五年），英帝国主义者根据这一条约的规定，派遣"马加国摄政义奥斯图凯来赖"等人，企图从青海入藏"游历"，并由北京行文驻藏大臣松溎，通知噶厦，拣派汉藏弁兵前往照护。噶厦接到洋人入藏"考察"的咨文以后，召开僧俗官员会议讨论，一致反对洋人入藏，由达赖喇嘛、班禅额尔德尼二人领衔，给驻藏大臣上

了公禀，要求转奏清朝皇帝。公禀称：

"伏查洋人入藏游历一案，屡接驻藏大臣译文，内称'立定条约准其入藏，奏明之件，万无更改，各国到时，汉番一体照护，勿滋事端'等因，并面奉屡次剀切晓谕，遂将藏中向无洋人来过，并习教不同，恐于佛地有碍，阖藏僧俗大众苦衷，恳求驻藏大臣代为咨报矣。而两藏（指前后藏）世世仰蒙大皇上天恩，振兴黄教，保护法地，何能仰报高厚鸿慈于万一，岂敢执意抗违不遵？查洋人之性，实非善良之辈，侮灭佛教，欺哄愚人，实为冰炭，断难相处，兹据阖藏僧俗共立誓词，不准入藏，出具切结，从此世世不顾生死，永远不准入境，如有来者，各路派兵阻挡，善言劝阻，相安无如或逞强，即以唐古特之众，拚命相敌，谅在上天神佛庇佑佛地，大皇帝恩护佛教，断不致被其欺压而遭不幸也！谨将阖藏僧俗官民大众公议苦衷伤心情形，出具切实甘结，特求驻藏大臣代为奏咨，切望圣恩无疆，以救阖藏众生之生命也。谨呈。"①

这一历史文献清楚地表明了英帝国主义为了达到侵略目的，竭力破坏西藏关系，同时也表明西藏官员民众为保护祖国边疆的决心。

"在西藏上下一致反对洋人入藏的坚决态度面前，驻藏大臣松溎感到无计可施，向光绪帝报告：'乃该商上固执梗顽愚见，以众论之偏，有违圣明之旨……所有商上渎禀不遵缘由，具实参奏，请旨将掌办商上事务通善呼图克图以及噶伦、总堪布等严行惩力。奴才镇抚无方，呼应不灵，请旨一并从重治罪，并请另行简放能干大员来藏，以期办理得宜'。清朝政府也感到事情非常棘手，乃密旨四川总督，设法阻挡洋人入藏。"② 次年，英国又派人前往巴塘，准备入藏。藏族人民即准备使用武力阻止洋人进藏。英国人看到情势确实严重，才命令已到巴塘的人改经云南返回印度。

---

① 牙含章：《达赖喇嘛传》，人民出版社，1984年版，第106—107页。
② 同上，第107—108页。

第九节　十三世达赖喇嘛土登嘉措时期

一、土登嘉措的降生和认定及坐床的情形

藏历第十五绕迥（1876年）火鼠年五月五日，土登嘉措降生在下达布地区一户普通农家里。由于该户处在形似矫健的大象的朗林拉巴山前，故称之为朗顿（大象旁之意）。当时十二世达赖喇嘛赤列嘉措去世已一年多了，按惯例首先请八世班禅丹白旺秋打卦问卜。八世班禅答复说，达赖灵童已经出世，其方向在拉萨的东南方。而后，护法神也说灵童已在拉萨东南方向出世。于是，摄政达擦和噶厦政府派出多人寻访查询过程中，人们发现朗顿的情况与圣湖显影、神佛预言完全相同。他们即致函政府，详细汇报了所见所闻。噶厦立即派人到朗顿再度进行认真考察，指示其父母将男婴出世前后的吉祥预兆，详实地作一书面禀报。

根据各地传报的情况来看，朗顿的男婴无疑是达赖转世灵童。但为了慎重起见，噶厦再次派人携带哈达，镀金铜白度母像等敬献物，前往灵童出生地。随后，八世班禅丹白旺秋、摄政 达擦呼图克图、各寺高僧等一致认为灵童确系前世达赖转世，因而通过驻藏大臣松溎上奏皇帝。光绪皇帝下谕旨云："贡嘎仁钦之子罗布藏塔布克甲木错，即作为达赖喇嘛之呼毕勒罕，毋庸掣瓶。"① 噶厦接到谕旨后，即派专使前往转世灵童降生地宣读皇帝圣旨。

藏历十一月一日，灵童由噶伦宇妥为首的迎请官员陪同，浩浩荡荡前往拉萨。沿途部众焚香，僧众们手持经幡列队迎送灵童。十四

---

① 牙含章：《达赖喇嘛传》，人民出版社1984年版，第93页。

日，灵童抵达拉萨东郊的蔡贡塘。按惯例，驻藏大臣松溎捧读了谕旨，宣读完毕，灵童向东方行了三跪九叩礼，然后由驻藏大臣等向达赖灵童敬献哈达，达赖灵童也向驻藏大臣回赠了哈达，并送了镀金佛像等厚礼。

藏历土虎（1878）年正月四日，八世班禅丹白旺秋应政府的邀请前来拉萨。十一日，班禅额尔德尼、摄政达擦呼图克图等一同前往蔡贡塘会晤达赖灵童，互献哈达。

之后，在日光殿的主圣前，由班禅额尔德尼剪去灵童的顶发，取法名为"吉尊阿旺罗桑土登嘉措晋美旺秋却勒南巴杰娃德白桑布"。为了庆贺灵童剃发取法名，西藏举行了盛大的庆祝宴会。

此后，西藏地方政府通过驻藏大臣松溎转奏皇上，请求"准许下年举行达赖坐床大典，并用黄色马鞍。"土兔（1879）年公历五月，光绪皇帝谕旨云："达赖喇嘛转世已确定，今年六月十三日良辰吉时举行坐床，甚佳，朕深喜之！现赠达赖喇嘛黄哈达一条，佛像一尊，念珠一串，铃杵一套。达赖喇嘛坐床之后，可启用前世达赖喇嘛之金印，并复奏皇上谢恩。经用黄轿及黄色的鞍辔均予准用。封佛父贡嘎仁庆为公爵，赏戴宝石顶子，着孔雀翎，依旨遵行，钦此！"[①] 佛父贡嘎仁庆被封为公爵以后，噶厦政府按惯例又拨给庄园和农奴，遂成为大贵族之一，名为朗顿。

五月十三日，达赖喇嘛坐床典礼正式开始。达赖喇嘛在悦耳的鼓乐、号角等乐器声中乘着由8人抬着的黄色轿子，在摄政达擦呼图克图、钦差大臣等汉藏僧俗官员的簇拥下向拉萨进发。按旧例，达赖喇嘛首先到大昭寺，向释迦牟尼等佛像叩头敬礼，敬献哈达。十四日正逢良辰吉时，在布达拉宫司喜平措大殿送达赖喇嘛礼品，并由一位年

---

① 《传记稀奇珍宝链》藏文木刻本，第52—53页。

长的堪仲（僧官担任的大秘书）大声宣读了皇帝发来的贺信谕书。接着驻藏大臣向达赖喇嘛敬献上等哈达1条，青玉如意1件，并且将皇帝赠送的阳纹缎织画像1幅、一条哈达，长柄玉盏1个，镀金银轮1件、银制曼遮1个和汉银1万两等礼品呈请达赖喇嘛过目。为了庆祝达赖喇嘛坐床，西藏进行了隆重的庆祝活动。

坐床大典举行之后，按照惯例，达赖派白也尔堪布前往北京，向皇帝呈送赞颂其恩德的奏本。其中云："我们边地众生之幸福，过去来自您的恩德，今后不靠皇上靠何人？"

藏历水马（1882）年，达赖年满7周岁，已到受戒年龄。但八世班禅重病在身，不能传授比丘戒，改由摄政达擦呼图克图传授。是年，八世班禅丹白旺秋圆寂。火狗（1886）年四月八日，摄政达擦通善呼图克图去世。次日，驻藏大臣色楞额前去验尸，并封了摄政的大印。"十三日，四大噶伦、总堪布等人带着哈达、曼遮等礼品，前往布达拉宫向达赖报告并商讨继任人选问题。报告说，达赖喇嘛还年幼，且要求学念经，故摄政之事暂由第穆呼图克图代行为宜。噶厦专门派人与两位驻藏大臣磋商摄政的人选，根据与驻藏大臣磋商决定，任命第穆呼图克图为代理摄政，并按照驻藏大臣的意见，多喀瓦、宇妥等三位大臣前去向达赖喇嘛报告。"① 于是，驻藏大臣转奏皇帝准许第穆呼图克图代行摄政职权。为了保持西藏政局的，当年的藏历五月十三日，举行了第穆呼图克图宣誓就职仪式。

公元1888年，即藏历土鼠年正月十四日，根据达布仲巴地区、拉木、托杰等地出现三位班禅灵童的情况，在布达拉宫的萨松朗杰（尊胜三界）殿举行了金瓶掣签仪式。掣签结果出了达布仲巴地方的灵童的名字，表明九世班禅曲吉尼玛无疑是真正的转世灵童。

---

① 《传记稀奇珍宝链》上卷，第138页。

二、第一次抗击英帝国主义的战争

19世纪时，世界已进入了资本主义，各帝国主义之间经常发生争夺市场，掠夺生产资料而引发的战争。此时的清朝政府已陷入衰败境地，对边疆地区鞭长莫及。当时，英国为扩大其势力范围，以侵占整个西藏为目的，先后以传教者、旅游者的身份派遣许多密探到西藏。英帝的行为遭到西藏各族人民的坚决反对。随后，他们又变换手法，占领了与西藏接壤的小国。如藏历木狗（1814）年，英国以欺诈手段和援助锡金国为名从尼泊尔手中强夺了两个地方。尼泊尔人一方面抗击英国侵略军，另一方面向驻藏大臣求援，但驻藏大臣却责备尼泊尔"惹事生非"。尼泊尔人只好与英国签订不平等的萨格里条约。英国的真正目的在于霸占西藏这块地域辽阔而军事力量单薄，人口少而物产丰富的地方。英国侵占尼泊尔这些地方以后，又开始侵略不丹和锡金两国。当时，英国人以恐吓和欺骗相加的手段，多次逼锡金王前往印度的大吉岭。但是，他没有同意，甚至在藏历火鼠（1876）年，和不丹国王分别向驻藏大臣、摄政等西藏的主要官员写信说："种种迹象表明，英国人不久将侵犯佛教圣地西藏，故敦请及早派遣得力人员卫戍边境，加强战备，以防英人入侵。"与此同时，噶厦也收到了边境各宗豁送来的有关报告。特别是帕里和岗巴两宗迭次报称："职等曾先后派人对边界各关口要隘进行侦察，获得的情报与外国边民提供的情报相符。据了解佛教之敌英人为侵略我方领土，曾多次派人入我边境探，测绘要隘地形，招兵买马，对我边境造成极大威胁。"驻藏大臣，摄政达擦等收到报告后认为，边境的安危关系到国家的主权和人民的生命财产，不能等闲视之。于是，派人前往边境观察。但这些官员并没有亲临边境调查了解和布置防范措施，而是到锡金与国王立了一个关于锡金保证不让英军借其领土进入西藏的文约，自以为这

样就可以消除边境上的后患，结果英国侵略军多次入侵，而我方一无所知。就在这时英军头目怀特勾结锡金王的亲属，控制了锡金，并把其作为侵略西藏的跳板，加紧修路、架桥。锡金和不丹被英军侵占以后，西藏政府劝锡金王及眷属来藏避难。锡金人与藏族之间有着血缘关系，语言文字和宗教信仰又相一致。因此，锡金王听从劝告来藏居住了两年多。这期间英帝多次强令该王立即返回锡金，但他不畏强暴，强烈谴责英人的侵略行径，并携王后亲赴拉萨，向噶厦提出要求说："综观英军之行为，锡金民众必定在受煎熬。因此，念在我们共同信仰佛教之情，请一如既往地提携扶持我们。"藏政府答应了他的要求，而且为其王子登基赠送礼物，以示庆贺。当锡金国王等回住地时藏政府又赠送了衣物，藏银、茶叶等，并为其提供1000克（1克28斤，译者注）青稞。

英国占领锡金和不丹王国之后，藏政府紧急发布了不准外国人进入西藏的法令，但英国特务印度人萨热坚达斯伴装信教潜入江孜，然后前往仲孜。庄主帕拉夫人没有引起警觉，给予了他帮助，还把他介绍给与帕拉有供施关系的扎什伦布寺活佛生钦·罗桑班丹群培。生钦活佛误以为他是虔诚的沙门弟子，遂结为师徒关系。此事被西藏地方政府发觉后，把生钦活佛召回拉萨，并没收其财产，罢免其职，以目无法纪，窝藏外国人，泄露机密等罪流放工布江达，后死在该地。与此同时，这个英国特务同帕拉夫人一起伴装前往羊卓桑顶寺等处朝圣，路经江孜潜入拉萨。此举被地方政府发现后，勒令贵族帕拉每年向藏政府交纳一定数量的罚粮。

当时，英法联军直逼北京，清朝中央如同风中残灯，摇摇欲坠。西藏各族人民和爱国僧俗官员为了保卫家园，于1866年在西藏的隆吐山设卡，阻止英国人进入我方领土，在离大吉岭只有100华里的地方修筑炮台。英国人得到消息后，向清朝中央政府的外交衙门致函：

"藏人修筑炮台，其目的是阻止通商。英军虽能轻易地摧毁之，但我国不想惹起纠纷。故此，通知驻藏大臣向藏民宣布不准随意妄动。"清朝政府收到此函后，慌忙通过驻藏大臣命令西藏地方撤除哨所。西藏僧俗官员通过驻藏大臣文硕向清朝政府表示："隆吐山是西藏的神圣领土，因此决不从那里撤除哨卡。"并要求英国侵略军退出锡金。当时英帝国主义一方面在边境挑衅，一方面为了正式侵入西藏，于1887年在边境聚集了2000士兵，运来4门大炮以及大量的军需物资，建立了侵入西藏的基地。

此时，西藏人民同英国人的矛盾几近白热化。在这种情况下摄政和噶厦召集全藏僧俗代表商讨对策，拟订了《共同誓言书》。大家在《誓言书》上签了名。会议提出：为了抗击英国侵略军，除继续征调民兵外，视战局发展情况，组织僧兵，在各地实行18至60岁的征兵制；筹集各类武器，征集军需物资、粮草等。驻藏大臣文硕将此事禀报了光绪皇帝，但并没有起到任何作用。火猪（1887）年七月四日，噶厦特指定代本拉顶色等率领工布民兵和从康区征调的500多民兵前往西藏和锡金边境。此时，锡金王土道朗杰派人提出和平谈判的建议，但英人拒绝接受，反而在藏历土鼠（1888）年2月7日向藏军发起突然袭击。藏军用土枪、弓箭、刀矛等原始兵器狠狠地打击了来犯之敌。2月8日清晨，英军再次发动进攻，藏军誓死抵御，毙伤英军100余名，藏军战死甲本（连长）1名，兵员20余人。2月12日，英军在炮火的掩护下，再次发起进攻。手持原始兵器的藏军难以抵敌，只好退至纳汤一带。英军抵达纳汤后，派人四处侦察，未发现一兵一卒，但就地宿营。英勇善战的工布民兵则乘夜包围了英军驻地，手持大刀，毙敌多人。后在英军的炮火轰击下，藏军不得不退到春丕等地。七月八日，噶伦拉鲁·益西罗布担任藏军总管，派出援兵1万多人开赴前线。增援部队开赴前线之前，十三世达赖喇嘛接见了

全体官兵，并赐予护身符等，希望他们把凶残的敌人驱逐出去。驻藏大臣文硕不仅全力支持西藏民众的爱国行动，而且制定了系列战略计划。他不赞成清政府的错误政策，认为："英俄对西藏如此兴趣，并非仅为通商，另有永久性的险恶目的。西藏人民捍卫佛门教法，保卫自己家乡的举动是正义的。因此，中央政府应当给予支持。"文硕虽迭次呈文禀报实情，但清政府不仅不采纳其建议，反而革去了他的职务。新任驻藏大臣升泰到藏后，完全执行清政府的投降主义路线，要求西藏地方政府撤军。摄政第穆等官员共同商讨后，向升泰递交了一封决战书。表示，"自光绪二年，藏历第十五甲子火鸡年以来，英国屡次以开辟通商为名，以达到武力侵略西藏为实。对此，我全藏广大僧俗人民采取了抵制态度。我方在交战中虽遭了挫折，但丝毫没有动摇我全藏军民抗击侵略者的决心。我们仍在派增支援部队，进行着同侵略者顽强的战斗。如果贵大臣竟以皇帝旨意胁迫西藏军民放下武器，停止抵抗，那么我等只能把驻守在亚东的抵抗部队不再集结于一隅之地，但绝对不能撤出，把部队分散布防于该地区。"与此同时，摄政第穆、噶厦和升泰进行多次商榷，均遭拒绝，强令"除少数藏军留守帕里外，其余一律要撤退"。升泰还亲赴英军营地，与英国人就锡金与西藏的边界、通商等问题磋商。藏历土牛（1889）年，西藏地方代表噶伦然巴·扎西达杰等人从拉萨返回亚东后，向升泰呈送了摄政第穆呼图克图等僧俗官员联名写的公禀，表示奉命撤退藏军，但决不接受有关边界和通商方面的协议。这些意见和建议仍被升泰拒绝。是年二月，清政府命升泰以全权大臣身分前往加尔各答与英国代表签订了卖国条约8条，而后又签订了关于亚东关口条约9条。这两个条约出笼后，激起了西藏僧俗民众强烈不满，给予了坚决的抵制。

三、十三世达赖掌政，西藏统治阶层内部的争权斗争

藏历第十五绕迥木羊（1895）年，达赖喇嘛年满20岁，按照惯例，应由班禅传授比丘戒。但九世班禅年幼不能授戒，达赖即在大昭寺释迦佛像前，拜佛师普布觉·强巴嘉措等人为师受比丘戒。并按惯例，派白也尔堪布向光绪皇帝报告受戒情况。皇帝为此下谕，并赐其珊瑚串等礼品。

当时西藏的形势急转，并越来越复杂化。主要是因为：①隆吐山失守给西藏的政治、经济、军事等各方面带来了前所未有的损失，使社会矛盾日益尖锐化；②英帝国主义预谋发动第二次侵藏战争；③清中央政府如同风中残烛，已失去了实施内外政策的能力；④西藏统治阶级内部夺利的斗争日益尖锐化、表面化；⑤俄国乘机把魔爪伸向西藏。为此，摄政第穆呼图克图迭次要求辞职，并奏请达赖喇嘛掌管西藏政务。于是，噶厦、三大寺、全体僧俗官员于木羊（1895）年召开全体会议，向达赖喇嘛呈文表示："……现达赖喇嘛已20岁，超过了亲政的年龄，加之您那超群无敌的政教智慧，更应接受全藏人民的希望，为了全藏民众的福利，掌管西藏的政教事务。"[①]清朝皇帝接报后，下旨："尔金刚持达赖喇嘛现年岁已长大，通达福根显密诸法，对释迦牟尼精典之黄教体系更是彻悟。对众生如同爱子不分亲疏，明知依法惩治恶人是属为民除害。金刚持达赖喇嘛与大皇帝一样为皇天之下、大地之上，众生之父母，给西域之众生福利安乐。为授权达赖喇嘛掌政教事务，特遣使带去重礼，尔要喜纳，并要尤当弘扬佛教，造福于众生，为之勤奋。"[②]因此，木羊（1895）年八月八日，十三世达赖喇嘛亲政大典在布达拉宫隆重举行。

---

① 《传记稀奇珍宝链》上册，第255页。
② 同上，第255—256页。

十三世达赖喇嘛亲政后，驻藏大臣仍执行清廷的投降主义路线，拒绝支持抗英战争。尤其是瞻对事件发生后，使他与驻藏大臣之间的关系越来越紧张。此时，清廷不但不支持西藏民众的侵略战争，还把隆吐山至岗巴宗以南的土地让给英国侵略者，迫使达赖喇嘛寻求新的抗英道路。

土猪（1899）年，西藏发生一起预谋暗害达赖喇嘛的事件。对于这一事件，人们众说纷纭，有的认为纯属加罪无辜等等。但《十三世达赖喇嘛传记》中有如下记载："卸任第穆·阿旺罗桑赤来饶杰虽曾受到施主大皇帝的重恩，闻其为政教事业做出了贡献。但是，近来借丹吉林拉章的居心正直主持长老去世之机，勾结其侄儿罗布次仁和顿丹等传承人，对达赖亲政表示不满，企图将达赖谋害杀死，篡位摄政。为了达到此目的，将达赖出生年月日，写在符咒上面，埋在布达拉宫四周，桑耶寺之海布山上以及其他神地，进行诅咒。彼等又送达赖一双靴子，在靴底里面，缝了达赖出生年月日之符咒。当时达赖顿感不适，乃请求乃琼降麻东益喜神，看出达赖靴底有可疑之处，拆开检查，发现符咒。根据这一线索进行追查，遂逮捕罗布次仁和顿丹，该二犯因见证据确凿，无可诡辩，全部供认不讳。此案发现后，噶厦召集三大寺及全体僧俗官员会议。会议一致决定对罪犯绳之以法，没收丹吉林寺所有财产，令卸任第穆坐静于丹吉林寺法苑。他未曾受过任何迫害，最后因病而死，时年45岁。""有关这方面向皇上奏报和皇上指示等记在上师高僧传录和文书部记中。"①

事发后，西藏地方政府逐一惩治，除丹吉林寺扎仓之财产外，拉章的财产，以及乃东、昂仁墨竹工卡等所属宗豀全部没收归政府，同时撤消第穆呼图克图之名号、职务，不准其今后重新担任摄政之职。

---

① 同上，第258—259页。

第穆事件清楚地表明了当时西藏统治者尖锐、激烈的权力之争。当时西藏地方政府与扎什伦布之间的矛盾也开始激化。西藏统治者之间接连出现的权力之争给英国、沙俄等包藏祸心的敌人提供可乘之机，他们的魔掌进一步伸向了西藏。

四、沙俄魔掌伸向西藏

牙含章认为"达赖的联俄，是在下述情势下造成的：一方面是帝国主义兵临藏边，西藏的危亡迫在眉睫；另一方面是清朝政府向英帝屈服，不敢大力支持西藏人民进行反抗。在这样的情况下，达赖想找别的外援，帮助他们抵抗英国侵略，因而当时上了沙俄帝国主义的当，错误地认为帝俄可以帮助西藏反抗英国。"[①] 这一分析符合实情。达赖喇嘛联俄的初衷是为了抗英，但后为受蒙骗做了一些不利于祖国统一的事情。

沙俄早就有把中国西藏变成其殖民地的预谋。早在藏历第十五绕迥水猴（1872）年，沙俄上校军官普尔热瓦尔斯基等人就经新疆北部进入西藏那曲。由于西藏地方政府和僧俗大众的反对，他们被迫退回。这些侵略者与藏族群众发生了多次冲突，打死藏族群众30余人。火鼠（1876）年，西藏僧俗民众再次阻止沙俄间谍入藏。当时，清廷要求西藏地方准俄国官员入藏游历。而西藏摄政等联名上书，表示"大众一再要求不仅不让洋人进出，连信件也不让通行的情况下，今日许俄国人进藏，不仅违背公立誓词，还引起与邻国之间的通行往来纠纷，对边境造成不利因素。对佛教将带来什么恶果难以预测。因此，俄国人不管到何地，都将进行阻挡。此事谨请汉藏双方从速磋商。同时，僧俗大众向呼图克图、全体噶伦和驻藏大臣呈送了手印禀

---

① 牙含章：《达赖喇嘛传》藏文版，第399—340页。

文，要求驻藏大臣以全藏佛教、政务为重，代奏总理衙门拒发俄国间谍进入西藏之护照。"这一记载表明，西藏地方政府和全体僧俗民众不仅坚决反对俄国间谍进入西藏，甚至对与其通商、通信予以坚决抵制。

在此情况下，沙俄开始寻找其它渠道来达到其侵略西藏的目的。首先，他们企图通过哲布尊丹巴来诱骗达赖喇嘛，而且又假装虔诚的信徒出资修复寺庙，给僧众以物质上的大力支持，当时外蒙部分地区的200多人来西藏，剃发进了三大寺和扎什伦布寺。其中有一个叫多吉也夫的人，蒙古名字叫多吉依，到西藏后改名叫罗桑阿旺，即人称"德尔"的俄国特务。根据沙俄情报机构的布置，多吉依对达赖喇嘛讲："中国是您的主人，但它现在变成空了心的禾秸，已被英国所征服。因此不能依赖中国，而英国心狠手毒，又信奉耶稣教，因此，不会景仰您的教，甚至会灭除西藏的佛教传承。而俄国的势力在天下无敌，如能联俄，不仅能克制英人，俄皇也能改信你的教，全俄人民会拜在观音菩萨门下，成为佛教信徒。"当时达赖向清朝中央多次请求财力援助，增拨武器，但都遭到拒绝。由于西藏人民抗英的爱国行动没有得到支持，加之清朝本身已处在山穷水尽的境地，达赖喇嘛对多吉依所言信以为真，并准备背着噶厦和僧俗官员秘密前往俄罗斯。在噶厦、僧俗官员、三大寺的力阻下，达赖未能起程。土猪（1899）年，多吉依再度前往俄国，并受到俄皇的召见。当时国外报纸报道："达赖喇嘛派往俄罗斯的使者受到隆重的欢迎。使者为多吉依，他此行目的是加强与俄罗斯的亲密关系。他向俄皇递交了达赖喇嘛的亲笔信，赠送了各种土特产品。他还带有与俄罗斯商定在首都圣彼得堡设立西藏使馆的使命。"另外一些报纸还报道说"在达赖喇嘛看来争取同俄罗斯建立亲密关系是适时的。其时唯有强大的俄罗斯才能够挫败英国的阴谋。"英帝获悉达赖赴俄后十分恼火，声称："达赖拒我总督之通款，对我总督无礼至此，公然派使节到俄方，我方还未知晓谈判结果如何，但对一切倾向于变更或扰乱西藏现状之行为，不能缄默不问。"多吉依自俄返藏后，向达赖呈送了俄皇的信件等，并对达赖说，关于俄国派专人到西藏之事需细商等等。不久，达赖又派多吉依等西藏官员前往俄国。他们抵达俄国后，受到俄皇接见。铁牛（1901）年，多吉依等一行回到拉萨后，向达赖报告了亲王长驻拉萨，加强双边关系等与俄方谈判的条款和西藏代表草拟的关于"俄国（在藏）开发工业；与南边邻国发生事端时俄国将给予帮助；俄国帮助在中亚西亚各国中传播佛教"等为内容的俄国与西藏之间的条约。达赖盖印批准了这些条款，但被西藏地方政府拒绝。噶厦怕惹怒达赖，多次进行说明，也为缓和矛盾，派多吉依再一次赴俄罗斯筹集武器，筹集到的武器收存在罗布林卡。

与此同时，英帝借检查边境为由，派兵侵占了岗巴宗，为进一步武装侵略作准备。并声称英藏之亲密关系胜过俄藏关系，俄若在西藏有所举动，则英国决不退让。俄国虽企图控制西藏，但当时日俄关系日趋紧张，抽不出力量对付英国，最终不得不作出让步。

五、西藏各族人民抵抗英国侵略军的第二次战争

达赖喇嘛亲政后，坚持抗英路线，从而加剧了西藏地方政府与驻藏大臣之间的矛盾。英人则利用这一矛盾加紧对西藏的侵略，由怀特率领200多名英兵入侵岗巴宗所属甲岗地方，抢去了藏族牧民的羊5000余只，牛600头。土猪（1899）年，英印总督托人先后给达赖喇嘛带来两封信，要求与他讨论西藏的边界问题和英藏通商之事。但达赖以没有清朝中央政府允准，自己无权与外国人通信为由，原函退回。但是，清朝政府却不能理直气壮地对待西藏问题，而通过英国驻锡金官员柏尔与英国政府联系，表示讲和的意愿。柏尔于水虎

（1902）年五月二十六日，致书驻藏大臣转报英国对西藏问题提出的意见，主要内容如下：

（一）印政府因见华官无权，不能整治西藏，拟与有权之藏官重订约章，以后华官无治理西藏之权。

（二）西藏政府倘不派员与之商议，彼意乘机入藏，代为治理。

（三）恐俄国亦由北面进兵，南印北俄，两面夹攻，强令西藏为自主，与高丽同等。

（四）贵大臣须速与达赖喇嘛商议，简派干员，给予全权，随同华官办理，勿使藏官联络外人，私订密约。①

以上几条不仅暴露了英帝侵占西藏的野心，而且还反映了清中央政府的软弱无能。

此后，英帝国主义在边境擅立界碑，西藏民众义愤无比，砸毁了界碑。英人遂颠倒黑白，说藏军越界，违背了约章等。土兔（1903）年，英政府提出在藏锡边境进行谈判，解决边界问题。同年三月十七日，清廷委派驻藏帮办三品知府何光燮等4名代表前往。当时，英人荣赫鹏和怀特事先未与西藏方面取得联系，就以代表名义率200多名士兵越过边界，直入岗巴宗。他们不仅不理西藏官员的阻拦，还殴打宗本（县长）。噶厦接报后回复"藏历三月，英政府来函要求派顶事干员到岗巴宗与锡金疆界处商讨英藏边界和通商之事，现已特派去驻藏代表。他们主要使命是在岗巴宗与锡金接壤的地主会晤英方，争取和谈解决争端，不过敌人政治上诡计多端，今后使出什么伎俩还难以预料。岗巴宗属于扎什伦布寺拉章庄园，相信委派有得力的宗堆，宗堆应与和谈磋商，鼎力相助，善于运用机关，确保岗巴宗不受侵扰。"扎什伦布拉章接到回复后，立即召集僧俗官员会议，共商对策。会议决定派

---

① 牙含章：《达赖喇嘛传》，人民出版社1984年版，第160页。

阿钦堪布卓旺活佛等前去劝说英军撤退。清中央政府和西藏地方政府的代表一到岗巴宗便与英方交涉，并提出按原定的地点，谈判只能在亚东举行，不能在岗巴举行的要求，而英方不但拒绝理睬，还催促清朝政府高级官员前去和谈。于是，软弱无能的清政府派驻藏大臣裕钢亲赴岗巴宗与英方进行和谈，防止发生武装冲突。但是，西藏地方政府和三大寺的代表认为，"原先虽在隆吐山战败，但元气可以恢复，可驻藏大臣反对抗英，结果失去了大片领土。如果驻藏大臣这次再度反对的话，那将会误大事的。"因此，不同意驻藏大臣赴岗巴宗议和。驻藏大臣裕钢出于无奈，请求辞去职务，清朝即委任有泰为驻藏大臣。

当时，以噶伦夏扎为首的噶厦主张同英国和谈，反对武装抵抗。这事惹怒了达赖，遂罢免他们的官职并监禁在罗布林卡，单独审理。

藏历水兔（1903）年10月，英国狡称和谈解决边界问题，却派两名锡金人潜入日喀则地区侦察。这两人被当地官员抓获。英人荣赫鹏得知此消息后，无理地要求在10天内释放两名特务，并索要2000英镑的赔偿费。这种无理要求被西藏地方政府和三大寺拒绝后，英军从岗巴宗抢去200多头牛及大量财物，还声称：不能和谈解决边界问题的责任完全在西藏地方政府，并以武力相威胁。

此时，西藏地方政府为了抗击侵略者，向民众发布了服兵役的布告：

"……虽正在进行商谈，双方是否能和睦倾听，是很困难的。倘仍无理要求，吾等必献身于世间安乐的基础——佛教，只缩手等待，是决不可能的。应遵照西藏共同签订的协议所规定的，起来回击其无理的举动。为此，除在土鼠年所颁布的布告中所减轻的贵族差、兵役差、贫民差、及铁兔年考察后颁布的减差条例之外，凡属政府、贵族、寺院之牧区，每个差民中派一名服兵役，此外，各地区之人名年龄等，均须写成新的名册。遵照以往支兵差的办法或规例，把已列入新名册中的人，必须是各户之人，送来此处。"①

1903 年 11 月，英帝组织了锡克人的步兵 1400 多人，廓尔喀人的步兵 700 名和骑兵 100 名，另加炮兵、机枪纵队等组成的一支部队，总人数达 1 万多，其中英军人数为 100 多人。这支由英国军官麦克唐纳、荣赫鹏率领的军队于 12 月 10 日集中在纳塘，然后越过札来拉山，向亚东等地推进。此时来自藏区各地的民兵和志愿兵约 3000 多人陆续抵达帕里，准备迎击侵略者。但是，清中央政府命令驻藏大臣有泰与西藏地方政府派代表同英方会谈。由于西藏志众抗英的情绪十分高涨，驻藏大臣有泰没敢与英方商谈。英军占领帕里之后，得知曲眉仙果、多庆、恰鲁等地驻扎有大批藏军增援部队的情况后，就改变策略于木龙（1904）年正月十五日早晨给藏军送去一封信。信中假惺惺地提出："到目前为目，藏英之间已多次举行会晤，因藏方未派掌有大权之文武官员参加会谈，致使会谈无结果。现在我们愿意同你方有权之官员会面，在此地解决有关纠纷问题，我们期待着英藏和谈人员尽早会聚。"由于西藏官兵缺乏经验，加之一切大事都按照神、活佛旨意去办理缘故，上了英军的圈套，同意了谈判的要求。英军则推进到曲眉仙果。藏军代本拉顶色、朗色林巴等和班禅大师代表、三大寺代表等决定争取和平，解决英藏纠纷，如和谈不能奏效，就英勇阻击来犯者，并命令全体官兵分守战壕，点燃土枪的火绳，准备好刀、矛等武器。当时，代本拉顶色等藏方代表和荣赫鹏为首的英方代表会合在曲眉仙果中央一处石堆墙内。英国军官荣赫鹏提出，既然要议和，应有和谈的条件。所以，藏军要熄灭火枪的点火绳，英军也将子弹退出枪膛。藏军未能识破敌人的阴谋，率先将土枪点火的火绳熄灭。可阴险凶狠的侵略军则暗地里把部队埋伏在藏军周围。当和谈进行到 15

---

① 牙含章：《达赖喇嘛传》，人民出版社 1984 年版，第 163 页。

分钟时，英军突然向拉顶色等藏方代表开枪。藏军仓促应战，但英军用机枪等从四面八方向藏军射击，英勇顽强的藏军犹如断手攀悬崖奈何不得。在这场大屠杀中，藏军死伤代本拉顶色、朗色林巴等官兵1400余人。而英军除上校军官布莱顿失去一支胳膊，上校军官顿劳和记者身受重伤，死伤30多名士兵而已。

在曲眉仙果藏军惨败的主要原因是：①英军施毒计，搞突然袭击；②清朝政府执行投降主义路线，没有支持西藏人民的抗英斗争；③西藏统治集团内部矛盾重重，故不能集中力量地去抗敌；④藏军没有战争经验，装备又落后等。在这次战役中藏军虽然惨败，但受到一次血的洗礼，更增强了誓死抗击英国侵略军的决心。西藏地方政府也向全体僧俗民众发出动员令，征集民兵、差徭兵、僧兵共16000多人，派往江孜、日喀则等军事要塞。

英军继续向江孜进犯途中，焚烧抢掠强林、古崩等许多寺庙和群众的财物。当英军到达位于康玛尔西南山后的雪朗寺时，代本斋林巴和然巴率部在深夜偷袭了英军营地，杀伤英军60余名，缴获了几支手枪。藏军还在杂昌地方的山上修筑战壕，准备痛歼英军，但因士兵枪走火，被英军发现。藏军依托有利的地形，给英军造成了一定的伤亡，但没有挡住敌人的进攻。英军继续向江孜推进，占领了乃宁寺，并在寺院中住了下来。藏军通过详细谋划，夜袭乃宁寺，英军死伤惨重，寺院里至今还能看到敌人的污血。此后，英军陆续派增援部队，占领江孜，抢去大批粮食和火药，拆毁江孜宗的大部分房屋。此后，藏军又抓住时机，袭击了侵略军设在年楚河边江洛林卡的军营。英军惊慌万分，有的被迫跳入河中，有的被杀，军官荣赫鹏率40余名残兵仓惶逃往曲比颇章。当时流传着这样一首民歌："山鸡逃回山上，洋人跳入河中；骁勇善战的藏军，把洋人剁成两半。"恼羞成怒的英国人派出了一支配有大炮、机枪等精良武器的部队前来增援。他

们一到江孜便向藏军发动了进攻，占领了帕拉村和江洛林卡，对江孜宗形成合围之势。前线总指挥宇妥向噶厦详细报告了乃宁寺、江孜紫金寺沦陷及江孜宗处在危机之中的情况，噶厦即与驻藏大臣有泰磋商如何进行抗英之事，但有泰却说："皇上有旨，藏英问题，只能通过和平谈判的方式解决，不能诉诸武力。目前我的身体欠佳，待我康复之后，亲赴江孜与英人谈判。"达赖喇嘛也认为藏军装备落后，抵抗起来困难重重，还是应以和谈来阻止英军进犯。他向噶伦宇妥等发出进行和谈的信函，但前线统帅们未接到命令。五月七日凌晨，英军在炮火的掩护下，向江孜宗发起进攻。5000余名藏军用土枪、长矛等原始武器进行了顽强的抵抗。英军先是用大炮猛轰宗城堡，而后由步兵多次攻打，藏军则用土枪、大刀、长矛、弓箭等一次次击退敌人的进攻，有时还下山夜袭英军营地。山上的水喝干了，生活陷入了极其困难的境地，但藏军丝毫没有动摇，乘夜从山下提污水喝，有的甚至喝自己的尿。不幸的是后因火药库失火，敌人乘机占领宗城堡。英军占领江孜后，于木龙（1904）年五月向拉萨推进。藏军及民兵们按照总指挥的布防，在各路口要塞修筑堡垒战壕进行抵抗，但都告失败。六月十二日，英国侵略军逼近曲水桥，达赖喇嘛从罗布林卡迁移到布达拉宫，于十三日召甘丹赤巴罗桑坚赞到布达拉宫，面谕道："……现在英军逼近拉萨之时，我还拿不出定见，将贻误政教大业。因此，我拟经汉区和蒙古前往北京，亲见慈禧太后和光绪皇帝，为求存西藏之政教大业而克服万难，竭尽全力。"同时向噶厦、仲孜、各僧俗官员宣布了由甘丹赤巴代理摄政的决定。六月十五日深夜，达赖喇嘛率少数随从秘密离开布达拉宫。

　　英国侵略军到拉萨后，驻藏大臣有泰送去了大量的面粉和肉食。但是，西藏地方政府与英军之间的关系仍在僵持之中。英军到拉萨后，以列队练兵为名，多次威慑西藏民众，但西藏人民也决不屈服。

在英军重兵布防的拉也发生了藏族僧人只身刺杀英国军官的事件。人民的反抗浪潮此起彼伏。他们散发传单，张贴标语，不卖给英军肉、菜、柴、草等，噶厦的不少 员都不和英军来往。英军见广大僧俗民众如此憎恨他们，加之天气寒冷，水土不服等各种原因，就向驻藏大臣有泰提出了立刻订立条约的要求。噶厦最终在英国人软硬兼施的威逼下，不得不于木龙（1904）年九月四日签订了所谓《拉萨条约》，但清朝政府拒绝承认这个非法条约。总之，这次抗英斗争虽以失败告终，但西藏的僧俗人民靠土枪、矛、刀、弓箭、抛石鞭等武器与配有大炮、机枪等现代化武器的英国侵略军进行英勇顽强的斗争，为捍卫祖国的边疆而舍身忘死，前赴后继的英雄业绩永垂史册。

六、张荫棠查办藏事

藏历火马年（1906）年，清中央政府的全权代表唐绍仪与英国的全权代表萨道义又在北京举行谈判。谈判在西藏地方政府偿付英国军费的数目及限定的时间等问题上展开了激烈的争论。经过磋商，拉萨条约有了重大修改。双方在此条约的基础上签署了有关西藏问题的《北京条约》，共六条。条约规定英国无权干涉中国西藏的内政，除清中央政府外，任何国家没有在西藏修筑铁路、公路、架设通讯设施，开采矿石等权力。这时张荫棠给外务部发了一个电报，提出了新的治藏政策。该电报称："……窃思藏地东西七千余里，南北五千余里，为川滇秦陇四省屏蔽，设有疏虞，不独四省防无虚日，其关系大局实有不堪设想者。且各省办理边防，均有重兵镇守，西藏密迩印度，边患交涉与行省不同，其危险情形尤与上年不同，诚如当局所谓整顿西藏有刻不容缓之势矣。惟整顿西藏，非收政权不可，欲收政权非用兵力不可，……拟请奏简贵胄，总制全藏，并派知兵大员，统精兵二万人，迅速由川入藏，分驻要隘，以救目前之急，俟大局稳定，陆续添

练番兵，再行逐年递减汉兵额数，此后常年驻藏汉兵约需五千，即足以资弹压。一面将达赖班禅优加封号，尊为藏中教主，所有内政外交以及一切新政，由国家简员经理，恩威并用，使藏人实信国家权力，深有可待，则倚伏之心益坚，又何敢再萌异志？况英人亦视我在藏兵力之强弱，能否治藏以为因应，我能自治，外人无隙可乘，自泯觊觎之心。"①

张荫棠提出的治藏政策因符合清政府的愿望，基本被采纳。他本人被提升为副都统，并派去查办藏事。火马（1906）年十月十二日，张荫棠到达拉萨。他抵拉萨后了解到西藏民众对驻藏大臣有泰等谄媚英人，欺压百姓，贪污公物、收受贿赂等劣迹不仅恨之入骨，还有违抗清中央政府倾向的情况后，为了安抚僧俗官员及西藏人民，巩固中央政府对西藏的统治，将有泰等汉藏官员不支持西藏人民抗英斗争，谄媚英军，玩忽职守，贻误事机，侵吞公物，假造帐目，收受贿赂，任人唯亲，道德败坏等罪恶行径禀报清廷。是年十一月二十九日，清中央政府发布了对有泰等官员革职处分的命令，张荫棠遵旨革去有泰等人的职务，并绳之以法。此举赢得了西藏人民的欢迎和拥护，人们称赞张荫棠为历任驻藏大臣中最具秉公之心的官员。

张荫棠还向清廷提出了19条改良西藏政治、经济的措施，这些措施多被采纳，成为新的治藏纲领。此后，根据这一纲领，设立了交涉、督练、盐茶、财政、交通、工商、学务、农务、巡警等9大机构。这些新设立的机构，特别是农务、盐茶等局给西藏的财政工作带来了极大的便利，一直延续到1959年。

张荫棠还把《训俗浅言》和《藏俗改良》等两本小册子译成藏文，散发各地，人们普遍称之为钦差训育。张荫棠在这两本册子中提

---

① 牙含章：《达赖喇嘛传》，人民出版社1984年版，第189页。

出了如下主张："君臣有义"、"夫妇有别"、"人死宜用棺木"、"儿童七八岁时宜教识汉字"、"喇嘛白昼不必诵经，宜兼做农工商业以生财，不可望人布施"、"西藏宜遵用大清正朔"等等，强迫藏人改变习俗、思想意识。张荫棠提出的所谓"收回政权"，实际上是将达赖喇嘛和西藏地方政府的所有权力归驻藏大臣掌握。西藏的僧俗官员和民众并不同意张荫棠提出的有关"汉化藏族"、"干涉宗教活动"等主张，甚至其主张中的积极部分，也因与西藏上层的利益相矛盾，没有得到彻底执行。他在解决噶厦与扎什伦布之间的关系问题上也没有取得进展。

但是，张荫棠是受先进的变法维新思想影响的官员，他提出的发展工商事业、开发矿产、便利交通、发展教育等主张及措施对西藏事业起到了积极作用，因而受到藏族人民的称赞。他带进的花种，被人们取名为"张大人"花，至今开放在西藏各地，成为这位大臣业绩的纪念物。

七、达赖喇嘛逃亡外蒙，入京朝见慈禧太后和光绪皇帝

藏历第十五绕迥木龙（1904）年十月二十日，十三世达赖喇嘛一行经过长途跋涉，接近外蒙古大库伦时，当地民众身穿节日盛装，前来欢迎。达赖喇嘛等被迎请到四大王爷准备好的大库伦寺嘎丹尼伟殿大宝座升座，接受钦差大臣、哲布尊丹活佛、大库伦寺的僧人代表等依次敬献的哈达、三佛田等礼品。

清朝光绪皇帝和慈禧太后特派一位大臣慰问达赖喇嘛，献上标有吉祥龙云图案的衣服及哈达。达赖喇嘛从坐垫上站起，面朝北京方向行九叩礼，将一封感谢皇上和皇太宏恩的信函及内库黄色哈达一条、一尊释迦佛像等委托敬献。

藏历木龙（1905）年，达赖喇嘛住在蒙古，广传佛教，功德遍及

各地，信徒无不敬仰，敬奉供物难以数清。次年，达赖喇嘛按照清廷的安排，先至西宁，在塔尔寺停留一年余。而后从西宁起程，途经兰州、西安等地到五台山朝拜。达赖抵达五台山的消息传出后，德国、日本、俄罗斯等国的官员和一些信徒均前往拜见。

藏历土猴（1908）年七月二十七日，达赖喇嘛遵照皇上和太后通过军机大臣和山西巡抚发出的邀请，从五台山起程，前往北京。临别时五台山札萨、官员、寺庙执事等举行了隆重的欢送仪式。八月三日达赖喇嘛等抵达北京前门火车站时，清朝中央的文武官员、各寺僧人以及列队的军人等迎候在车站。达赖喇嘛在欢迎人群的簇拥下乘轿子前往黄寺。原定八月六日皇上接见达赖喇嘛，但因在达赖晋见光绪皇帝和慈禧太后的礼节问题上，出现了一些问题，朝见日期一再推迟，到二十日才被召见。那天达赖喇嘛乘着大轿，在骑马随从的陪同下，迎着道路两旁列队欢迎的军人、官员、虔诚的信徒来到了文史斋东侧的宫门，下轿入紫禁城。慈禧太后已在长寿殿恭候达赖喇嘛，达赖喇嘛由御前大臣、军机大臣等500多名官员引见慈禧。之后达赖喇嘛等晋见了皇上，并进行了会议。当时达赖喇嘛曾向皇太后和光绪皇帝提出：西藏事务重大，事事均通过驻藏大臣，每多误事。今后遇事可否直接向清朝皇帝上奏，毋需通过驻藏大臣，如此对汉藏双方同心协力保护藏地将有裨益。可是没有得到答复。后来，理藩部书面通知他："……所有事务，勿庸直接奏明皇帝，具报驻藏大臣请其代奏。"[①]由此，十三世达赖喇嘛对清中央政府感到非常失望，不久，光绪皇帝和慈禧太后相继去世。公元1908年十月，宣统皇帝登基，清统治者之间的矛盾加剧。此时噶厦又派人敦请达赖喇嘛早日回藏。土猴（1908）年10月，经清朝政府的批准，达赖喇嘛一行从北京起程踏上

---

① 牙含章：《达赖喇嘛传》，人民出版社1984年版，第216页。

了返藏征途。

翌年八月二日，达赖喇嘛一行到达西藏那曲，九世班禅、驻藏大臣代表以及僧俗民众前来欢迎。九世班禅和珠康活佛向达赖敬献了哈达和曼遮，然后举行噶卓宴会，庆祝达赖喇嘛顺利返回西藏。达赖喇嘛在外蒙古和北京停留期间，西藏的局势已发生了很大变化。

如张荫棠入藏后整顿西藏事务，提出治藏政策19条，要收回政权，要求藏人接受汉族的语文和风俗习惯等与清朝政府历来政策相悖的做法。联豫继任驻藏大臣后，基本上沿袭了张荫棠的新治藏政策。与此同时，赵尔丰在打箭炉、理塘、巴塘等藏族地区用武力推行改土归流政策。使藏汉民族间矛盾加剧。而后，清朝政府还任命赵尔丰为驻藏大臣，兼川滇边务大臣，并从四川陆军中挑选精兵2000人，由陆军统领钟颖率领于土鸡年（1909）六月自成都出发，取道昌都，向拉萨挺进。至此，清朝政府与西藏地方上层的关系更加对立，造成了外国人干涉西藏内政的新借口。由于上述原因，达赖喇嘛向清中央政府提出了撤回川军的要求。藏历土鸡（1909）年九月十二日，达赖喇嘛一行自那曲起程，由当雄、热振寺、达隆寺前往拉萨，十月三十日抵达拉萨郊外。驻藏大臣联豫前去迎接，据说当时达赖根据要本没有理睬他。联豫愤甚，即称达赖喇嘛私运俄国军械，亲自率人赴布达拉宫搜查，一无所得。他又派人往那曲检验达赖的行李，搜查殆遍，也未见枪械，而达赖行李中的东西却丢失了很多。于是，达赖喇嘛下令停止向驻藏大臣衙门提供粮食、柴草等，双方的关系如水火而不相容。

1910年2月，川军继续向拉萨挺进。噶厦组织了藏军和民兵进行阻击，但被击溃。川军逼近拉萨的消息传来，达赖喇嘛主动邀请驻藏帮办大臣温宗尧前往布达拉宫面谈。达赖允将阻击川军的士兵立刻撤回；仍尊重驻藏大臣；一切供应照常等。帮办大臣温宗尧亦允诺川兵

到日，维持社会安宁秩序，不至骚扰地方；达赖固有的教权，不加侵害；决不杀害喇嘛；诸事均和平处理等。但是，没想到川军一抵拉萨，前往迎接的联豫卫队便开枪打死一巡警，并向拉萨传昭大法会的总管彭康台吉开枪，并捉拿台吉；彭康台吉的助手和仆人也被开枪打死。川军还向布达拉宫等处开枪，一时全城大乱，达赖喇嘛处境艰难。

八、十三世达赖喇嘛逃往印度

川军抵拉萨后，城内秩序大乱，直接危及达赖喇嘛的安全。因此，西藏地方政府的主要僧俗官员商议后，希望达赖喇嘛暂往他处避难。当达赖喇嘛见到驻藏大臣衙门送来的一份文书称"只保留教务权力"后，也清楚地认识到自己的境遇，便想经印度从海路前往北京向皇帝陈奏事情原由。当天下午，他召见甘丹赤巴策墨林呼图克图，命他担任摄政，代理政教事务。黎明时分，达赖喇嘛一行离开了拉萨。达赖喇嘛等抵达亚东后，上书清朝政府要求和平解决西藏问题，但没有收到任何答复。由于受到川军的追击，达赖无法继续待在亚东。当时英人麦克唐纳等玩弄种种手段，把达赖喇嘛诱至噶伦堡，在当地住了7天。这时，清中央政府革去十三世达赖喇嘛名号，拟另寻新灵童的消息传来，达赖喇嘛担心如再去北京面陈，不会有什么好结果，就接受英国人柏尔的邀请前往印度的大吉岭，并进行了秘密会谈。这期间，英印政府借保护达赖喇嘛为由，极力唆使西藏脱离祖国。达赖喇嘛被革去名号一事，受到佛教信徒的一致反对，加之达赖喇嘛久住国外存在着与外国订立条约等预想不到的恶果出现。因此，清朝政府为了争取他，着手改正了一些错误做法。如将赵尔丰调为四川总督；派人到印度劝达赖喇嘛回藏等，但没有取得实际效果。

辛亥（1911）年秋季，孙中山先生领导的资产阶级革命推翻了统治中国达几千年的封建统治，祖国大地上燃烧着革命的烈火。当内地革命消息传来，驻藏川军以"勤王"为名，向西藏地方政府勒索饷银10万两，牛马5000匹。西藏地方政府被迫交银6万两及牛马等。但是，川军不守信诺，反而大肆淫赌，掳掠妇女，抢劫商贾，焚烧房屋，引起西藏民众的坚决反对。此时驻亚东的川军也相继哗变。这时，印总督木鹿拉特前来大吉岭，拜会达赖，就英国与西藏地方政府之间的有关问题进行了长时间的密谈。此后，达赖喇嘛特派亲信达桑扎堆前往西藏，组织藏军与川军作战。达赖喇嘛在帝国主义的唆使下，政治观点有了较大的变化，想乘国内兴起的革命，将西藏从祖国分离出来。他从坚决反对英国转为想借英国的势力反对清中央政府；从依靠俄国驱逐英军变为借助俄国来实现西藏独立等，做了一些不利于祖国统一的事情。

辛亥（1911）年，达赖喇嘛曾致函俄国皇帝尼古拉二世，希望给予援助。俄皇复信表示对西藏的爱护之心一如既往，并声称正与英国进行磋商，一定很快实现平定动乱的愿望等，对达赖喇嘛极尽挑唆之能事。这时，西藏不少地方发生了反对川军的事件，川军内部的矛盾也在加剧。拉萨的部分川军由谢国梁率领，和达桑占堆的民兵站在一起，与川军统领钟颖部作战。西藏地方政府的噶伦察绒·旺秋杰布等人则大力支持川军，形势变得十分复杂。川藏两军相持数月，使拉萨的汉藏人民遭受了很大的痛苦。其时，拉萨出现藏军占领太蚌岗、朗色林、顿孜苏、拉让宁巴、松曲热瓦、鲁布大门等以北街巷，而川军占领其南面，相互对峙的局面。最后，川军因内部不和，加之后勤供应跟不上等内外原因而惨败。

水鼠（1912）年，五月十日，达赖喇嘛一行自噶伦堡启程返藏。在到达桑顶寺后，达赖喇嘛接到驻藏大臣联豫的文书，内称，为和平解决汉藏事端，请他派代表来拉萨谈判。为此，达赖喇嘛派伦钦强金·钦饶白桑等3名代表前往。川藏双方通过和谈，签订了除驻藏大

臣等官员的少数侍卫外，川军经印度遣返。除驻藏大臣及侍卫必需的武器外，其他武器封存于西藏地方政府的武器库的议定书。此后，拉萨的动乱逐渐平息。八月二十九日，达赖喇嘛从桑顶寺启程，于十二月十六日到达拉萨。达赖喇嘛回到拉萨之后，西藏统治者之间的矛盾变得更加尖锐复杂。达赖喇嘛与班禅大师之间的关系不断恶化，他还没收了支持过川军的丹吉林培养的所有财产，该寺僧俗亦被遣返。达赖喇嘛还将在反对川军的战争中有功的达桑占堆任命为藏军总司令。摄政甘丹赤巴策墨林也被赐与许多庄园，色拉寺拉基被委任为达木八旗总管，甘丹寺拉基则任错那宗宗本。

值得一提的是，十三世达赖喇嘛返藏后，曾召开宗谿以上的僧俗官员会议，征求大家对今后的内政外交、军事、政治等方面的意见。会议经过反复讨论，大部分僧俗官员只是不赞成清朝推行的治藏政策，并没有使西藏脱离祖国版图的想法。但是，英、俄帝国主义则千方百计玩弄花招，想使"西藏独立"成为现实。

九、关于西姆拉会议

西姆拉会议于水牛（1913）年十月十三日在印度北部的西姆拉召开。这次会议是英帝国主义干涉中国内政，推行使西藏脱离祖国的分裂阴谋的产物。其时，中国中央政府的代表为驻藏宣抚使陈贻范、副代表为副宣抚使王海平；英国代表为英印政府外务大臣麦克马洪、副代表为前驻华公使罗斯、顾问为英驻锡金政治官柏尔；西藏地方政府的代表为伦钦夏扎·班觉多吉等。这次会议召开之间，英国驻锡金的官员柏尔在江孜与伦钦夏扎·班觉多吉多次举行秘密会谈，授意其搜集对付中央政府的各种材料。柏尔承认："当中国全权代表逗留中国之时，吾于江孜遇伦钦厦扎，彼方自拉萨起程为西藏全权大使赴印度会议……吾劝其搜集所有关于昔日中藏交涉以及陆续为中国占领，而西藏现今要求归还之各州县等项之文牍,携之赴会。"①

这次会议完全被麦克马洪所控制。会议一开始,伦钦夏扎·班觉多吉按照事先与英方秘密商妥的方案,提案提出6项无理要求。主要内容有:(一)西藏独立。1906年在北京签订之中英条约无效。(二)划定中藏边界。其界线尽括青海全部及川边各地。(三)1893年暨1908年之藏印通商章程由英藏修改,中国不得过问。(四)中国不得派员驻藏。华商无西藏所发护照,不准入境。(五)中蒙各处庙宇皆认达赖喇嘛为教主,由达赖委派喇嘛为住持,中蒙僧侣向以金钱布施藏中寺宇,以后一律照行。(六)中国勒收之瞻对(今四川甘孜州新龙县)税款及藏人所受损失一律缴还赔偿。(《西藏问题》北洋政府外交部编,铅印本)

这六条的要害在于企图割断西藏地方政府与中央政府的联系,使西藏脱离祖国。

当时,中国政府代表陈贻范针对西藏地方代表提出的提案,作了驳复,阐明了西藏为中国领土的理由,并提出七条方案,要点是:(一)西藏为中国领土之一部分。(二)中国可派驻藏长官驻所拉萨,所离之权利,与前相同,并有卫侍达2600名。(三)西藏外交及军政事宜均应听受中国中央政府批示而后行,非经由中中央政府不得与外国订商。(四)西藏人民之以向汉而被监禁、产业被封者,西藏允一律释放给还。(五)藏员所开之第五款可以商议。(六)前订之通商条款如需修改,须由中英两方面根据1906年中英条约第三款商议。(七)中国本部与西藏边界于附图内约略画明。(《西藏问题》北洋政府外交部编,铅印本)

由于双方提案悬殊很大,遂转入互相申辩驳述之非正式会谈。而

---

① 《西藏地方历史资料选辑》,第294页,三联书店1963年版。

后，以调停人自居的麦克马洪按照事先预谋，提出先就所谓中藏疆界等问题进行谈判。1914年3月11日，麦克马洪在全体会议上抛出了一个所谓"调停约稿"11条，想把青海、西康、甘肃、四川、云南等地的蒙古族地区划归西藏，并划成内藏两大块，把金沙江以西地区称之为外藏，金沙江以东称之为内藏，声称内藏各地区一切事务由汉藏共同管理，而外藏的大小事务均由西藏政府自行处理。这是明目张胆地让西藏脱离祖国的预谋，实质与夏扎的六条无异，以其"调停约稿"为条约草案，狡猾地对11条稍作修改，然后逼陈贻范在草药上签字，否则即宣布会议破裂，英国直接与西藏订约。该草约的要点是：（一）西藏分为内藏外藏两区；（二）承认中国对全藏之宗主权，但中国不得改西藏为行省，不派驻军队及文武官员（惟下（六）除外），不办殖民，英国在藏亦不为此事，但仍保留商务委员及一定数量卫队；（五）拉萨之西藏中央政府对内藏仍保留已有之权，包括管理大多数寺院，任命各地方长官，但中国可向内藏派遣军队、官吏，或办殖民；（六）中国仍派大臣驻拉萨；（七）允许江孜之英国商务委员赴拉萨解决在江孜不能解决之事。（《西藏问题》北洋政府外交部编，铅印本）陈贻范害怕与英方决裂，被迫在草约上画行，但声明画行与签押，当截然为两事；正式条约须经中国政府批准，如不认可，尚可作废。这事在报刊上披露后，引起了全国各族人民的坚决反对。袁世凯在全国人民的压力之下，也不敢批准该项条约，电令陈贻范不得签字正约，陈贻范遵命根本没有在正约上签名。由于中国中央政府代表没有签字，因此，这个条约的非法性是一目了然的。它不仅是英藏之间秘密交易的非法条约，而且是英帝国主义者使西藏脱离祖国版图的有力罪证。

需要指出的是，在英帝国主义的策划下，在会议期间，麦克马洪与西藏地方的代表夏扎超出会议议程，背着中国中央政府代表进行了一项见不得人的肮脏交易，搞了一条所谓"麦克马洪线"将中印边界东段的 9 万平方公里中国领土划给英国，换取英国进一步压中国同意"西藏独立"。这条非法的"麦克马洪线"，连英国人也久久不敢公布于众，遭到了中国政府和世界上正直人士的一致谴责。

十、西藏地方的若干新政措施

十三世达赖喇嘛在祖国内地以及印度等地，亲眼目睹了现代社会的发展。他开始认识到要使西藏富强起来，就必须依靠现代化的科学技术、管理方法等，而不能光靠供神求佛。因此，着手实行一些新的改良措施，以推动西藏各项事业的发展。藏历木虎（1914）年，西藏地方政府对藏军进行了改编和充实，邀请日本教练以及毕业于俄罗斯军校的蒙古人，建立各式训练军营。同时扩建藏军，委任噶伦擦绒·达桑占堆为总指挥官。这支藏军按藏文字母顺序编成序列，并制定了军旗、领导机构、军纪等。藏军每 500 名任命一名代本，以下依次任命 2 名如本、4 名甲本、20 名丁本、50 名久本。一些军人还被派到江孜英国人设立的军官学校学习。

为了解决武器来源问题，西藏新建了扎什机械厂。但由于技术的落后和原料的缺乏等原因，枪支弹药的数量和质量得不到保证。因此，后来机械厂被改为造币厂。

为了在西藏建立电业、矿产业、邮政业等，西藏地方政府派强俄巴·仁增多吉等 4 名年轻人到英国伦敦学习。他们回到西藏后，吉普·旺堆罗布筹办拉萨电报局，并任局长职务。门仲·庆绕贡桑到拉萨北山采掘金矿，结果挖出了一个蛤蟆，众人认为不祥，被迫停工。强俄巴·仁增多吉则在杂朵底建造水力电厂，获得成功。果卡尔·索朗杰布回到西藏不久便死去。之后，也有人去印度留学，但对西藏建设事业没有什么影响。

藏历火龙（1916）年九月，达赖喇嘛下令在拉萨丹吉林寺附近建

立一所藏医历算学院，即"门孜康"，封哲蚌寺司药钦绕罗布为孜仲大勒参。学员来自各地，着重学习藏医历算，治病救人，不分贵贱，为公益事业做出了许多贡献。因此，藏医院的名字时至今日也响遍各地。

当时，十三世达赖喇嘛对农林业和主要土特产羊毛贸易业的发展，也给予了关注。藏历水牛（1913）年颁布的"关于西藏全体僧俗民众今后取舍"的第五条中规定，"今后，凡在共有荒山野川开荒造地，种植杨柳蘖刺，谋求福利的勤劳门户，政府、贵族、寺院三方不得阻拦，并免征3年差税。3年过后按土地面积和收获多寡，或征税、或租赁。在固定土地主人时，须官民双方共同认可。"[①] 这样，勤劳的农户可摆脱一定束缚，开荒造田，3年内免征差税。这对政府和百姓都有一定益处。羊毛是西藏最好的土特产。过去各地官员和商人联手以低价购进羊毛，再转手销往印度，从中谋利。十三世达赖喇嘛为解决弊端，任命商贸官，以统一市价购进羊毛，然后批售给印度，使政府获取更大的利润。茶叶在藏民生活中不可或缺。当时由于交通不便，运输茶叶遇到非常大的困难。为解决这一问题，西藏于水猪（1923）年在恰曲戎地方派人试种茶树，但是，由于种种原因，试种工作半途而废。

藏历水猪（1923）年，为加强拉萨的社会秩序，新的警察局成立。一些重要路口设立了岗哨，还指派专人负责研究制定警察法规、机构及训练方案等。藏历水牛（1925）年，邮政局也宣布成立。银行也是在这期间成立的，它对西藏的币制作了一些改革。在这以前西藏通行各种章卡。西藏地方政府对藏币实行改革后，印制发行了纸、金、银、铜币等。

为解决上述扩军、建立工厂、邮政、学校、银行等所需财政开

---

① 《西藏文史资料选辑》第十一辑，第217—218页。

支，西藏地方对羊毛、食盐、皮革等实行了新的征税制度。新税制引起了噶厦与寺庙之间，特别是与班禅属下扎什伦布寺之间的关系更趋恶化。因为自清朝起，班禅辖区的寺院、贵族等尽管占有大片的土地和牧场，但只给扎什伦布寺交税。现在，噶厦实行的新税制度侵害了其利益，因而引起不满情绪。噶厦为了使班禅辖区同其他地区一样服从统治，于藏历木虎（1914）年，在日喀则增设后藏总管，管理班禅所辖宗豁，征收羊毛、皮革、食盐等税款，并于铁鸡（1921）年新建军饷局，下令扎什伦布寺每年交纳1万克青稞，作为军饷，致使西藏地方政府与扎什伦布寺之间的矛盾日趋恶化。藏历水猪（1923）年十一月十五日夜，九世班禅一行被迫出走祖国内地。

当时西藏地方政府同所辖寺庙、贵族之间的矛盾日渐增大，特别是由于恢复司伦一职削弱了噶厦的权力，使达赖喇嘛与噶厦的关系也出现裂痕。这时西康地区藏军与川军的冲突也时有发生。总之，当时西藏内外形势非常错综复杂。英国为了乘机使西藏脱离祖国，重派柏尔到西藏，鼓动亲英分子，建立秘密组织，阴谋推翻达赖喇嘛政权。参加该组织的成员大部分是从江孜英军学校毕业的藏军官员。他们在擦绒·达桑占堆家召开秘密会议，细商如何夺取政权等事宜，并立盟发誓。达赖得知此事后，及时罢免了擦绒·达桑占堆的藏军总司令职务。为全面控制军队，他先后任命了好几位总司令。在柏尔所著《十三世达赖喇嘛传》一书中说："到1925年，达赖喇嘛日益坚定地撇开英国，转向中国。同年，他任命一位叫龙夏的官员为藏军总司令。龙夏明显反英。我们的老朋友、前任总司令擦绒，一贯亲英，这时他已失去了大部分权力，继而被贬职。1926年，英国在江孜的学校被关闭。"① 十三世达赖喇嘛是一位非常热爱祖国，对推动西藏的经济、

---

① （英）柏尔：《十三世达赖喇嘛传》，冯其友等译，第365—366页，西藏社会科学院西藏学汉文文献编辑室，1985年编印。

文化、军事等迅速发展抱有雄心的人。他在多年的实践中逐渐识破英国人的侵略阴谋，清楚地认识到加深汉藏民族兄弟情谊、改善中央政府与西藏地方政府之间的关系实为上策，于是在藏历土龙（1928）年冬，先后派西藏驻五台山堪布罗桑巴桑和驻北京雍和宫堪布贡觉仲尼到南京，向国民政府表示其本人绝无联英对抗祖国的思想，表示拥护班禅返回西藏。铁马（1930）年，国民政府委派贡觉仲尼为"赴藏慰问专员"，前往西藏。与此同时，国民政府文官处官员刘曼卿亦受派来到西藏。他们先后向达赖喇嘛递交了蒋介石的亲笔信，西藏地方政府亦按惯例盛情款待了他们。贡觉仲尼等人此次来藏主要目的是恢复中央与西藏地方政府之间的直接联系。贡觉仲尼等解释来藏的目的之后，按国民政府蒙藏委员会指示，提出了"关于西藏问题如何解决"的八条意见。

西藏与中央关系应如何恢复？

中央对西藏统治权如何行使？

西藏地方自治权如何规定？

达赖班禅是否加入中国国民党？

达赖班禅在西藏政教上地位与权限一律照旧？抑或另行规定？

班禅回藏，达赖如何欢迎？

达赖是否在南京设立办事处以便随时接洽？

西藏对于中央有无其他希望？

对这八条意见，噶厦作了详细答复，并表示了拥戴中央政府之意。

藏历铁羊（1931）年，西藏地方政府派贡觉仲尼、楚臣旦增等官员前往南京，正式建立了西藏驻南京、北平等地办事处，贡觉仲尼还担任了驻京总代表，使中央政府与西藏地方政府之间的关系得到了新的发展。

十一、十三世达赖圆寂，西藏统治阶级内部权利之争

水鸡（1933）年十月十三日，达赖喇嘛土登嘉措，感到身体欠安。经多方救治，仍不见好转。十月三十日下午6时左右，十三世达赖喇嘛在罗布林卡的格桑颇章宫圆寂，享年58岁。

是年12月22日，噶厦召开特别会议，讨论建造达赖灵塔问题。与会代表一致认为，十三世达赖喇嘛对西藏僧俗人民恩重如山，因此要建造一座殊胜金灵塔。同时，噶厦按惯例，向中央政府呈报了十三世达赖喇嘛圆寂的消息。1934年1月12日，国民政府派参谋本部次长兼边务组主任黄慕松为入藏致祭达赖喇嘛的专使。

十三世达赖喇嘛在世时，擦绒·达桑占堆、孜本龙厦·多吉次杰，以及侍从土登贡培的权势都很大，已引起各级僧俗官员的不满。此时，他们之间又开始了激烈的权力斗争。结果两败俱伤，先是擦绒被革去噶伦之职，接着是土登贡培涉嫌达赖之死，而遭流放。最后，红极一时的龙厦因鼓吹"民主"，而被剜去双眼，处以终生监禁。

藏历木狗（1934）年四月，国民政府致祭达赖喇嘛的专使黄慕松等抵达达萨，噶厦派员前往迎接，盛况空前。黄慕松抵拉萨后，便按惯例，前往各寺朝佛，并广为布施，然后在布达拉宫举行了追封达赖喇嘛为"护国弘化普慈圆觉大师"的典礼向达赖遗像献了玉册玉印，同时为建造达赖灵塔捐赠了大量的金银珠宝。十月一日，又参加了在布达拉宫举行的致祭典礼。中央专使黄慕松等在西藏居住了3个月，与噶厦就改善中央与西藏地方之间的关系举行了多次会谈。会谈中，黄慕松强调指出：中央对西藏的基本方针是依照孙中山遗嘱，以民族平等为基础，除外交、国防、与外国通商等重大事情由中央负责外，其余问题均依旧归西藏地方政府掌握处理，要消除中央与西藏地方政府之间的隔阂，发展西藏的建设。此时，英帝看到汉藏关系日趋密切，

深为不安,特派怀特等人到西藏,极力破坏中央政府与西藏的关系。

黄慕松再次与西藏地方官员进行会谈时,根据中央政府的指示,提出了如下几条谈判原则:

1、西藏为中国领土之一部分;西藏服从中央。这两条是前提。

2、关于西藏政治制度:甲、共同尊崇佛教;乙、保持西藏原有政治制度,许可西藏自治,西藏自治范围之行政,中央不干预。其对外,则必共同一致,凡全国一致性之国家行政,归中央政府掌理,如:(1)外交归中央主持。(2)国防归中央策划。(3)交通归中央设施。(4)重要官吏,经西藏自治政府选定后,呈请中央任命。

3、中央派大员常驻川藏,代表中央执行国家行政,指导地方自治。

西藏地方政府在对上述方案经过讨论后提出了对外西藏为中国之领土,中国须答应不将西藏改为行省;西藏之现有政教制度,应依旧自权自主;西藏可驻汉政府代表官一员,但主仆人数不得超过25人;常住西藏之汉民归西藏农务局管理等10条意见。从答复的内容看,少数西藏统治者在英帝的唆使下,仍坚持着西姆拉会议期间的错误路线。

黄慕松见在短期内无法解决,即商得噶厦同意,留专使行署人员并电台于拉萨,以保持与噶厦的接触和中央的联络,此即为蒙藏委员会驻藏办事处的前身。12月18日,黄慕松等离开拉萨,取道印度回到南京。

十二、认定十三世达赖喇嘛的转世,十四世达赖喇嘛坐床

为了探明灵童是否转世,转世在何方,木猪(1935)年五月,摄政热振活佛等前往曲科杰寺,隆重酬补以吉祥咒语天女为首的护法神,然后热振摄政3次前往该寺东北方向的天女魂湖观湖景,所看到的湖中景观即达赖喇嘛出生地,因保密没有一个随从知晓。随后,西藏小型官员会议决定派人分三路去青海、达布、工布及西康一带寻找

转世灵童。

前往青海的格乌仓活佛等人在塔尔寺附近夏麦达次的小村子里发现了木猪年（1935年）五月五日出生的一个小孩。他叫拉木登珠，具有与众不同的吉兆。该男孩出生地的景观与热振活佛从神湖中看到的完全一致。但是，青海军阀马步芳及塔尔寺拉吉则推诿拖延，提出要在当地验明是否真灵童。迎请人员一再解释说灵童候选人都需迎回拉萨，按照宗教仪轨进行认定，并再三要求允许迎回西藏。马步芳遂勒索40万大洋作为灵童迎回西藏的代价。在这种情况下，热振活佛不得不呈报给国民政府。经中央政府下令，并拨给护送费10万元，马步芳这才派兵护送灵童入藏。

藏历土兔（1939）年六月十八日，在布达拉宫举行的西藏扩大会议上，全体司伦和噶伦通过仲孜宣布，对几名达赖候选灵童先后进行了认真考察，认为生于青海当采地方的拉木登珠实属达赖候选灵童，会议要求各界抛开邪念上书指明。根据这一要求，三大寺及政府僧俗官员联名上书：认定出生在塔尔寺当采地方的男孩为达赖转世是我们的共同心愿。十日晨，转世灵童身穿法衣，荣登法座。噶伦本雪巴·次旦多吉以西藏地方政府的总代表身份向他敬献曼遮和三宝，并转呈摄政热振、噶厦、全藏会议联名确认该灵童为唯一转世灵童的册本。然后全体官员依次敬献哈达，接受加持摩顶，灵童遂被迎至拉萨。

灵童抵达拉萨后，首先被摄政热振等迎请到大昭寺朝拜释迦牟尼佛像，而后迎往罗布林卡。十月十二日，摄政热振和侍读达扎两人分别担任灵童的正副佛师，十三日，灵童被迎请到大昭寺，在释迦牟尼等佛像前由摄政热振活佛剃去发新，取法名为强白阿旺罗桑益西丹增嘉措斯松旺久宗巴麦。

1940年1月15日，中央政府派往西藏会同热振活佛主持达赖喇嘛转世事宜的蒙藏委员长吴忠信一行到达拉萨，受到了噶厦和西藏僧

俗民众的热烈欢迎和隆重款待。吴忠信到藏后，坚持必须保有中央对灵童的察看权，并在取得察看权后，核查了热振活佛认定灵童理由的长函，始上报国民政府，请求免于掣签，承认拉木登珠为真正转世灵童。2月5日，中央政府正式颁令，准予拉木登珠继任为十四世达赖喇嘛。这一切引起了英帝及亲英派的不满，英帝也派驻锡金行政官古德一行10人到拉萨。他们名义上是来参加达赖坐床典礼，实际上是来监视吴忠信之行，破坏汉藏民族之关系。由于英帝的唆使，在达赖喇嘛坐床仪式方面和座位问题上发生了一些争执。吴忠信坚持原则，在热振活佛等的支持下，使英国人的阴谋破产。

铁龙（1940）年正月十四日（有的文献中写为二十日），在布达拉宫正殿举行了隆重的达赖喇嘛坐床典礼，吴忠信座位在达赖喇嘛之左，面南平坐，当灵童登上由双狮托起的宝座时，按惯例由噶伦喇嘛丹巴强央和总堪布阿旺丹增两人扶上了法座。

吴忠信在藏期间还按中央政府指示，封热振活佛为"辅国宏化禅师"，并于4月1日，在拉萨正式成立了蒙藏委员会驻藏办事处，使西藏与中央的联系更趋紧密。吴忠信一行是4月14日离开拉萨，经海路回到南京的。

十三、热振活佛和达札活佛先后出任摄政，热达之争

十三世达赖喇嘛圆寂不久，噶厦召开了西藏扩大会议，讨论摄政候选人问题，把受达赖重用的热振土登强白益西、以及甘丹寺赤巴米娘·益西旺丹和佛师普尔觉活佛强巴土登3人的名签送到布达拉宫帕巴洛格夏日观音神像前抽签。结果抽中的是热振呼图克图，遂由他出任摄政，司伦朗顿依旧任司伦，协同他执政。热振活佛继任摄政后，与司伦朗顿·贡嘎旺久一起执政5年，但两人常发生意见分歧。土虎（1938）年，热振即向噶厦提出辞呈。噶厦西藏官员会议商议后，要

求热振活佛继续挑起政教重担，直到达赖喇嘛亲政为止，同时向摄政保证遵从命令。土兔（1993）年，摄政热振再次向噶厦表明已见，说："过去的历代摄政无协同者，而我任职时却一教二佛，这对迎请达赖转世灵童等工作多有不便，带来许多阻力。"噶厦遂召开官员会议，进行讨论，为了顺利迎请转世灵童，决定由热振继续担任摄政，司伦朗顿因没有大的过失，被安排卸任，薪俸照旧。

自此，热振活佛全面执政完成了迎请转世灵童、坐床、剃去发新、取名等众多事务，并为汉藏民族关系方面作了许多事情。

藏历铁龙（1940）年，对热振活佛大为不满的亲英派贴出字条，其中说热振未曾受过戒，因此无权为达赖转世灵童授比丘戒，要求更改受戒时间等。摄政热振在舆论的压力下不知所措，连他最为信赖的占卜喇嘛森格也劝其辞职避凶。热振活佛遂向噶厦提出辞去摄政与经师职务，推荐达赖喇嘛的副经师达札为摄政，并报中央政府。当时社会上流传说，热达之间密切的师徒关系，交权年迈的达札是为了将来便于收回政权等等。

藏历铁蛇（1941）年元月一日，达札接职上任。他上任后，对索康·旺清格勒、夏格巴·旺秋德丹等亲英派委以重任，大搞分裂祖国的阴谋活动。如水马（1942）年四月二十三日，非法建立所谓外交局，通知英国、尼泊尔驻拉萨代表，同时也通知蒙藏委员会驻藏办事处，以后凡有接洽事件，不能直接见噶厦，必须先向外交局商谈转呈等。驻藏办事处按照中央政府的指示，坚持不与其发生关系，使达札陷入了束手无策的境地。藏历火猪（1947）年，在印度新德里召开泛亚洲会议，会议把西藏了当作一个国家邀请，并把藏军的雪山狮子旗作为国旗，悬挂在主席台上。由于中央政府和全国人民的强烈谴责，这次非法的阴谋活动遭到彻底失败，亲英派在恼羞成怒之下，策划了"热振事件"。

热振事件的主要起因是这样的：原约定达札在任职3年后，把摄政位归还热振。可是3年期满，达札却无动于衷。这时热振活佛与亲信磋商后，以参加结札仓大经堂开光典礼的名义，前往拉萨，向达札提出复位要求。热振到拉萨后，就前往拜见达赖喇嘛和达札并与达札一起来到他的寝宫。热振对达札谈到了以年迈之躯继续摄政可能会疲惫不堪，这次特意前来拜访等等。札达却避开以上问题，只是礼节性地说了几句客套话。此后，热达二人属下官员之间的权力争夺更加激烈，达札的管家等坚决反对将摄政权交还热振。达札听信谗言，将西藏地方政府要害部门中的热振派系僧俗官员、三大寺堪布或调动、或清洗，由自己人取而代之。

热振是位维护祖国统一，维护民族团结的爱国主义者。而对西藏的局势，他先后派人向中央政府禀报藏情，并要求给予必要的支持，但没有得到满意的答复。当时爱国力量与亲英派之间争权夺力的斗争日趋尖锐、复杂化，达扎等人借口热振派系有不轨行为，大造热振派系派人送定时炸弹，企图暗杀达札，热振与色拉寺勾结准备推翻达札政权等舆论。藏历火猪（1947）年二月，噶伦索康·旺清格勒、拉鲁·才旺多吉奉命率藏军200多名日夜兼程前往热振寺逮捕热振活佛。索康·旺清格勒等假装迎请，把热振挟持到拉萨，对外却说要经东卓堆，或西面的堆龙前往拉萨，并在两处地方布满了藏军，使截击的爱国僧侣受骗，未能救出热振活佛。热振被直接带到布达拉宫，关在夏庆觉。色拉寺结札仓为营救热振，与西藏地方政府发生冲突，终因武器落后，没有战斗经验等，于火猪（1947）年三月八日失去了对乌孜的控制权。在几天的激战中，十几名僧人丧命，不少人受伤，整个寺庙几乎被洗劫一空。

热振被捕入狱后，亲英派把与热振有仇的人派去看守，并多次提审热振。提审时，热振强调说，自己没有做过任何有害于西藏政教之事。此后热振患病不起,发出的数封求救信都落到达札手中。火猪（1947）年三月八日黎明时分,热振活佛圆寂。对热振的死因,社会上有许多传闻。据说,堪穷钦绕罗布对热振作了诊察,一些僧俗官员也对遗体进行了全面检查,表明是中毒死亡。这当然是达札派系乘热振患病之际下毒致死的。当时拉萨还流传这样一首民谣："善搞挑拨离间的人,不是魔鬼还是什么？杀死热振不为正义,是为换取拉萨监官。"亲英派暗害热振后,全面控制了西藏的政权。

热振被害的消息传开后,引起西藏人民,尤其是热振寺和色拉寺僧侣的极大悲愤。他们杀死了留守在热振寺的16名藏军。噶厦得知这一消息后,又派藏军前往热振寺,与僧人激战数昼夜,最后寺僧大败,寺内财物被洗劫一空,寺庙成了凄凉之地。自此,达札等亲英派更是肆无忌惮,做出了一系列破坏祖国统一的事情。

十四、西藏人民获得新生

火猪（1947）年十月,噶厦组织了一个由孜本夏格巴等为成员的"商务考察代表团",声称前往美、英等国进行考察,实际上是企图勾结美英及印度等国,为独立争取支持。国民政府曾劝说该团不要出国,可他们未予理会,私下与美英等国驻南京大使勾结办理了护照及有关事宜。他们佯装返回西藏,中英政府即送其外汇等厚礼,并特派飞机送至香港。并在那里以商务为名,进行独立活动等。他们在各国的活动都碰了钉子,最终于土鼠（1948）年底取道印度回到西藏。

1949年,全国解放在即。印度驻西藏代表黎吉生见势不好,便对其追随者土登丹达、索康等人说,拉萨有共产党,若让他们继续留在拉萨,将会里应外合,使西藏纳入汉人统治之下。于是,噶厦于土牛（1949）年七月,驱逐了常驻拉萨的驻藏办事处官员,甚至散布在藏汉之间只有宗教关系,没有主权关系等谣言。是年八月,美国特务劳

尔·汤姆斯又到西藏，公然干涉中国的内政，鼓动西藏上层反动派扩充藏军，与人民解放军对抗到底。

藏历土牛（1949）年10月1日，毛泽东主席站在天安门城楼，向全世界庄严宣告中华人民共和国的诞生。但是祖国边陲的西藏农奴还在苦海里挣扎，他们急切地期待着幸福的太阳照亮西藏。就在这时《人民日报》发表了题为《中国人民一定要解放西藏》的社论，美英帝国主义及其追随者对此非常恐慌，制造了种种障碍。中央人民政府对西藏地方进行了耐心劝导，派格西喜绕嘉措等多人前往西藏劝导，但都被阻。中央政府还通过电台宣传党的民族平等、宗教信仰自由等政策，为驱逐帝国主义势力，使西藏回到祖国大家庭做了许多工作。为了促成中央人民政府与西藏地方政府之间的和平谈判，藏历铁虎（1950）年七月十日，西康的格达活佛受派入藏。他于二十四日抵达昌都后，向僧俗官员作了宣传和劝导工作，并提出会晤达赖喇嘛，昌都总管立刻向噶厦禀报了格达活佛的情况。噶厦回复说："不准格达活佛前来拉萨，也不准放回去。"噶厦想的是，万一在帝国主义的支持下征集大批藏军和民兵，对抗解放军之事失败，可通过格达活佛与中央进行和平谈判。昌都总管按照噶厦的命令把格达活佛扣留在昌都。藏历八月二十二日，格达活佛突然在昌都去世。对他的死有各种说法，但后来的调查表明格达突然去世，是用错药而致死的。（据档案记载，是英国特务福特下毒害死了格达活佛。——编者注）

格达活佛是德高望重的爱国者，早在当年红军长征路过甘孜地区时，他就动员藏族群众支援红军，曾任博巴政府的副主席。此次，他又不顾个人安危毅然前往昌都，最终为和平解放西藏献出了宝贵的生命。他这种爱国主义精神是值得我们永远学习的。

为了消除和平解放西藏的内外障碍，使西藏早日回到祖国大家庭的怀抱，人民解放军准备进军昌都。这个消息被达札等人得知后，更感惊恐。于是，他们勾结帝国主义运进大批武器，组建部队，企图阻挡大军进藏。但历史车轮是挡不住的。铁虎（1950）年十月七日，人民解放军进攻昌都，消灭藏军主力和民兵5738名。十月十一日，驻守芒康的藏军代本起义。十五日，解放军彻底解放昌都。昌都的解放使帝国主义及其走狗遭到了沉重的打击，他们气急败坏地叫嚷不止。十月三十一日，英国的报纸公然说什么"中国拥有西藏主权，这在历史上毫无根据可寻"。美联社也叫嚷"要调查中国派兵侵占西藏是否合法"等等。

此时，西藏统治者内部矛盾日趋热化，由达赖喇嘛接管政教大权的呼声越来越强烈。铁虎（1950）年十月八日，达赖喇嘛正式亲政。人民解放军占领昌都后，西藏地方政府多次举行秘密会议，要求达赖喇嘛前往亚东避风。同年十一月十一日，达赖喇嘛任命堪穷罗桑扎西、孜本德卡瓦次旺绕旦二人为代理摄政后就前往亚东避风。当时，一小撮亲帝派提出迎请达赖到国外，争取西藏独立等，但在西藏地方政府的大部分官员及三大寺代表，特别是广大僧俗群众的坚决反对下，这个阴谋未能得逞。许多爱国官员认为投靠外国，搞西藏独立是行不通的，只有与中央政府进行和平谈判，实现和平解放才是唯一正确的途径。这个想法受到绝大多数僧俗官员的拥护，从而按照中央人民政府提出的要求，组成了以阿沛·阿旺晋美为团长，凯墨·索朗旺堆、土登丹达、土登列门、桑颇·丹增顿珠等为团员的谈判代表团。中央人民政府也任命李维汉、张经武、张国华、孙志远等为全权谈判代表，由李维汉担任团长。铁兔（1951）年四月二十九日，中央人民政府与西藏地方政府的和谈正式举行。双方代表在党的民族政策和西藏实际的基础上进行了多次友好的会谈，气氛是和睦、友好的。五月二十三日在中南海勤政殿，中央人民政府全权代表和西藏地方政府全权代表关于和平解放西藏办法的17条协议签字仪式隆重举行。17条

协议明确地规定了中央人民政府与西藏地方政府之间各方面的关系准则，正确处理了西藏内部历史上遗留下的主要问题，因而受到了达赖喇嘛、多数僧俗官员以及广大群众的拥护。

17条协议签字后，达赖喇嘛致电毛主席，表示西藏地方政府及藏族僧俗人民一致拥护17条协议，要"在毛主席及中央人民政府领导下，积极协助人民解放军进藏部队，巩固国防，驱逐帝国主义势力出西藏，保卫祖国领土主权的统一。"①

藏历铁兔（1951）年五月十八日，达赖喇嘛丹增嘉措离开亚东前往拉萨，六月十五日抵达拉萨，使帝国主义及其走狗的阴谋彻底破了产。西藏回到了祖国大家庭的怀抱中，从此吉祥的太阳从东方升起，照亮了整个西藏高原。西藏各族人民在中国共产党的正确领导下，同其他兄弟民族一样享受着民族平等的权利，使西藏的政治、经济、文化等各项事业发生日新月异的变化，真正当家作了主人。

---

① 土登丹达：《"关于和平解放西藏办法的协议"签订前后》，《西藏文史资料选辑》第一辑，第44页。

第十节　甘丹颇章时期部分智者的简况

一、藏医历算大师钦绕罗布

甘丹颇章政权统治西藏地方 300 年期间，出现了无数精通显密经论的贤哲，不要说介绍他们的简况，就连名字也难以一一列出。因此，在此仅介绍几位 20 世纪对西藏文化有特殊贡献的圣智。

钦绕罗布于公元 1883 年藏历十五绕迥水羊年出生在西藏泽当的甲萨庙附近，七、八岁时在泽当俄曲扎仓出家。他聪慧、勤奋，学业成绩比同龄人优异。因此，被寺院作为优等生选送到药学校。

他于 1897（火鸡）年到药王山藏医学校先从师于藏医师色拉寺德庆林药师阿旺曲丹。他一心扑在学习上，过着清贫的僧侣生活，但学习成绩优异，很快成为达赖喇嘛的保健医生俄希·强巴土旺作为特别培养对像的 3 名学生之一。此后，他熟读了《四部医典》及其注释《蓝琉璃》等医典，并在实践中领悟其要点。他还拜多位精通五明的智者为师，如饥似渴地学习藏医、天文历法等。他尤为珍惜时间，每天中午只是用几块饼子充饥，然后又勤奋学习。他只有在考好一门主要科目后，才去市内的饭馆饱餐一顿。如果所学科目不太熟，或回答问题稍有差错就滴水不进，以惩罚自己。

公元 1910（藏历铁狗）年，药王山藏医学校委任饮绕罗布为哲蚌寺药师。这期间，他除治病救人外，开始研究医典，撰写医著。公元 1913（藏历水牛）年，他因高明的医术被派往印度。在那里，他治好了一些来自英国以及印度的重症病人，获得普遍赞誉，使独特的藏医名扬四方。

藏历第十五绕迥火龙（1916）年，十三世达赖喇嘛下令创办了集

藏医教学、诊治疾病、配制药物、推算藏历、兼学文化于一体的利众藏医历算学院，特别委任钦绕罗布为孜仲勒参，兼任该学院院长及导师和药王山曼巴扎仓之导师。这个学校的主要任务是为各寺院培养藏医历算人才，并推算年历，为群众门诊，向各地提供幼儿医疗保健常识等。自此，他不分昼夜，辛勤工作，创立校规和严格的考试办法，培养了不少合格的藏医人才，推动了藏医事业的发展。在钦绕罗布兼任藏医历算学院院长的12年里，他"全面负责该扎仓的内外事务，使该寺在严守戒规、教学等方面繁荣发展。特别值得一提的是该扎仓收藏的81幅彩色挂图（第悉桑结嘉措绘制）当时只剩31幅。先师按达赖的旨意，于水猪（1923）年，重新绘制彩色挂图，以填补空缺部分，使这幅直观形象的教学模具能够完整保存至今。"[①]藏历土马（1918）年十三世达赖喇嘛委任钦绕罗布为其副保健医生。木牛（1925）年药王山寺院的一些僧人以钦绕罗布脾气暴躁一事向布达拉宫秘书机构诬告他，使其不得不停止一切职务。他被免去药王山扎仓主持后，仍长期担任达赖喇嘛的保健医生。藏历水猴（1932）年，达赖喇嘛患感冒，不久即谢世。保健医生强巴因给达赖喇嘛服药问题遭到惩处，而钦绕罗布因一年前就被免去医生职务，因此未受牵连。据说他领悟到达赖喇嘛为什么要那样对待自己的意图时，更激起对达赖喇嘛的敬仰之情，常把自己当时的感受告诉学生。

热振任摄政期间，钦绕罗布被提升为地方政府的堪穷。藏历火鸡（1957）年，他被十四世达赖喇嘛封为侍从达尔罕大堪布。1961（土牛）年又被任命为拉萨藏医历算学院院长，次年又当选为全国政协委员，享受国家发给的工资待遇等。藏历第十绕迥水虎（1962）年十月二十八日，钦绕罗布离开人世，享年80岁。

---

① 《照亮药王山之历史明灯》第177页。

钦绕罗布大师生前著述颇丰，这些著作经久不衰，广为受用。他为了藏医历算的弘扬和学生学习之便，还把脉络图样、火灸治疗法详图、第悉桑结嘉措时期由罗扎·旦增罗布照人体所画体腔线条图样，一目显现《四部医典》章节图案、时轮派世界图、日月星辰环绕运行图等绘在藏医历算院大讲堂的墙上。

1952（藏历水龙）年，钦绕罗布70高龄时写成了《广释医学》一书。他在此书备考里说："我被一时间盛行的良药疗法、外科手术以及医疗器械等所吸引。"① 这充分说明了他是一位热心现代科学技术的医学家。

钦绕罗布生前培养了许多藏医历算学家，对藏医历算的发展，作出了不朽的功绩。

二、近代著名学者根敦群培

著名学者根敦群培于藏历第十五绕迥水兔（1903）年八月出生在今青海省黄南藏族自治州同仁县。根敦群培4岁起学习写字，以后又依次听受了正字法、诗词和文法等。由于他聪明颖悟，被认为是雅玛扎西其寺的多扎活佛转世。此后不久，他到夏玛尔班智达的寺院底扎寺（今青海省化隆县境内），拜堪钦根敦嘉措为师，起法名为根敦群培。

后来，他又去安多地区著名的拉卜楞寺，入参尼扎仓，逐步升到般若班级，获得了大学者的声誉，还画得一手好画。他不像别的僧人只是重复旧有的说法，而是做到彻底理解和正确掌握，有自己的思考和出色的分析，形成独到的见解。由于根敦群培具有极高的辩才，因此当他在寺里举行立宗辩时，以敏锐的眼光和充分的理由对该寺奉为

---

① 《传略有缘者迷人》第90页。

根本经典的一些法相学的书籍提出了不同看法，使一些高僧感到不快，可是没有人能够对他加以反驳。由此，他受到各方忌恨和刁难，难以安身。为了寻求正确的教理以决断疑难，他于1927年藏历十六绕迥火兔年来到西藏。

此后，根敦群培入哲蚌寺郭莽扎仓学经，拜格西喜饶嘉措为师继续学习法相学，并参加辩经。他的辩才在这里得到充分的发挥，在每年春夏之间的法会上，他都获得了胜利。在哲蚌寺的五、六年中，他仍像以前那样对嘉木样活佛的著作提出一些疑问，因此几个蒙古学经僧人，将他痛打一顿。正当他深感失望之时，印度的一个名叫热乎拉的僧人来到拉萨，希望根敦群培能够帮助他把译成藏文的佛典再从藏文译为梵文。他对根敦群培说："印度和西藏之间译师的来往交流已经中断了很长时期，你如果愿意去印度学习梵文在将来成为这方面的翻译家，就应和我一起到印度。"（《根敦群培生平——清净显相》）根敦群培同意了。

根敦群培总共在印度住了12年。在这期间，他曾在1938年与印度的热乎拉等人一起到了萨迦寺，翻阅了保存在萨迦寺的珍贵的古代梵文贝叶经，而且对许多重要的写本进行了抄录。他们从将近40部的写本中对《释量论》和《现观庄严论》等多种写经作了详细的登录。此后，根敦群培再次去印度。

为了详细体会各种宗教的见行，他还找机会去小乘佛教弘传的锡兰岛（斯里兰卡），写出前所未有的游记。据说他还绘制了该岛优美的自然环境、岛上民族的生活状况等方面生动的图画。特别重要的是，他还把世界上其他地方的佛教徒视为佛陀的主要教导，把过去从未译成藏文的佛经的集要《教法诗》译成了藏文。

根敦群培在印度期间，俄罗斯人罗列赫曾把他请到古鲁地方，请他帮助把桂译师宣努贝所著的《青史》译成英文。此后，根敦群培还去过加尔各答等城市。后来，英印政府要求他把藏文中的佛典和文化方面的书籍翻译成英文。为了生活，他不得不接受这一任务。据说，曾有一个美国人（有的说是法国人）和英印政府联系，打算邀请根敦群培去美国。当时根敦群培接受了邀请，但是英印政府不发给他通行证，还派人跟踪监视。根敦群培察觉后，心中非常不满。这时正好赤江活佛和噶伦噶雪巴来信劝他回藏。根敦群培遂辞去当地的工作，回到西藏。

1945年藏历木鸡年年初，根敦群培从印度回西藏，途中经过达旺地区。为了考察英帝国主义者在1914年非法炮制的"麦克马洪线"地区的情况，他不惧艰难困苦，长途跋涉。据说他在调查时，还绘制了地图。人们都认为，这使他受到英国人忌恨，导致了后来无辜被捕。

根敦群培回拉萨后，人们纷纷前来请他教授各种典籍。他尽力满足人们的愿望，做到诲人不倦。这期间，他修改和写定《游历记》等著作，开始撰写《白史》。他通过对藏族史的深入研究，早就感到有重新编写一部完整的西藏历史的必要，但因条件不具备而未能动笔。回拉萨后，他认为时机成熟，就将以前在印度居住时得到的从新疆、敦煌等地出土的吐蕃时代的一些文书资料集中起来，在霍尔康·索南边巴的帮助下，开始写作。这期间，他还经常去考察吐蕃遗址，抄录碑文。

火狗年四月的一天，郎子辖的两位米本突然发布命令，将根敦群培逮捕押解到狱，并查封了他的住处，将他的书籍、稿件、资料全部集中起来，一一检查。当时，统治者利用他是著名画师这一点，宣称许多藏币假钞图案是根敦群培画的。实际上，是因为当时印度（英国）政府秘密通知在拉萨的代表英国人黎吉生，要他把根敦群培在印度加入共产党的情况通知噶厦。"主子怎样吩咐，奴才全部照办"，因

此出现了根敦群培被噶厦逮捕的事。

根敦群培的学生和亲属听到这一坏消息后，很快给他送去生活必需品，并为营救他出狱多方奔走，但都没起作用。

根敦群培关押在郎子辖监狱。由于未能找到"罪证"，审讯人员常对他拷打逼供。在狱中，根敦群培设法给其学生写了一封信，称："……相信这次我的大小罪名究竟是什么，将来在西藏的有识之士面前定会做出判断，到那时我也会感到心满意足"，他还说未写完的王统历史只好暂时到此停止，并从狱中捎出一首偈颂作为结束语。

火猪年（1947年）拉萨祈愿大法会前夕，按惯例，郎子辖监狱的人犯在法会期间都要转移到布达拉宫山下的雪巴顶监狱去。由于噶厦始终找不出根敦群培的罪证来，就把他押到雪巴顶监狱后，监禁在监狱上面的一间小屋中，对他的看管也稍微放松了一些。法会结束后，其他的人犯都被押回郎子辖监狱，他却留在了雪巴顶监狱。1949年藏历土牛年冬季，由哲蚌寺郭莽扎仓担保，向郎子辖勒空写了以后守法安分的保证书后，根敦群培才被释放。

根敦群培在狱中时，想到自己为继承、发展和弘扬藏族的文化，不顾辛劳和危险，尽了一切力量，而西藏统治者却敌友颠倒，对他进行超出常理的残酷迫害，感到极度的失望灰心。在这样的境遇中，他除了用酒麻醉自己的心灵之外，找不到别的解脱办法。同情他的人们也只有送去酒食来宽慰他，使他养成了酗酒的习惯。恶劣的环境使根敦群培得了重病。当时与中央代表张经武同来的一位医术高明的医生为他检查了身体，但是他的病已经难以治愈。铁兔年（1951年）八月十四日下午四时左右，根敦群培在拉萨去世，享年48岁。他的手稿由霍尔康·索南边巴精心收藏，后来几经周折，霍尔康·索南边巴将各类手稿收齐，由西藏社会科学院出版了《根敦群培文集》的铅印本，共计3册，使其愿望得以实现。足令20世纪的藏族人感到无比自豪。